Arndt Möser
Die drohende Zahlungsunfähigkeit
des Schuldners als neuer Eröffnungsgrund

Schriften zum deutschen,
europäischen und internationalen
Insolvenzrecht

S-INSO Band 5

Schriften zum deutschen, europäischen und internationalen Insolvenzrecht

Herausgegeben von

Professor Dr. Stefan Smid, Kiel
Rechtsanwalt Dr. Mark Zeuner, Hamburg
Rechtsanwalt Michael Schmidt, Berlin

S-INSO Band 5

De Gruyter Recht · Berlin

Arndt Möser

Die drohende Zahlungsunfähigkeit des Schuldners als neuer Eröffnungsgrund

De Gruyter Recht · Berlin

Dr. *Arndt Möser*, Christian-Albrechts-Universität zu Kiel

∞ Gedruckt auf säurefreiem Papier,
das die US-ANSI-Norm über Haltbarkeit erfüllt.

ISBN-13: 978-3-89949-340-5
ISBN-10: 3-89949-340-0

Bibliografische Information der Deutschen Nationalbibliothek

Die Deutsche Nationalbibliothek verzeichnet diese Publikation in der Deutschen Nationalbibliografie; detaillierte bibliografische Daten sind im Internet über http://dnb.d-nb.de abrufbar.

Printed in Germany
Umschlaggestaltung: Christopher Schneider, Berlin
Datenkonvertierung/Satz: WERKSATZ Schmidt & Schulz GmbH, Gräfenhainichen
Druck und Bindung: Hubert & Co., Göttingen

meiner Familie

Geleitwort der Herausgeber

Das Insolvenzrecht gehört zu dem Kernbestand der Regelwerke, die das Vertrauen der Rechtsgenossen in eine Rechtsordnung sichern. Es regelt die Bedingungen allseitiger Haftung eines Schuldners und steckt damit zugleich den Rahmen ab, innerhalb dessen die Gläubiger erwarten können, dass ihre Rechte in einer und durch eine Reorganisation und Sanierung des schuldnerischen Unternehmens gewahrt werden.

Die faktische Wirkung des Insolvenzrechts endet nicht an nationalstaatlichen Grenzen. Das Insolvenzverfahren ist seinem Anspruch nach auf universelle Geltung angelegt. In fast allen Mitgliedstaaten der Europäischen Union gilt heute als innerstaatliches Recht ein gemeinsames Recht grenzüberschreitender Insolvenzverfahren. Dieses gemeinsame europäische Recht strahlt auf die innerstaatlichen Reformbemühungen aus – es hat Einfluss auf die Insolvenzgesetzgebung. Die innerstaatlichen Gesetzgebungen werden zudem von UNCITRAL-Modellgesetzgebungen beeinflusst. Die wissenschaftliche Diskussion geht zusehends auf die damit ausgelösten Konvergenzbewegungen ein; die Praxis bedarf rechtsdogmatischer Aufklärung über die komplexer werdenden Regelungen des Insolvenzrechts und der Unterrichtung über die Strukturen und Problemstellungen ausländischer europäischer und außereuropäischer Insolvenzrechte, auch und gerade in ihrer Wechselwirkung mit dem deutschen Recht.

Die Schriftenreihe der DZWIR ist ein Forum dieser Diskussionen. Sie wird in loser Folge monographische Untersuchungen zu Grundsatzfragen des deutschen, europäischen und internationalen Insolvenzrechts veröffentlichen. Damit leistet diese Schriftenreihe einen Beitrag ebenso zur rechtsdogmatischen Klärung von Streitfragen wie nicht minder zur Unterstützung der europäischen Integration der nationalstaatlichen Insolvenzrechte.

Kiel, Hamburg und Berlin, im November 2005

Stefan Smid/Mark Zeuner/Michael Schmidt

Vorwort

Nach den Vorstellungen des Reformgesetzgebers soll das neue Insolvenzrecht Instrumentarien bereitstellen, die es dem Schuldner erlauben, frühzeitig einen Insolvenzantrag zu stellen, um insbesondere mit der Eigenverwaltung und auch dem Insolvenzplanverfahren sein Unternehmen zu reorganisieren bzw. abzuwickeln.

Hierbei spielt der Insolvenzgrund der drohenden Zahlungsunfähigkeit eine tragende Rolle. Es treten aber in der Praxis in der Regel keine Fälle auf, in denen der Eröffnungsantrag tatsächlich zu einem Zeitpunkt gestellt wurde, in dem *nur* drohende Zahlungsunfähigkeit vorgelegen hat. Vielmehr zeigt sich regelmäßig bei der Untersuchung des Eröffnungsgrundes durch das Insolvenzgericht, dass die Zahlungsunfähigkeit bereits eingetreten ist oder Überschuldung vorliegt.

Der Begriff der drohenden Zahlungsunfähigkeit ist nicht neu. Der Gesetzgeber der Insolvenzordnung hat diesen Begriff aus dem Konkursstrafrecht übernommen. Dies trägt aber entgegen der Intention des Gesetzgebers der Insolvenzordnung nicht zu mehr Klarheit bei, sondern führt zu einer Verdopplung der Begrifflichkeiten, da der Begriff der drohenden Zahlungsunfähigkeit i.S.d. Strafrechts aufgrund seines Kontextes anders zu beurteilen sein muss als im Sinne des Insolvenzrechts. Auch die Möglichkeit für Kreditinstitute, Bankverbindungen und damit Kreditlinien bereits bei drohender Zahlungsunfähigkeit zu kündigen und damit eine tatsächliche Zahlungsunfähigkeit faktisch herbeizuführen, macht die Einordnung des Begriffes der drohenden Zahlungsunfähigkeit in die Insolvenzordnung nicht leichter.

In der Literatur wird vielfach die Gefahr eines zu früh durch den Schuldner gestellten Insolvenzantrages gestützt auf den Insolvenzgrund der drohenden Zahlungsunfähigkeit gesehen. Insoweit wird aber die Tatsache verkannt, dass die Gesamtheit der Gläubiger durch einen zu früh gestellten Insolvenzantrag des Schuldners nicht gefährdet sein kann, da sie die gleichen Einschränkungen auch durch einen rechtzeitig oder zu spät gestellten Antrag eines Schuldners erfährt. Gleichwohl würde ein wirtschaftlicher Selbstmord durch eine verfrühte Antragstellung dem Schuldner keinen Nutzen bringen, da er die gleichen Wirkungen für sich auch mit einem gerade rechtzeitig gestellten Antrag auslöst.

Negative Auswirkungen auf die Gläubiger kann ein Antrag des Schuldners daher nur dann haben, wenn dieser steuernd auf das Verfahren eingreifen kann. Dies ist namentlich mit der der Eigenverwaltung und/oder einem Insolvenzplanverfahren der Fall. Diese neuen Instrumente der Insolvenzordnung können aber für den Schuldner nur dann zum Erfolg führen, wenn er sie vorher mit seinen Gläubigern und auch mit dem Insolvenzgericht abgestimmt hat. Durch diese vorherige Abstimmung und begründet durch die Tatsache, dass ein verfrühter Antrag keinen Schaden für die Gesamtheit der Gläubiger herbeiführen kann, ist es aber auch entbehrlich, in diesen Fällen einen Vortrag des Schuldners zur Frage des Vorliegens der drohenden Zahlungsunfähigkeit zu verlangen. Das Gericht muss insoweit die drohende Zahlungsunfähigkeit des Schuldners nicht prüfen.

Ein Verzicht auf eine Prüfungspflicht des Insolvenzgerichts in diesen besonders gelagerten Fällen vermeidet einen doppelten, in sich unschlüssigen Vortrag des Schuldners zur Frage des künftigen Eintritts der Zahlungsunfähigkeit: Wenn man eine doppelte Vortragspflicht des Schuldners insoweit bejahen würde, dann müsste der Schuldner zum einen seine Vermögens- und Ertragslage so negativ wie möglich gegenüber dem Insolvenzgericht darstellen, um die Eröffnung des Verfahrens zu erreichen. Zum anderen wäre der Schuldner gehalten, seine Vermögens- und Ertragslage sowohl gegenüber seinen Gläubigern, als auch gegenüber dem Insolvenzgericht so positiv wie möglich darzustellen, um die Eigenverwaltung und/oder die Zustimmung zu einem Insolvenzplan zu erhalten. Ein solcher widerstreitender Vortrag würde jedoch weder den Schuldner- noch den Gläubigerinteressen gerecht und würde auch das Gericht vor Schwierigkeiten bei der Prüfung des Vorliegens eines Eröffnungsgrundes stellen.

Das Augenmerk des Gerichtes kann daher in diesen besonderen Fällen darauf gerichtet werden zu prüfen, ob eine ausreichende Masse zur Kostendeckung für die Verfahrenskosten vorhanden ist. Wenn diese Frage durch das Gericht bejaht werden kann, kann das Verfahren eröffnet werden. Weiterer Sachverhaltsermittlungen bedarf es daher nicht; eine Entlastung der Insolvenzgerichte ist zu erwarten. Dies soll nachfolgend dargestellt werden.

An dieser Stelle gilt mein Dank meinem Doktorvater Prof. Dr. Stefan Smid, mit dem ich strukturelle und vor allem sehr wertvolle Diskussionen über das Insolvenzrecht im Allgemeinen und über dessen Verknüpfungen zu anderen Rechtsgebieten in den letzten Jahren führen durfte.

Stuttgart, im August 2006 *Arndt Möser*

Inhaltsverzeichnis

A. Einleitung

I. Neue Institutionen der Insolvenzordnung

Die Institutionen der neuen Insolvenzordnung (im Folgenden: InsO[1]) haben zum Teil erst nach längerer Anlaufphase Anwendung gefunden. Dies trifft eigentümlicherweise besonders auf diejenigen Rechtsinstitute zu, die die Regelungsbereiche betreffen, die vom Reformgesetzgeber als Kernstücke angesehen worden sind: nämlich das Insolvenzplanverfahren und die Eigenverwaltung des Schuldners.[2] Beide Verfahrensarten scheinen zusammenzuhängen mit dem neuen Insolvenzgrund der drohenden Zahlungsunfähigkeit nach § 18 InsO.

Es hat fast zwei Jahre nach Inkrafttreten der InsO gebraucht, bis in einer veröffentlichten Entscheidung zum neuen Eröffnungsgrund der drohenden Zahlungsunfähigkeit i.S.d. § 18 InsO Stellung genommen wurde.[3] Diese Entscheidung beschäftigte sich nicht mit der drohenden Zahlungsunfähigkeit als Eröffnungsgrund für ein Insolvenzverfahren, sondern behandelte § 18 InsO in Zusammenhang mit der Einstellung des Verfahrens nach § 212 InsO.[4]

Der Eröffnungsgrund der drohenden Zahlungsunfähigkeit wurde erstmals vier Jahre nach Inkrafttreten der Insolvenzordnung im Zusammenhang eines Antrags einer schuldnerischen AG auf Anordnung der Eigenverwaltung im Fall Babcock-Borsig in einer im Jahr 2002 veröffentlichten Entscheidung diskutiert.[5] Ohne dass dies von den anderen Verfahrensbeteiligten später in Frage gestellt oder auch nur thematisiert worden wäre, hatte das Gericht seinerzeit aufgrund des von ihm eingeholten Sachverständigengutachtens festgestellt: drohende Zahlungsunfähigkeit i.S.v. § 18 InsO habe nicht vorgelegen.[6] Mit einer verbreiteten Ansicht[7] hat das Gericht trotz Vorliegens der Zahlungsunfähigkeit gem. § 17 InsO die Eigenverwaltung

---

1 BGBl. I 1994, 2866 ff, zuletzt geändert durch Art. 9 des Gesetzes v. 22.03.2005, BGBl. I, 837 f

2 RegE, abgedruckt in Kübler/Prütting, Insolvenzrecht, S. 445 (zum Insolvenzplan), 511 (zur Eigenverwaltung)

3 OLG Celle, ZInsO 2000, 558, 559

4 OLG Celle, ZInsO 2000, 558, 559

5 AG Duisburg, ZIP 2002, 1636 f = DZWIR 2002, 522 f (Babcock-Borsig) zur Frage der Anordnung der Eigenverwaltung nach Präjudizierung durch die Ankündigung des damaligen Ministerpräsidenten des Landes NRW Clement: Im Ergebnis wurden die Voraussetzungen der Eigenverwaltung für den zu entscheidenden Fall in der Entscheidung des AG verneint; aufgrund der Ankündigung des damaligen Ministerpräsident Clement aber dann doch i.S.d. Eigenverwaltung entschieden

6 AG Duisburg, a.a.O.

7 MüKo-*Wittig*, InsO, Bd. III, § 270 Rn. 52; a.A. noch bis zur 2. Auflage Smid-*Smid*, InsO, § 270 Rn. 11; AG Darmstadt, ZIP 1999, 1494, 1495; Kübler/Prütting-*Pape*, Komm. zur InsO, § 270 Rn. 13

nach § 270 InsO angeordnet. Die Einzelheiten dieser vieldiskutierten Entscheidung[8] bedürfen in dieser einleitenden Überlegung noch keiner näheren Erörterung.

II. Anliegen der Studie

Mit der sich immer stärker abzeichnenden Ablösung der Eigenverwaltung vom Vorliegen des Eröffnungsgrundes des § 18 InsO hat die Eigenverwaltung zumindest literarisch an Hoffähigkeit gewonnen und wird zusehends als ernsthaft in Betracht zu ziehendes Modell der Abwicklung von Insolvenzverfahren erörtert.[9] Zugleich ist der Eröffnungsgrund der drohenden Zahlungsunfähigkeit weiter in den Hintergrund getreten. Sein Anwendungsbereich ist ins Zwielicht gerückt.

Jüngste Umfrageergebnisse der Creditreform Wirtschafts- und Konjunkturforschung legen dar, dass noch nicht einmal 1 % aller Eröffnungsanträge als Grund die drohende Zahlungsunfähigkeit angegeben haben; 2001 gab es 266 und 2003 323 Anträge. Auch die Eigenverwaltung hat bislang offenbar nicht den erwünschten Zuspruch gefunden: 2001 gab es 241 und 2002 235 Anordnungen der Eigenverwaltung durch Insolvenzgerichte. Die Zahl der Insolvenzplanverfahren lag nach den Umfrageergebnissen im Jahr 2000 bei 24, im Jahr 2001 bei 79 und im Jahr 2002 bei 121.[10] Dieser Trend wird bestätigt durch die Zahlen des Statistischen Bundesamtes, das für das Jahr 2003 ermittelt hat, dass lediglich in 1 % aller beantragten Insolvenzen der neue Insolvenzgrund der drohenden Zahlungsunfähigkeit i.S.d. § 18 InsO als Eröffnungsgrund benannt wurde.[11] Die Zahl der angeordneten Eigenverwaltungen ist im Jahr 2003 auf 185 zurückgegangen.[12] Neuere Zahlen liegen derzeit noch nicht vor.

Gleichwohl ist es Anliegen dieser Studie, den Zusammenhang des neuen Eröffnungsgrundes der drohenden Zahlungsunfähigkeit einerseits und den neuen Instrumenten der InsO, dem Planverfahren und der Eigenverwaltung andererseits erneut zu beleuchten. Dabei kann es nicht darum gehen, einen zwingenden Voraussetzungszusammenhang zwischen dem Vorliegen nur drohender Zahlungsunfähigkeit auf der einen und der Anordnung der Eigenverwaltung des Schuldners auf der anderen Seite zu behaupten oder nachzuweisen versuchen. Darüber ist die Judikatur hinweg gegangen. Und sowohl die systematische[13] als auch die rechtsvergleichende[14] Auseinandersetzung mit der Struktur der Eigenverwaltung des insol-

---

8 U.a.: Uhlenbruck, Eigenverwaltung, NJW 2002, 3219; Köchling, Eigenverwaltung, ZinsO 2003, 53 ff; Förster, Eigenverwaltung, ZinsO 2003, 402 ff; Kluth, Eigenverwaltung I, ZinsO 2002, 1170 f; Kluth, Eigenverwaltung II, ZinsO 2002, 1001 f; eingehend: Smid, Eigenverwaltung, DZWIR 2002, 493 ff

9 U.a. Uhlenbruck, Plangesteuerte Insolvenzverfahren, S. 85, 87, 91 m.w.N.

10 Ehlers, Haftungsproblem, ZinsO 2005, 169, 171

11 Nur online verfügbar: http://www.destatis.de/presse/deutsch/pk/2004/insolvenzen_stat_hahlen.htm

12 Nur online verfügbar: http://www.destatis.de/presse/deutsch/pk/2004/insolvenzen_stat_hahlen.htm

13 Huhn, Eigenverwaltung im Insolvenzverfahren, 2003, insbes. Rd. 195 ff.

14 Flöther/Smid/Wehdeking, Eigenverwaltung in der Insolvenz, S. 28 ff; Wehdeking, Die Masseverwaltung, passim venten Schuldners hat deutlich werden lassen, dass ein junctim zwischen Eigenverwaltung und dem Vorliegen der Voraussetzungen des § 18 InsO nicht behauptet werden kann.[15]

Anliegen dieser Untersuchung ist demgegenüber, die Aufgabe des Eröffnungsgrundes gem. § 18 InsO in den systematischen Zusammenhang der Insolvenz als Verfahren einzuordnen: Mit der Eröffnung des Insolvenzverfahrens wird – anders als im Zivilprozess durch Urteil – die Rechtslage zwischen den Beteiligten nicht abschließend geordnet. Das Insolvenzverfahren ist als Verfahren selbst das Ordnungsinstrument.[16] Zugleich ist das moderne Insolvenzrecht nicht zuletzt dadurch gekennzeichnet, dass es nicht mehr allein Exekutionsrecht[17] ist: Der Reformgesetzgeber der InsO hat sich dem Gedanken verschrieben, dass die Gläubigerbefriedigung oftmals die Reorganisation des Schuldners voraussetzt.[18] Damit werden die eigenen Handlungsoptionen des Schuldners aufgewertet. War er im überkommenen Konkursrecht einem Akt der Gesamtvollstreckung unterworfen, ist es erklärtes Ziel des Reformgesetzgebers, ihm im Insolvenzverfahren eigene Handlungsmöglichkeiten einzuräumen.[19]

In diesem Bild des Schuldners als Objekt des Insolvenzverfahrens, das mit eigenen Befugnissen in das Verfahren eintritt und es als Mittel seiner Reorganisation und/oder Sanierung nutzt,[20] gewinnt der Tatbestand drohender Zahlungsunfähigkeit i.S.d. § 18 InsO eine eigene Bedeutung. Im Folgenden wird eingehender danach zu fragen sein, wie sich die drohende Zahlungsunfähigkeit gleichsam als tragender Pfeiler in der Architektonik des Insolvenzverfahrens als Mittel der Verfolgung eigener wirtschaftlicher und rechtlicher Interessen des Schuldners erweist.

III. Neue gesetzliche Regelung

1. Geschichtlicher Hintergrund

Die Geschichte der jüngsten Insolvenzrechtsreform ist noch bekannt. Sie soll nur insoweit rekapituliert werden, wie dies hier sinnvoll erscheint, um die Entwicklung des Insolvenzrechts zu einem Instrument der Rechtsverfolgung auch des Schuldners anschaulicher werden zu lassen.

---

15 So auch MüKo-*Wittig*, InsO, § 270 Rn. 52; a.A. AG Darmstadt in ZIP 1999, 1494, 1495; Kübler/Prütting-*Pape*, Komm. zur InsO, § 270 Rn. 13

16 Dies wird von Autoren aus Wissenschaft und Praxis betont für die hier stellvertretend nur zitiert werden sollen: Eidenmüller, Mechanismen, S. 84, 92; Foerster, Insolvenzrecht, ZinsO 2003, 917, 919

17 Die KO wurde noch als Universalexekution verstanden: Jaeger, Lehrbuch des Konkursrechts, § 7 I, II

18 Rattunde, Herlitz, ZIP 2003, 596 ff sowie Rattunde, Sanierung, ZIP 2003, 2103 ff; Smid/Rattunde, Insolvenzplan, 2. Auflage, 2005

19 RegE, abgedruckt in Kübler/Prütting, Insolvenzrecht, S. 92

20 Huhn, Eigenverwaltung im Insolvenzverfahren, 2003, Rn. 133, 175

A. Einleitung

Nach der gesetzlichen Regelung der InsO ist das bisher geltende Konkurs- und Vergleichsverfahren in einem einheitlichen Verfahren, der Insolvenzordnung, aufgegangen.[21] Die bislang geltende Zweispurigkeit des Verfahrens, mithin eine Trennung in Vergleichs- und Konkursverfahren wurde damit aufgehoben. Des Weiteren wurde das seinerzeit partikulär geltende Recht in Ost- und Westdeutschland vereinheitlicht. Durch die Verkündung der Insolvenzrechtsordnung (InsO) und des dazugehörigen Einführungsgesetzes (EGInsO) sind jahrelange Reformbemühungen zu einem Abschluss gebracht worden, die gerade darauf zielten, durch eine frühzeitigere Verfahrenseröffnung ein Reorganisationsverfahren zu ermöglichen.[22]

Mit der Verabschiedung der InsO wurde eine der großen Kodifikationen des 19. Jahrhunderts, die Konkursordnung (KO), eines der vier Reichsjustizgesetze[23] deren Einführung auf das Jahr 1877[24] datiert, gemeinsam mit der Vergleichsordnung (VglO) von 1935[25] durch eine vollständige Neukodifikation abgelöst.[26] Des Weiteren wurde nach der Vereinigung von Ost- und Westdeutschland wieder Rechtseinheit auf dem gesamten Bundesgebiet hergestellt. Die Gesamtvollstreckungsordnung, die für die neuen Bundesländer im Jahre 1990 eingeführt wurde und die einstweilen als partikuläres Bundesrecht galt, wurde mit Inkrafttreten der InsO ebenfalls aufgehoben.[27] Bei der durch die Insolvenzordnung getroffenen Neuregelung handelt es sich nicht um Einzelmaßnahmen, die in ein bestehendes Gesetz eingeführt wurden und welche von sich aus ausgelegt werden können. Vielmehr wurde hier – so *Balz/Landfermann* – eine komplette Neukodifikation getroffen, die dem Rechtsanwender in vielerlei Hinsicht einen Perspektiven-Wechsel und ein „neues Denken“ abfordert.[28]

Das neue Insolvenzrecht ist am 1. Januar 1999 gemäß § 355 InsO[29] i.V.m. Art. 110 EGInsO[30] in Kraft getreten.

Für Insolvenzanträge, die nach dem 31.12.1998 gestellt wurden, fand nach Art. 103, 104 EGInsO ausschließlich das neue Recht der InsO Anwendung.[31] Das bisher geltende Recht wird jedoch noch für einige Jahre weiter relevant sein, da es für die Abwicklung der bis zum 31.12.1998 beantragten Verfahren weiter gilt und ein Insolvenzverfahren von der Beantragung der Eröffnung des Verfahrens bis zum Abschluss des Verfahrens einen längeren Zeitraum in Anspruch nimmt.

Die InsO hat schon vor ihrem Inkrafttreten Änderungen erfahren. Eine detaillierte Darstellung sämtlicher Änderungen der InsO würde den hier gesteckten Rahmen sprengen.[32]

---

21 Obermüller/Hess, InsO, Rn. 14
22 Pape/Uhlenbruck, Insolvenzrecht S. 41
23 Smid-*Smid*, InsO, S. 1
24 RGBl. S. 351; Neufassung vom 20. Mai 1898, RGBl. S. 369
25 RGBl. I S. 321
26 Nach § 335 InsO i.V.m. Art. 2 EGInsO traten die Vergleichsordnung und die Konkursordnung mit Wirkung zum 01.01.1999 außer Kraft; seither gilt für alle nach diesem Zeitpunkt beantragten Verfahren das Recht der InsO
27 § 335 InsO i.V.m. Art. 2 Ziff. 7 EGInsO
28 Balz/Landfermann, Insolvenzgesetze, S. XXIX
29 BGBl. I 1994, 2866 ff
30 BGBl. I 1994, 2911 ff
31 Häsemeyer, Insolvenzrecht, S. 6
32 Die Insolvenzordnung wurde am 5. Oktober 1994 (BGBl. I 2866) verkündet. Sie wurde geändert durch die Gesetze vom 19. Juli 1996 (BGBl. I 1013), vom 28. Oktober 1996 (BGBl. I 1546), vom 24. März 1997 (BGBl. 1997 I 594), vom 16. Dezember 1997 (BGBl. 1997 I 2942), vom 16. De-

Eine wesentliche Änderung der InsO wurde durch das Gesetz zur Änderung der Insolvenzordnung und anderer Gesetze v. 26.10.2001 vorgenommen.[33] Das Gesetz zur Änderung der Insolvenzordnung und anderer Gesetze trat mit Ausnahme des Art. 6 (kostenrechtliche Vorschriften, Inkrafttreten am 01.01.2002) am 01.12.2001 in Kraft. Für Insolvenzverfahren, die vor dem 01.12.2001 eröffnet worden sind, sind die bis dahin geltenden Vorschriften weiter anzuwenden, Art. 103 a EGInsO n. F.

Das Änderungsgesetz betrifft in erster Linie das Verbraucherinsolvenzverfahren sowie die Restschuldbefreiung.[34]

Die neu eingefügten §§ 4 a bis 4 d InsO n. F. bilden den Schwerpunkt der Neuregelung (sog. „Stundungsmodell“[35]). Das Stundungsmodell soll gewährleisten, dass auch vermögens- und einkommenslose Schuldner Restschuldbefreiung erlangen können. Die Diskussion der Praxis, ob dem Schuldner Prozesskostenhilfe für die Durchführung eines Insolvenzverfahrens gewährt werden kann[36], ist damit beendet.[37] Nach den §§ 4 a ff InsO sollen bei einem Eigenantrag mit dem Ziel der Restschuldbefreiung allen natürlichen Personen die Verfahrenskosten gestundet werden, die zur Erreichung des Ziels der Restschuldbefreiung erforderlich sind.[38]

Der Kreis der Personen, die für ein Verbraucherinsolvenzverfahren in Betracht kommt, wurde durch die Neufassung des § 304 InsO n. F. eingeschränkt. Nach § 304 InsO n. F. fallen nur noch solche Schuldner in den Anwendungsbereich eines Verbraucherinsolvenzverfahrens, die keine selbständige wirtschaftliche Tätigkeit im Zeitpunkt der Antragstellung ausüben. Der Schuldner, der früher eine solche Tätigkeit ausgeübt hat, fällt nur noch den unter die Vorschriften des Verbraucherinsolvenzverfahrens, wenn seine Vermögensverhältnisse überschaubar sind (nicht mehr als 20 Gläubiger, § 304 S. 2 InsO n. F.). Verbraucherinsolvenzverfahren sind von Amts wegen ins Regelinsolvenzverfahren überzuleiten, wenn der Schuldner kein Verbraucher i. S. d. § 304 InsO ist und wenn bis zum 01.12.2001 noch keine Ersetzung der Zustimmung der Gläubiger zum Schuldenbereinigungsplan erfolgt ist oder angeordnet wurde.[39]

Die teilweise erheblichen Änderungen der InsO berühren die Fragestellung, die die vorliegende Studie aufwirft und zu beantworten sucht, jedoch im Grundsatze nicht, so dass auf eine ausführliche Darstellung der Änderungen der InsO seit deren Verabschiedung verzichtet werden kann.

---

zember 1997 (BGBl. 1997 I 2968), vom 06. April 1998 (BGBl. 1998 I 666), vom 22. Juli 1998 (BGBl. I 1878), vom 25. August 1998 (BGBl. I 2489), vom 19. Dezember 1998 (BGBl. I 3836), vom 21. Juli 1999 (BGBl. I 1642), vom 8. Dezember 1999 (BGBl. I 2384), vom 27. Juli 2001 (BGBl. I 1887), vom 26. Oktober 2001 (BGBl. I 2710), vom 13. Dezember 2001 (BGBl. I S. 3574), vom 14.03.2003 (BGBl. I 345), vom 24. Dezember 2003 (BGBl. I, 3002 v. 30.12.2003), 5. April 2004 (BGBl. I S. 502), vom 09. Dezember 2004 (BGBl. I S. 3214) und zuletzt vom 22.03.2005 (BGBl. I S. 837)

33 BGBl. I 2001, 2710

34 Die sonstigen Änderungen durch das Gesetz zur Änderung der Insolvenzordnung und anderer Gesetze betrafen u. a. folgende Vorschriften: Nach § 9 InsO ist künftig die Veröffentlichung von Insolvenzverfahren im Internet gesetzlich geregelt. Nach der Ergänzung des § 55 InsO stellen die auf die Bundesanstalt für Arbeit übergegangenen Ansprüche auf Arbeitsentgelt nur Insolvenzforderungen dar. Die Verwalterabwahl ist nach neuem Recht nicht nur an die Summenmehrheit, sondern auch an die Mehrheit nach Köpfen gebunden, § 57 Satz 2 InsO n. F.

35 Grote, Änderungsgesetz, NJW 2001, S. 3665

36 PKH ablehnend BGH in ZInsO 2001, 165

37 Begründung des RegE in der Vorbemerkung zur Bundestags-Drucksache 14/5680, S. 1

38 Begründung des RegE in der Vorbemerkung zur Bundestags-Drucksache 14/5680, S. 1

39 BGH, Beschl. v. 20.6.2002 – IX ZB 36/02

2. Vorgeschichte des Reformauftrages

Das Gesetzgebungsverfahren zu der ab dem 01.01.1999 geltenden Insolvenzordnung[40] reicht, wenn man, um eine Übersichtlichkeit der Darstellung zu erreichen, die Reformbemühungen, die vor dem II. Weltkrieg unternommen wurden,[41] nicht berücksichtigt, bis in das Jahr 1978 zurück.[42]

Nachdem sich bereits kurz nach der Gründung der Bundesrepublik Deutschland im Jahr 1949[43] Stimmen in der Literatur erhoben, die eine Neuordnung des Insolvenzrechts forderten[44], wurde durch die Ölpreiskrise im Jahr 1973[45], die eine wirtschaftliche Rezession auslöste und die in den Jahren 1972 bis einschließlich 1975 zu einer Verdopplung der Konkurs- und Vergleichsanträge führte[46], wieder in der breiten Öffentlichkeit ein Problembewusstsein für das seinerzeit geltende Konkursrecht und Vergleichsrecht geschaffen.[47] Nach dem Inkrafttreten der Konkursordnung im Jahre 1877 gab es zunächst nur positive Kritik für dieses Gesetz, welches als eine der „Perle der Reichsjustizgesetze" bezeichnet wurde.[48] Nachdem jedoch die ersten Verfahren mit Hilfe des damals neuen Gesetzes abgewickelt werden mussten, fanden sich auch schnell Kritiker, denen die der Konkursordnung zugrunde liegende Tendenz: „Reaktion auf selbstverschuldetes Unglück des Schuldners" nicht behagte.[49]

Der Reichsgesetzgeber hatte noch bei der Gesetzgebung zur Konkursordnung ausdrücklich betont, dass es der Strenge und der Notwendigkeit der Gesamtvollstreckung bedarf, um gescheiterte Schuldner aus dem Wirtschaftsleben ausscheiden zu lassen.[50]

Nachdem bereits im Jahre 1893 der Entwurf eines „Gesetzes betreffend die Abänderung der Konkursordnung" im Reichstag eingebracht wurde[51], weitere Abänderungsanträge in den nachfolgenden Jahren und ähnliche Bemühungen wenig Erfolg hatten[52], wurde unter Berücksichtigung dieser Erwägungen[53] im Jahre 1935 die bis zum 31.12.1998 geltende Vergleichsordnung verabschiedet.[54]

---

40 Art. 110 Abs. 1 EGInsO
41 Hierzu: Kübler/Prütting, Insolvenzrecht, S. 130
42 Hierzu: Hess/Kranemann/Pink, InsO' 99, Rn. 9: der damalige Bundesjustizminister Dr. Hans-Jochen Vogel (SPD) setzte 1978 eine Kommission für Insolvenzrecht ein.
43 Am 23.05.1949 wurde das Grundgesetz für die Bundesrepublik Deutschland verkündet. Am Tag darauf trat es in Kraft.
44 Kübler/Prütting, Insolvenzrecht, S. 130
45 Die erste so genannte Ölkrise begann im Herbst 1973, als die OPEC (Organisation der Erdöl exportierenden Länder) bewusst die Fördermengen drosselte (um ca. 5 %), um den Preis für Erdöl zu ihren Gunsten zu beeinflussen. Am 16. Oktober 1973 wurde der Ölpreis (US-Sorte Crude Light) von rund 3 Dollar pro Barrel (159 Liter) auf über 5 Dollar angehoben. Dies entspricht einem Anstieg um ca. 70 %. Im Verlauf des nächsten Jahres stieg der Weltölpreis auf über 12 Dollar pro Barrel.
46 RegE, abgedruckt in Kübler/Prütting, Insolvenzrecht, S. 131; Smid-*Smid*, InsO, Einl. S. 5
47 Smid-*Smid*, InsO, Einl. S. 4
48 RegE, abgedruckt in Kübler/Prütting, Insolvenzrecht, S. 130; Uhlenbruck, Aspekte, S. 11; Smid-*Smid*, InsO, S. 4
49 RegE, abgedruckt in Kübler/Prütting, Insolvenzrecht, S. 130 m.w.N.
50 RegE, abgedruckt in Kübler/Prütting, Insolvenzrecht, S. 130 m.w.N.
51 RegE, abgedruckt in Kübler/Prütting, Insolvenzrecht, S. 130
52 RegE, abgedruckt in Kübler/Prütting, Insolvenzrecht, S. 130
53 RegE, abgedruckt in Kübler/Prütting, Insolvenzrecht, S. 130
54 RGBl. I 1935, S. 321

Ziel der Vergleichsordnung war es, dem Schuldner eine Möglichkeit zu bieten, den Konkurs, der nach allgemeinem Verständnis mit einem Makel behaftet war, durch einen Vergleichsantrag zu umgehen. So hieß es in § 1 der bis zum 31.12.1998 geltenden Vergleichsordnung (VglO), dass

> *„der Konkurs ... nach Maßgabe dieses Gesetzes durch ein gerichtliches Vergleichsverfahren abgewendet werden"*

konnte.[55] D.h., bis zur Eröffnung des Konkursverfahrens konnte dieses, sofern die in der Vergleichsordnung genannten Voraussetzungen erfüllt sind, abgewendet werden, § 1 Abs. 2 VglO. Ein weiterer Entwurf einer Vergleichsordnung von 1937/1938, der ebenfalls – aus Sicht des Gesetzgebers der InsO – fortschrittliche Züge aufwies,[56] wurde wegen der danach eintretenden Kriegswirren des 2. Weltkriegs nicht weiter verfolgt[57] und soll aus diesem Grunde hier auch nicht weiter dargestellt werden.

B. Vorliegen eines Eröffnungsgrundes zwingende Voraussetzung für die Eröffnung eines Insolvenzverfahrens?

I. Anliegen dieser Studie

Anliegen dieser Studie ist, die Aufgabe des Eröffnungsgrundes nach § 18 InsO in den systematischen Zusammenhang der Insolvenz als Verfahren einzuordnen. § 18 InsO soll nach der Auffassung des Gesetzgebers einen neuen Eröffnungsgrund für das Insolvenzverfahren darstellen.[58] Um § 18 InsO in diesem Kontext zu betrachten, sind daher zunächst die Voraussetzungen der Eröffnung eines Insolvenzverfahrens zu betrachten.

II. Gesetzeswortlaut des § 16 InsO

Nach dem Gesetzeswortlaut des § 16 InsO ist Voraussetzung für die Eröffnung eines Insolvenzverfahrens, dass ein Eröffnungsgrund vorliegt. Eröffnungsgründe im Sinne der InsO sind nach § 17 ff InsO die Zahlungsunfähigkeit, die drohende Zahlungsunfähigkeit i.S.d. § 18 InsO und ggf. auch nach § 19 InsO die Überschuldung, wenn es sich beim Schuldner um eine juristische Person handelt.

Eine Begründung, warum bei einem Verfahren nach der InsO ein Insolvenzgrund vorliegen muss, liefert der Gesetzgeber im Regierungsentwurf zur Insolvenzord-

---

55 Vgl. § 1 VglO in der Fassung vom 28.10.1996, BGBl. I, S. 1546

56 hierzu ausführlicher der Gesetzgeber im RegE, abgedruckt in Kübler/Prütting, Insolvenzrecht, S. 130, auf dessen Darstellung hier verwiesen wird.

57 RegE, abgedruckt in Kübler/Prütting, Insolvenzrecht, S. 130

58 RegE, abgedruckt in Kübler/Prütting, Insolvenzrecht, S. 176

nung (im Folgenden: RegE) nicht. Die Begründung zu § 16 InsO (§ 20 RegE) ist zusammengefasst mit § 17 InsO (§ 20 RegE), d.h. der Zahlungsunfähigkeit.[59] Die Ausführungen zu §§ 16, 17 InsO befassen sich nur mit den tatsächlichen Voraussetzungen der Zahlungsunfähigkeit, ohne das Vorliegen eines Eröffnungsgrundes als solchen zu problematisieren.[60] Obwohl § 16 InsO bislang keine Entsprechung im überkommenen Recht hat,[61] wird diese Vorschrift kommentarlos durch den Gesetzgeber eingeführt.

Zum Teil wird vertreten, dass die Vorschrift des § 16 InsO lediglich das bisherige allgemeine Verständnis der sachlichen Voraussetzungen für die Eröffnung des Insolvenzverfahrens kodifiziere.[62]

Diese Auffassung kann jedoch nicht vollständig zutreffend sein, da durch den neuen Insolvenzgrund der drohenden Zahlungsunfähigkeit i.S.d. § 18 InsO ein neuer Eröffnungsgrund geschaffen wurde, der gerade keine materielle Insolvenz voraussetzt.[63] Dies ist eine Regelung, die das überkommene Recht nicht kannte.[64]

Es soll daher nachstehend zunächst untersucht werden, wie § 16 InsO in das Eröffnungsverfahren einzuordnen ist.

III. Gläubigerantrag

Unproblematisch ist § 16 InsO hinsichtlich des Vorliegens eines Insolvenzgrunds bei einem Gläubigerantrag. Bei einem Gläubigerantrag sind Eröffnungsgründe die Zahlungsunfähigkeit und die Überschuldung, §§ 17 und 19 InsO. Bei lediglich drohender Zahlungsunfähigkeit i.S.d. § 18 InsO ist ein Gläubigerantrag nicht zulässig. Insoweit ergibt sich keine Neuerung gegenüber dem überkommenen Recht: auch nach § 102 KO war Voraussetzung für die Eröffnung eines Konkursverfahrens auf Antrag eines Gläubigers die Zahlungsunfähigkeit bzw. ggf. auch die Überschuldung.[65]

Da nach § 14 InsO ein Antrag eines Gläubigers auf Eröffnung eines Insolvenzverfahrens nur dann zulässig ist, wenn der Gläubiger ein rechtliches Interesse an der Eröffnung des Insolvenzverfahrens hat und seine Forderung und den Insolvenzgrund glaubhaft macht,[66] ergeben sich insoweit keine Unterschiede hinsichtlich der for-

---

59 Hierzu die Ausführungen des Gesetzgebers im RegE, abgedruckt in Kübler/Prütting, Insolvenzrecht, S. 130
60 RegE, abgedruckt in Kübler/Prütting, Insolvenzrecht, S. 130
61 So die synoptische Darstellung in Kübler/Prüttting, Insolvenzrecht, S. 659
62 HK-*Kirchhof*, InsO, § 16 Rn. 1
63 Smid-*Smid*, InsO, § 16 Rn. 2
64 Smid-*Smid*, InsO, § 16 Rn. 2
65 Schmidt, Insolvenzgesetze, § 102 KO, Anm. 1; Kuhn/Uhlenbruck, KO, § 102, Rn. 6 b ff
66 Smid-*Smid*, InsO, § 14 Rn. 2; MüKo-*Schmahl*, InsO, § 16 Rn. 8 ff; Hess/Weiss-*Wienberg*, InsO, § 14 Rn. 8 (zum Rechtsschutzinteresse des Gläubigers) und Rn. 24 ff zur Glaubhaftmachung der Forderung

mellen Voraussetzungen bei einem Gläubigerantrag gegenüber dem überkommenen Recht: ein materieller Insolvenzgrund, wie die Zahlungsunfähigkeit oder die Überschuldung muss beim Schuldner vorliegen.[67]

IV. Schuldnerantrag

Für den Antrag eines Schuldners fehlt es an entsprechenden Regelungen in der InsO. Insbesondere verlangt die InsO grundsätzlich nicht, dass der Schuldner das Vorliegen eines Eröffnungsgrundes glaubhaft macht.[68]

Lediglich § 15 Abs. 2 InsO sieht bei juristischen Personen eine Glaubhaftmachung des Eröffnungsgrundes dann vor, wenn der Antrag nicht von allen Mitgliedern des Vertretungsorgans, allen persönlich haftenden Gesellschaftern oder allen Abwicklern gestellt wird.

Eine Glaubhaftmachung durch den Schuldner wird nur im Rahmen des § 212 InsO verlangt.[69] Nach dieser Vorschrift ist das eröffnete Insolvenzverfahren auf Antrag des Schuldners einzustellen, wenn gewährleistet ist, dass nach der Einstellung beim Schuldner weder Zahlungsunfähigkeit, noch drohende Zahlungsunfähigkeit, noch, soweit die Überschuldung ein Grund für die Eröffnung des Verfahrens ist, Überschuldung vorliegt. Der Schuldner hat das Fehlen der Eröffnungsgründe für diesen Zweck glaubhaft zu machen, § 212 Satz 2 InsO.[70]

V. Problemstellung

Wie soeben dargestellt wurde, ist für die Eröffnung des Verfahrens bei einem Eigenantrag des Schuldners grundsätzlich keine Glaubhaftmachung des Insolvenzgrundes notwendig. Vor diesem Hintergrund ist zunächst die Frage zu stellen, ob bei einem Eigenantrag eines Schuldner bei Eröffnung des Insolvenzverfahrens das Vorliegen eines Insolvenzgrundes durch das Insolvenzgericht überhaupt geprüft werden muss.

In diesem Lichte wird nachfolgend zunächst der neue Insolvenzgrund der drohenden Zahlungsunfähigkeit i.S.d. § 18 InsO untersucht.

---

67 Vgl. § 14 i.V.m. §§ 17 und 19 InsO
68 Smid-*Smid*, InsO, § 16 Rn. 4
69 Smid-*Smid*, InsO, § 212 Rn. 4; Nerlich/Römermann-*Westphal*, InsO, § 212 Rn. 4, 7; Braun-*Kießner*, InsO, § 212 Rn. 4; Kübler/Prütting-*Pape*, Komm. zur InsO, § 212 Rn. 7
70 Smid-*Smid*, InsO, § 212 Rn. 4; Nerlich/Römermann-*Westphal*, InsO, § 212 Rn. 4, 7; Braun-*Kießner*, InsO, § 212 Rn. 4; Kübler/Prütting-*Pape*, Komm. zur InsO, § 212 Rn. 7

C. Neuer Eröffnungsgrund der drohenden Zahlungsunfähigkeit

Als neuer Eröffnungsgrund wurde in der Insolvenzordnung der Tatbestand der drohenden Zahlungsunfähigkeit in § 18 InsO eingeführt. Der Antrag nach § 18 InsO, gestützt auf den Insolvenzgrund der drohenden Zahlungsunfähigkeit kann nur vom Schuldner, nicht aber von einem Gläubiger gestellt werden.[71]

Im Folgenden wird näher nach dem „Begriff" der drohenden Zahlungsunfähigkeit gefragt werden. Denn dieser „Begriff" ist seit Langem aus dem Insolvenzstrafrecht bekannt.[72] Das würde es nahe legen, einfach und ohne weiteres auf dessen Auslegung zurückzugreifen. Denn im Anschluss an die allgemeine Wissenschaftslehre gehört es zu den anerkannten Grundsätzen der juristischen Methodenlehre, dass der Rechtsanwender darauf vertrauen dürfe, identische Sachverhalte durch identische Begriffe bezeichnet zu finden.[73] Freilich ist bereits aus verschiedenen Zusammenhängen bekannt, dass dieser Grundsatz in der legislatorischen Praxis nicht immer wirklich berücksichtigt werden kann; man denke an das Verhältnis von Zivil- und Steuerrecht.[74] Daher bedarf es zunächst einer immanenten Betrachtung des Sachverhaltes, der mit dem Begriff der drohenden Zahlungsunfähigkeit im Insolvenzrecht beschrieben wird, bevor sein strafrechtlicher Gebrauch in den Blick gefasst werden kann.

I. Drohende Zahlungsunfähigkeit i.S.d. InsO

1. Einführung auf Vorschlag der Kommission für Insolvenzrecht

Die Einführung des Begriffs der drohenden Zahlungsunfähigkeit entstammt einem Vorschlag der Kommission für Insolvenzrecht.[75] Diese schlug vor, als neuen Grund für die Eröffnung eines Insolvenzverfahrens die drohende Zahlungsunfähigkeit vorzusehen (der Kommissionsentwurf bezeichnete diese Krisensituation noch als *bevorstehende* Zahlungsunfähigkeit).[76] Nach den Vorstellungen der Kommission für Insolvenzrecht sollte der neue Insolvenzgrund der drohenden Zahlungsunfähigkeit die Möglichkeit schaffen, bereits bei einer sich deutlich abzeichnenden Insolvenz vor ihrem tatsächlichen Eintritt verfahrensrechtliche Gegenmaßnahmen einzuleiten.[77]

---

71 RegE, abgedruckt in Kübler/Prütting, Insolvenzrecht, S. 177, 178; v. Onciul, Die rechtzeitige Auslösung, S. 107; Nerlich/Römermann-*Mönning*, InsO, § 18 Rn. 8; Smid-*Smid*, InsO, § 18 Rn. 5; Braun-*Kind*, InsO, § 18 Rn. 1; MüKo-*Drukarczyk*, InsO, § 18 Rn. 2; Jaeger-*Müller*, InsO, § 18 Rn. 2

72 1. Gesetz zur Bekämpfung der Wirtschaftskriminalität (1. WiKG) BGBl. I 1976, 2034 ff

73 Schmalz, Methodenlehre, Rn. 243; Pawlowski, Methodenlehre, Rn. 48; Zippelius, Methodenlehre, § 10 I

74 Hierzu: Petersen, Steuerrechtliche Argumente, S. 113/114 u. 133

75 BMJ, Erster Bericht, Leitsatz 1.2.5.

76 BMJ, Erster Bericht, Leitsatz 1.2.5.

77 BMJ, Erster Bericht, Einleitung Ziff. 6. a)

2. Beschränkung des Anwendungsbereichs durch den Reformgesetzgeber

Der Eröffnungsgrund der drohenden Zahlungsunfähigkeit wurde in den folgenden Entwürfen des Gesetzgebers abweichend vom Kommissionsvorschlag behandelt, in dem der Eröffnungsgrund der drohenden Zahlungsunfähigkeit auf den Fall des Schuldnerantrages beschränkt wurde.[78] Der Vorschlag der Kommission hatte die (bevorstehende) drohende Zahlungsunfähigkeit auch als Antragsgrund für den Gläubiger vorgesehen.[79]

Als Begründung für die Beschränkung des Antragsrecht auf den Schuldner bei lediglich drohender Zahlungsunfähigkeit wurde hierzu durch die dem Ersten Bericht der Kommission für Insolvenzrecht nachfolgenden Entwürfe des Gesetzgebers angeführt, dass vermieden werden soll, dass der Schuldner schon im Vorfeld der eigentlichen Insolvenz, d.h., wenn nur drohende Zahlungsunfähigkeit vorliegt, durch einen Insolvenzantrag durch Außenstehende unter Druck gesetzt werden kann.[80]

Bemühungen um eine außergerichtliche Sanierung sollten insoweit nicht durch den Antrag eines Gläubigers, gestützt auf den Insolvenzgrund der drohenden Zahlungsunfähigkeit, behindert werden können.[81]

3. Herleitung des Begriffes der drohenden Zahlungsunfähigkeit aus dem Strafrecht

Der Gesetzgeber führt weiter zum Insolvenzgrund der drohenden Zahlungsunfähigkeit aus:

> *„Der Begriff der „drohenden Zahlungsunfähigkeit" wird bereits im geltenden Konkursstrafrecht verwendet (vgl. § 283 Abs. 1 – vorangestellter Satzteil –, Abs. 4 Nr. 1, Abs. 5 Nr. 1, § 283 d Abs. 1 Nr. 1 StGB); er wird dort jedoch nicht näher bestimmt. Die in Absatz 2 gegebene Definition ist geeignet, auch für das Strafrecht größere Klarheit zu bringen."*[82]

Ob sich diese Intentionen des Gesetzgebers bewahrheitet haben, ist fraglich.

---

78 BMJ, Diskussionsentwurf, § 20; BMJ, Referentenentwurf, § 20; BMJ, Regierungsentwurf, § 22, letzterer abgedruckt bei Kübler/Prütting, Insolvenzrecht, S. 177/178

79 BMJ, Erster Bericht, Leitsatz 1.1.3 sah einheitliche Eröffnungsgründe für die Eröffnung eines Insolvenzverfahrens vor

80 BMJ, Diskussionsentwurf, § 20; BMJ, Referentenentwurf, § 20; BMJ, Regierungsentwurf, § 22, jeweils in der Begründung zum neuen Insolvenzgrund der drohenden Zahlungsunfähigkeit, letzterer abgedruckt bei Kübler/Prütting, Insolvenzrecht, S. 177/178

81 BMJ, Diskussionsentwurf, § 20; BMJ, Referentenentwurf, § 20; BMJ, Regierungsentwurf, § 22, jeweils in der Begründung zum neuen Insolvenzgrund der drohenden Zahlungsunfähigkeit; letzterer abgedruckt bei Kübler/Prütting, Insolvenzrecht, S. 177/178

82 BMJ, Diskussionsentwurf, § 20; BMJ, Referentenentwurf, § 20; BMJ, Regierungsentwurf, § 22, jeweils in der Begründung zum neuen Insolvenzgrund der drohenden Zahlungsunfähigkeit; letzterer abgedruckt bei Kübler/Prütting, Insolvenzrecht, S. 177/178

C. Neuer Eröffnungsgrund der drohenden Zahlungsunfähigkeit

Es soll daher im Folgenden zunächst der Insolvenzgrund der drohenden Zahlungsunfähigkeit nach den Vorstellungen des Gesetzgebers betrachtet werden. Da insoweit die insolvenzrechtliche Literatur im Wesentlichen nur die Definitionen und die Darstellungen des Gesetzgebers zu den theoretischen Voraussetzungen des neuen Insolvenzgrundes der drohenden Zahlungsunfähigkeit zitiert hat,[83] ist nur auf Abweichungen zu den Ausführungen des Gesetzgebers in der Begründung zu § 18 InsO einzugehen. Im Anschluss an diese Darstellung soll die drohende Zahlungsunfähigkeit im Sinne der strafrechtlichen Definition beleuchtet werden.

4. Definition der drohenden Zahlungsunfähigkeit

Die Definition der „drohenden Zahlungsunfähigkeit" findet sich in der Begründung des Gesetzgebers zu § 18 Abs. 2 InsO. Nach dieser Definition in § 18 Abs. 2 InsO *droht* der Schuldner im Sinne des § 18 InsO *zahlungsunfähig* zu werden, wenn er voraussichtlich nicht in der Lage sein wird, die bereits bestehenden Zahlungsverpflichtungen im Zeitpunkt ihrer zukünftigen Fälligkeit zu erfüllen.[84]

Der Gesetzgeber stellt die nachfolgenden Überlegungen zur drohenden Zahlungsunfähigkeit auf und definiert die Voraussetzungen, die die drohende Zahlungsunfähigkeit ausmachen, wie folgt:

> *Der Schuldner ist dann „drohend zahlungsunfähig", wenn die Wahrscheinlichkeit eines nahen Eintritts der Zahlungsunfähigkeit besteht; d.h. der Eintritt der Zahlungsunfähigkeit muss wahrscheinlicher sein, als deren Vermeidung.*[85]

5. Vorliegen einer Prognose i.S. der Intention des Gesetzgebers

Bei der nach der Maßgabe des Gesetzgebers zu erstellenden Prognose („voraussichtlich") muss – so die Darstellung in der Begründung des RegE – die gesamte Entwicklung der Finanzlage des Schuldners miteinbezogen werden. Die beim Schuldner vorhandene Liquidität und die zu erwartenden Einnahmen sind denjenigen Verbindlichkeiten gegenüberzustellen, die in einem überschaubaren Zeitraum voraussichtlich fällig werden.[86] Im Anschluss daran ist zu prüfen, ob der Eintritt der Zahlungsunfähigkeit wahrscheinlicher ist, als deren Vermeidung.[87]

---

83 Beispielhaft wird verwiesen auf: Braun-*Kind*, InsO, § 18 Rn. 1 ff; HK-*Kirchhof*, InsO, § 18 Rn. 1 ff verweist zusätzlich auf die Entstehungsgeschichte der Norm, stellt diese aber verkürzt dar; Hess-*Hess*, InsO, § 18 Rn. 1 ff; Wimmer-Schmerbach, InsO, § 18 Rn. 1 ff; ausführlicher hierzu: MüKo-*Drukarczyk*, InsO, § 18 Rn. 1 ff und Nerlich/Römermann-*Mönning*, InsO, § 18 Rn. 1 ff

84 Vgl. Bork, Einführung, Rn. 89; Hess/Pape, InsO, Rn. 100; Hess/Goetsch, Die Sanierung, S. 18; RegE, abgedruckt in Kübler/Prütting, Insolvenzrecht, S. 177; Wimmer-*Schmerbach*, InsO, § 18 Rn. 5, 8; Hess, InsO, § 18 Rn. 13

85 RegE, abgedruckt in Kübler/Prütting, Insolvenzrecht, S. 177

86 RegE, abgedruckt in Kübler/Prütting, Insolvenzrecht, S. 177

87 Vgl. Bork, Einführung, Rn. 89; Balz/Landfermann, Insolvenzgesetze, S. 91; Jaeger-*Müller*, Insolvenzordnung, § 18 Rn. 14; Nerlich/Römermann-*Mönning*, InsO, § 18 Rn. 24

6. bei der Ermittlung der drohenden Zahlungsunfähigkeit zu berücksichtigende Verbindlichkeiten

Bei den Verbindlichkeiten, die dem künftigen Gemeinschuldner drohen, muss es sich nach der Begründung des Gesetzgebers zunächst um bereits entstandene Verbindlichkeiten handeln, die zum entscheidungserheblichen Zeitpunkt lediglich noch nicht fällig sind.[88]

Von der gesetzlichen Definition in § 18 Abs. 2 InsO sind künftig sicher entstehende und fällig werdende Forderungen nicht erfasst, obwohl diese sicherlich auf die Liquidität Einfluss nehmen können, da von „bestehenden Zahlungspflichten" die Rede ist.

Der Gesetzgeber führt hierzu wie folgt aus:

> *„In die Prognose, die bei der drohenden Zahlungsunfähigkeit anzustellen ist, muß die ganze Entwicklung der Finanzlage des Schuldners bis zur Fälligkeit aller bestehenden Verbindlichkeiten einbezogen werden; in diesem Rahmen sind neben den zu erwartenden Einnahmen auch die zukünftigen, noch nicht begründeten Zahlungspflichten mitzuberücksichtigen."*[89]

Nach den Erläuterungen des Gesetzgebers im RegE zur InsO sollen somit „auch die zukünftigen, noch nicht begründeten Zahlungspflichten" bei einer entsprechenden Prognose mit zu berücksichtigen sein.[90]

Die Insolvenzordnung differenziert insoweit zwischen künftigen, bereits bestehenden Forderungen und Forderungen, die zwar vorhersehbar sind, aber noch nicht begründet wurden. Die letzteren Forderungen sind nach der Begründung des Gesetzgebers der Insolvenzordnung entsprechend bei einer Antragstellung, gestützt auf den Insolvenzgrund der drohenden Zahlungsunfähigkeit, zwar darzustellen, fließen jedoch nicht in die Beurteilung des Vorliegens der Voraussetzungen des Insolvenzgrundes der drohenden Zahlungsunfähigkeit ein.[91]

a) *Ansicht von Burger/Schellberg*

Nach *Burger/Schellberg* soll diese Differenzierung, die der Regierungsentwurf zur Insolvenzordnung trifft, dazu vorgenommen worden sein, die Prognose nicht auf einen unübersehbaren Zeitraum auszudehnen, da nur auf bereits begründete Verbindlichkeiten abgestellt wird.[92] Eine nähere Begründung zu dieser Ansicht findet sich dort jedoch nicht.

Von *Burger/Schellberg* wird jedoch insoweit verkannt, dass langfristige Verbindlichkeiten, die bereits begründet sind, über einen möglicherweise unübersehbaren Zeit-

88 RegE, abgedruckt in Kübler/Prütting, Insolvenzrecht, S. 177
89 RegE, abgedruckt in Kübler/Prütting, Insolvenzrecht, S. 177
90 RegE, abgedruckt in Kübler/Prütting, Insolvenzrecht, S. 177
91 RegE, abgedruckt in Kübler/Prütting, Insolvenzrecht, S. 177
92 Burger/Schellberg, Auslösetatbestände, BB 1995, 261, 264; so auch Stahlschmidt, Methoden, JZ 2002, S. 89, 91

raum zu bedienen sind. Zu denken ist hierbei beispielhaft an langfristige Bankdarlehen[93] oder – für Privatpersonen – an Baudarlehen mit 30-jähriger oder noch längerer Laufzeit.

b) Ansicht von Müller, Pape und Hess

Müller, *Pape* und *Hess* schließen aus der Begründung des Gesetzgebers zu § 18 InsO, dass nicht nur die bereits bestehenden, sondern auch die notwendigerweise neu zu begründenden Verpflichtungen, wie etwa aus Steuern, Sozialabgaben und Lieferantenforderungen in die Prüfung, ob drohende Zahlungsunfähigkeit beim Schuldner vorliegt, mit einzubeziehen sind und wollen eine Schranke lediglich beim Prognosezeitraum setzen.[94]

c) Stellungnahme

Welcher Ansicht hierzu der Vorzug zu geben ist, kann an dieser Stelle dahingestellt bleiben. Im Folgenden wird noch näher darauf einzugehen sein, ob diese Differenzierung überhaupt notwendig ist (siehe unter V.).

II. Feststellung der drohenden Zahlungsunfähigkeit im Sinne einer Liquiditätsschau

Für die Feststellung, ob bereits drohende Zahlungsunfähigkeit vorliegt, bedient man sich – so der Reformgesetzgeber und die Literatur – einer Prognose.[95]

Die Feststellung der drohenden Zahlungsunfähigkeit soll sich auf die Differenz zwischen dem Anfangsbestand an Zahlungsmitteln und dem Endbestand an Zahlungsmitteln stützen, wobei die geplanten Einzahlungen und die geplanten Auszahlungen für den Beurteilungszeitraum einander gegenübergestellt werden.[96] D.h., die Liquidität des Schuldners soll zunächst im Verhältnis zu seinen bereits begründeten Verbindlichkeiten betrachtet werden.

Das Wort „voraussichtlich" in § 18 Abs. 2 InsO wird dahingehend verstanden, dass der künftige Eintritt der Zahlungsunfähigkeit wahrscheinlicher sein muss als deren Vermeidung.[97] Die Literatur geht davon aus, dass eine Eintrittswahrscheinlichkeit

---

93 Harz, Kriterien der Zahlungsunfähigkeit, S. 194

94 Jäger-*Müller*, InsO, § 18 Rn. 10; Hess-*Hess*, InsO, § 18 Rn. 7; Kübler/Prütting-*Pape*, Komm. zur InsO, § 18 Rn. 7; auch nach HK-*Kirchhof*, InsO, § 18 Rn. 11 sollen diese noch nicht begründeten Verbindlichkeiten berücksichtigt werden; a.A. Wimmer-*Schmerbach*, InsO, § 18 Rn. 6, der dafür plädiert, die noch nicht begründeten Verbindlichkeiten nicht einzubeziehen.

95 Balz/Landfermann, Insolvenzgesetze, S. 91; Nerlich/Römermann-*Mönning*, InsO, § 18 Rn. 6, 24, 32; Braun-*Kind*, InsO, § 18 Rn. 5; Smid-*Smid*, InsO, § 18 Rn. 10; Jaeger-*Müller*, InsO, § 18 Rn. 7; MüKo-*Drukarczyk*, InsO, § 18 Rn. 10; Kübler/Prütting-*Pape*, Komm. zur InsO, § 18 Rn. 9

96 Burger/Schellberg, Auslösetatbestände, BB 1995, 261, 264

97 RegE, abgedruckt in Kübler/Prütting, Insolvenzrecht, S. 177

von mehr als 50 % gegeben sein muss.[98] Sobald diese Voraussetzung vorliegt, soll die Befriedigung der Gläubiger so stark gefährdet sein, dass die Eröffnung eines Insolvenzverfahrens gerechtfertigt erscheint.[99]

Ein Vergleich zwischen der Begründung des Gesetzgebers und der zu § 18 InsO vorliegenden Literatur ergibt summarisch betrachtet, dass die Begründung des Gesetzgebers lediglich zitiert und gleichzeitig versucht wurde, die Darstellungen des Gesetzgebers mit äußerst komplexen, aus der Betriebswirtschaft entlehnten Prüfungsverpflichtungen und -darstellungen für den Schuldner zu verbinden.[100] Hierauf wird an geeigneter Stelle noch einzugehen sein (siehe unter K.).

III. Folgen des Eintritts der drohenden Zahlungsunfähigkeit

1. Folgen für das Insolvenzverfahren

Die Eröffnung des Insolvenzverfahrens ist nach dem Recht der InsO für den Schuldner bei lediglich drohender Zahlungsunfähigkeit fakultativ, d.h., er kann einen Antrag auf Eröffnung des Insolvenzverfahrens stellen, muss dies aber nicht; eine Sanktionierung der Nichtantragstellung bei drohender Zahlungsunfähigkeit erfolgt nach geltendem Recht nicht.

Auch nebenstrafrechtliche bzw. zivilrechtliche Normierungen stellen die Nichtantragsstellung beim Insolvenzgrund der drohenden Zahlungsunfähigkeit nicht unter Strafe bzw. unter eine zivilrechtliche Sanktionierung in Form einer erhöhten Haftung.[101] Die §§ 42, 47, 89, 1980, 1985 BGB, §§ 64, 84 GmbHG, §§ 99, 98 GenG, §§ 283, 92 AktG wurden durch das Einführungsgesetz zur InsO lediglich redaktionell angepasst, in dem das Wort „Konkursverfahren" durch „Insolvenzverfahren" ersetzt wurde.[102] Eine Antragspflicht für den neuen Insolvenzgrund der drohenden Zahlungsunfähigkeit wurde im Rahmen dieser Änderung nicht vorgesehen.

---

98 Burger/Schellberg, Auslösetatbestände, BB 1995, 261, 265; Nerlich/Römermann-*Mönning*, InsO, § 18 Rn. 24; HK-*Kirchhof*, InsO, § 18 Rn. 13; Wimmer-*Schmerbach*, InsO, § 18 Rn. 13

99 RegE, abgedruckt in Kübler/Prütting, Insolvenzrecht, S. 177

100 z.B. verlangen Drukarczyk/Schüler, Zahlungsunfähigkeit, S. 109, einen durch den Schuldner vorzulegenden Finanzplan; ebenso Hess-*Hess*, InsO, § 18 Rn. 15; Jaeger-*Mueller*, Insolvenzordnung, § 18 Rn. 15 verlangt einen Liquiditätsplan; ebenso HK-*Kirchhof*, InsO, § 18 Rn. 14; Wimmer-*Schmerbach*, InsO, § 18 Rn. 9 verlangt sowohl einen Liquiditätsplan als auch einen Finanzplan; MüKo-*Drukarczyk*, InsO, § 18 Rn. 25 verlangt eine mehrwertige Darstellung des künftigen Geschehens, da Wahrscheinlichkeiten für den künftigen Eintritt der Zahlungsunfähigkeit dargestellt werden sollen

101 Hess/Goetsch, Die Sanierung, S. 19; wobei hier noch auf die Paragrafen aus dem RegE verwiesen wird, der den Eröffnungsgrund der drohenden Zahlungsunfähigkeit unter § 22 RegEInsO aufführt, während nach der Gesetz gewordenen InsO dieser unter § 18 InsO geregelt ist

102 Art. 33 (BGB), Art. 47 (AktG), Art. 48 (GmbHG), Art. 49 (GenG), 2. Teil des Einführungsgesetz zur Insolvenzordnung (EGInsO), BGBl. I 1994, 2911 ff

2. Folgen für ein Strafverfahren

Eine Strafbarkeit kann das Vorliegen *drohender Zahlungsunfähigkeit* allerdings nach §§ 283 ff StGB auslösen, sofern die weiteren dort normierten Voraussetzungen gegeben sind. Bereits oben (siehe unter C. IV.) wurde darauf hingewiesen, dass der Begriff der drohenden Zahlungsunfähigkeit bereits im Insolvenzstrafrecht seit längerer Zeit verwendet wird.

Möglicherweise ergeben sich aus der Betrachtung der drohenden Zahlungsunfähigkeit im strafrechtlichen Sinne weitergehende Erkenntnisse zum neuen Insolvenzgrund der drohenden Zahlungsunfähigkeit.

IV. Bisherige strafrechtliche Regelung der drohenden Zahlungsunfähigkeit unter Geltung der KO, GesO und VglO

1. Vorbemerkung

Der Begriff der drohenden Zahlungsunfähigkeit findet sich seit dem Jahr 1976 in den §§ 283 ff StGB.[103] Nach bisherigem Recht war die drohende Zahlungsunfähigkeit lediglich Krisenmerkmal bei Delikten im Sinne der §§ 283–283 d StGB. Eine Legaldefinition der drohenden Zahlungsunfähigkeit findet sich in diesen Vorschriften jedoch nicht. Die KO, VglO und GesO enthalten den Begriff der drohenden Zahlungsunfähigkeit nicht: für diese Verfahren galten die klassischen Eröffnungsgründe der Zahlungsunfähigkeit und der Überschuldung (siehe unter F.). Der Begriff der drohenden Zahlungsunfähigkeit wurde erstmals mit den §§ 283–283 d StGB eingeführt.[104]

2. Voraussetzung des Tatbestandes der §§ 283 ff StGB

Um die Voraussetzungen des Tatbestandes des § 283 Abs. 1 Nr. 1–8 StGB zu erfüllen, muss der Täter während einer „Krise“ die in den Ziff. 1–8 der Vorschrift näher aufgeführten Bankrotthandlungen begehen.[105]

Eine strafrechtlich relevante Krise liegt bei eingetretener Überschuldung vor, wobei eine drohende Überschuldung nicht ausreicht. Ausreichend ist die eingetretene Überschuldung aber auch bei Handelsgesellschaften oder Einzelunternehmen, d.h. auch dort, wo die Überschuldung als solche keinen Konkurs-/Insolvenzgrund dar-

103 1. Gesetz zur Bekämpfung der Wirtschaftskriminalität (1. WiKG) BGBl. I 1976, 2034 ff
104 Bis zur Neuregelung durch die KO in den §§ 239–244 KO, die insoweit mit Wirkung v. 01.10.1879 erfolgte, war das Konkursstrafrecht Teil des Reichsstrafgesetzbuches und wurde bis zum Inkrafttreten der §§ 283 ff StGB in den §§ 239 ff KO geregelt. Den Begriff der drohenden, bzw. bevorstehenden Zahlungsunfähigkeit enthielt das vormalige Recht nicht.
105 Schönke/Schröder-*Stree/Heine*, StGB, § 283 Rn. 50

stellt. Weiter liegt eine strafrechtlich relevante Krise auch dann vor, wenn drohende oder eingetretene Zahlungsunfähigkeit vorliegt, § 283 StGB.[106]

Nach den §§ 283 ff StGB sind u.a. Taten mit Strafe sanktioniert, die der Schuldner oder ein Gläubiger in Kenntnis einer Unternehmenskrise zur Beiseiteschaffung von Massegegenständen begeht oder begehen lassen kann sowie die Herbeiführung einer Unternehmenskrise durch pflichtwidriges Verhalten.[107]

Zweck dieser Vorschriften ist es, die Gläubiger vor einer Beeinträchtigung ihrer Interessen an einer Befriedigung ihrer Ansprüche zu schützen. Hierbei wird eine Mehrheit von Gläubigern nicht vorausgesetzt, ein einziger Konkursgläubiger genügt.[108]

Nach den Vorschriften der §§ 283 ff StGB ist die Sanktionierung von Handlungen des Schuldners oder Gläubigers nicht auf die „klassischen" Konkurseröffnungstatbestände der KO, VglO und GesO wie Zahlungsunfähigkeit oder Überschuldung beschränkt. Eine Sanktionierung von Handlungen findet bereits dann statt, wenn lediglich drohende Zahlungsunfähigkeit vorliegt.[109]

So heißt es in § 283 StGB:

> *„Mit Freiheitsstrafe bis zu fünf Jahren oder mit Geldstrafe wird bestraft, wer bei Überschuldung oder drohender oder eingetretener Zahlungsunfähigkeit ..."*

In der Krise der Gesellschaft werden u.a. das Beiseiteschaffen oder Verheimlichen von Vermögensgegenständen,[110] das übermäßige Verbrauchen von Beträgen wie Spekulations- oder Differenzgeschäfte und unwirtschaftliche Ausgaben[111] bestraft. Weiter wird die Beschaffung von Wertpapieren auf Kredit, um sie anschließend zu verschleudern,[112] sowie das Vortäuschen von Rechten anderer oder erdichteter Rechte[113] unter Strafe gestellt. Darüber hinaus macht sich der Geschäftsführer eines strafbewehrten Verhaltens schuldig, der es unterlässt, Handelsbücher zu führen oder diese so führt oder verändert, dass die Übersicht über den Vermögensstand der Gesellschaft erschwert wird.[114]

3. Ziele des Gesetzgebers bei der Einführung des 1. WiKG

Nach der großen Strafrechtsreform Ende der sechziger Jahre stand die so genannte „White-collar"-Kriminalität im Mittelpunkt des öffentlichen Interesses und löste daher einen entsprechenden Handlungsdruck der Politik aus. Dies führte zur Schaf-

---

106 Schönke/Schröder-*Stree/Heine*, StGB, § 283 Rn. 53
107 Schönke/Schröder-*Stree/Heine*, StGB, Vorbem. zu § 283 Rn. 1
108 RG in RGSt 39, 326; RG in RGSt 41, 314
109 Schönke/Schröder-*Stree/Heine*, StGB, § 283 Rn. 53
110 § 283 Abs. 1 Nr. 1 StGB
111 § 283 Abs. 1 Nr. 2 StGB
112 § 283 Abs. 1 Nr. 3 StGB
113 § 283 Abs. 1 Nr. 4 StGB
114 §§ 283 Abs. 1 Nr. 5 und 6, § 283b StGB

fung des *1. Gesetzes zur Bekämpfung der Wirtschaftskriminalität* (1. WiKG),[115] welches am 01.08.1976 in Kraft trat.[116] Kernpunkt dieses Gesetzes war die Erweiterung der Konkurs- und Betrugsstraftatbestände.

Eines der Ziele des Gesetzgebers bei Gesetzesreform des Konkursstrafrechts (1. WiKG) war es, nur für die Gläubiger „gefährliche Verhaltensweisen" des Schuldners zu erfassen, in dem der Gesetzgeber sämtlichen Bankrottalternativen das Erfordernis einer „wirtschaftlichen Krise" hinzufügte und diese schon mit dem Vorliegen lediglich drohender Zahlungsunfähigkeit begründete.[117]

Die Leitmotive des Gesetzgebers zur Neugestaltung des Konkursstrafrechts lassen sich im Wesentlichen auf drei Punkte zusammenfassen:

- Die Möglichkeit einer effektiveren Bekämpfung von Konkursvergehen durch die Strafverfolgungsbehörden
- Harmonisierung der Konkursstraftaten mit dem Schuldprinzip und
- die Einführung von Tatbeständen, die rechtsstaatlichen Erfordernissen genügen.[118]

Mit dem Tatbestand der drohenden Zahlungsunfähigkeit i.S.d. §§ 283 ff StGB in das StGB schuf der Gesetzgeber eine weitere Krisenumschreibung, die nicht nur dem Konkursstrafrecht, sondern auch dem gesamten Insolvenzrecht bis dato fremd war.

4. Strafrechtliche Definition nach überkommenem Recht

a) eingetretene Zahlungsunfähigkeit

Nach der strafrechtlichen Definition stellte sich die Lage für die eingetretene Zahlungsunfähigkeit nach bisherigem Recht unter Geltung der KO und der VglO wie folgt dar:

Die eingetretene Zahlungsunfähigkeit wurde im Insolvenz-[119] – wie im Konkursstrafrecht[120] einheitlich definiert als das auf dem Mangel an Zahlungsmitteln beruhende, voraussichtlich dauernde Unvermögen eines Schuldners, seine sofort zu erfüllenden Verbindlichkeiten noch im Wesentlichen zu begleichen. Zurück geht diese Definition auf eine Reichsgerichtsentscheidung des VII. Zivilsenats.[121]

---

115 BGBl. I 1976, 2034 ff

116 1. Gesetz zur Bekämpfung der Wirtschaftskriminalität (1. WiKG) BGBl. I 1976, 2034 ff

117 NK-*Kindhäuser*, StGB, vor §§ 283 bis 283d, Rn. 19

118 Matzen, Begriff, S. 11

119 BGH in WM 1957, 68; BGH in GmbHR 1988, 192; BGH NJW 1982, 1952; BGH in WM 1983, 429; BGH in DB 1983, 168; BGH in BB 1983, 229

120 BGH in wistra 1982, 189; OLG Stuttgart in NStZ 1987, 460

121 RG in RGZ 50, 39, 41: Der VII. Zivilsenat des Reichsgerichts hatte in dem der Entscheidung zugrunde liegenden Verfahren über die Zulässigkeit einer Anfechtung einer Gläubiger benachteiligenden Rechtshandlung zu entscheiden. Im Streit war zwischen den Parteien, ob der Schuldner bereits zahlungsunfähig war oder ob die Begleichung von Einzelforderungen eine Zahlungseinstellung ausschließe und somit der Zahlungsunfähigkeit entgegenstehe.

Zu diesen zur Beurteilung heranzuziehenden Umständen gehörten insbesondere die fälligen und ernsthaft eingeforderten Verbindlichkeiten, sowie andererseits die vorhandenen und flüssigen und die kurzfristig liquidierbaren Mittel, ferner die Auftragslage und die zur Verfügung stehenden Kreditmöglichkeiten des Schuldners.[122]

Nach der strafrechtlichen Betrachtungsweise reichte es allerdings nicht aus, wenn der Gemeinschuldner ein Geständnis dahingehend abgab, dass im Falle des Zeitpunkts der tatbestandlich relevanten Handlungen, tatsächlich Zahlungsunfähigkeit vorgelegen habe.[123] So hat der Bundesgerichtshof in einem solchen Falle bemängelt, dass das bloße Geständnis des Angeklagten hierzu nicht ausreiche und gleichzeitig festgestellt, dass die Strafkammer, deren Urteil in diesem Verfahren angegriffen wurde, in den Urteilsgründen keine Tatsachen dargelegt hat, aus denen sich die tatsächliche Zahlungsunfähigkeit des Unternehmens ergab.[124]

b) drohende Zahlungsunfähigkeit

Das strafrechtliche Verständnis der drohenden Zahlungsunfähigkeit nach bisherigem Recht baute auf der Definition der eingetretenen Zahlungsunfähigkeit auf.

Nach der strafrechtlichen Definition wurde die drohende Zahlungsunfähigkeit nach bisherigem Recht unter Geltung der KO und VglO wie folgt verstanden:

> *Drohende Zahlungsunfähigkeit im strafrechtlichen Sinne lag dann vor, wenn die konkrete Gefahr des Eintrittes der Zahlungsunfähigkeit bestand, ihr alsbaldiger Eintritt somit nach den Umständen des Einzelfalles wahrscheinlich war.*[125] *Die bloße Befürchtung des Schuldners, in Kürze zahlungsunfähig zu sein, reichte noch nicht aus.*[126]

Das Erzielen von Gewinnen stand der drohenden Zahlungsunfähigkeit im strafrechtlichen Verständnis nicht entgegen, wenn die Passiven von vornherein die Aktiven einschließlich der Gewinne erheblich überstiegen[127]; d.h. im Ergebnis bereits Überschuldung vorlag.

Ein unbefangener Beurteiler musste aus konkret vorliegenden Umständen auf den nahe bevorstehenden Eintritt der Zahlungsunfähigkeit schließen können.[128]

In strafrechtlicher Hinsicht stellt *Tiedemann*[129] sowohl unter Geltung der KO wie auch der InsO den zeitlichen Gesichtspunkt, mithin die Intensität der Gläubigergefährdung in den Vordergrund. Hiernach droht Zahlungsunfähigkeit, wenn für

---

122 BGH in WM 1957, 68; BGH in GmbHR 1988, 192; BGH in NJW 1982, 1952; BGH in WM 1983, 429; BGH in DB 1983, 168; BGH in BB 1983, 229; BGH in wistra 1982, 189; OLG Stuttgart in NStZ 1987, 460
123 Hartung, Feststellung, S. 2
124 BGH in wistra 1988, 225
125 Schönke/Schröder-*Stree/Heine*, StGB, § 283 Rn. 53
126 Schönke/Schröder-*Stree/Heine*, StGB, § 283 Rn. 53
127 Schönke/Schröder-*Stree/Heine*, StGB, § 283 Rn. 53 m.w.N. zur Literatur und Rechtsprechung
128 BGH in MDR 1990, 1067
129 LK-*Tiedemann*, StGB, § 283 Tz. 131

ihren Eintritt aufgrund der Umstände des Einzelfalls eine überwiegende Wahrscheinlichkeit spricht, nämlich der Eintritt der Zahlungsunfähigkeit nach dem normalen Ablauf der Dinge zu erwarten ist.[130]

Diese Ansicht stellte zudem für das Insolvenzstrafrecht die herrschende Meinung dar.[131]

c) Kritik an der strafrechtlichen Behandlung des Begriffes / Darstellung in der Rechtsprechung

Die bisherige Situation der Definition der drohenden Zahlungsunfähigkeit im Sinne des Konkursstrafrechtes kann dahingehend zusammengefasst werden, dass die begriffliche Vielfalt und auch die methodischen Probleme bezüglich der Definition und der Feststellung der drohenden Zahlungsunfähigkeit prinzipiell zu einer Irrelevanz dieses Tatbestandsmerkmals im Strafrecht führte.[132]

Bereits im Jahr 1993 hatte *Matzen* bemängelt, dass der Begriff der drohenden Zahlungsunfähigkeit in der konkursrechtlichen Literatur und der Rechtsprechung stark vernachlässigt worden sei.[133]

Die Rechtssprechung hat sich nach Inkrafttreten der §§ 283 ff StGB nur sehr zögerlich mit dem neuen Begriff der drohenden Zahlungsunfähigkeit befasst.

Der 1. Strafsenat des BGH stellte in einer Entscheidung aus dem Jahr 1981 [134] dar,

> *„Das Erzielen von Gewinnen (steht) jedenfalls dann einer drohenden Zahlungsunfähigkeit nicht entgegen ..., wenn die Passiven von vornherein die Aktiven einschließlich der Gewinne erheblich übersteigen.*
>
> *Die Feststellung der Zahlungsunfähigkeit setzt ... eine stichtagsbezogene Gegenüberstellung der fälligen und eingeforderten zu den vorhandenen flüssigen sowie den kurzfristig liquidierbaren Mitteln voraus. Ob eine Zahlungsunfähigkeit droht, ergibt eine Beurteilung der genannten Kriterien im Zusammenhang mit der Auftragslage und den zur Verfügung stehenden Kreditschöpfungsmöglichkeiten."*[135]

Für weitere Feststellungen des BGH zum Vorliegen einer drohenden Zahlungsunfähigkeit bestand in dieser Entscheidung kein Begründungszwang: Mit der Feststellung, dass die echten Verbindlichkeiten (Passiva) die Aktiva übersteigen,[136] war das Vorliegen einer Überschuldung als eingetretenes Krisenmerkmal i.S.d. § 283 StGB unproblematisch gegeben; auf eine Erörterung der Voraussetzungen der drohenden Zahlungsunfähigkeit kam es damit nicht mehr an.

---

130 LK-*Tiedemann*, StGB, § 283 Tz. 131
131 Hierzu auch Jaeger, Zahlungsunfähigkeit, DB 1986, 1442 m.w.N.
132 Reck, strafrechtliche Auswirkungen, GmbHR 1999, 267, 270
133 Matzen, Begriff, S. 11
134 BGH, Darstellung bei Holtz, in MDR 1981, 454 f
135 BGH, Darstellung bei Holtz, in MDR 1981, 454 f
136 BGH, Darstellung bei Holtz, in MDR 1981, 454 f

Wohl nicht nur wegen der in den §§ 283 ff StGB nicht erfolgten Definition und Abgrenzung der drohenden Zahlungsunfähigkeit, sondern wohl aufgrund der eben aufgeführten Entscheidung des BGH erscheint es nicht weiter verwunderlich, dass im Wesentlichen weitere Entscheidungen zur drohenden Zahlungsunfähigkeit i.S.d. §§ 283 ff StGB, die sich intensiv mit diesem Krisenmerkmal auseinandersetzen und das Vorliegen desselben auch bejahen, äußerst rar geblieben sind.

Bei strafrechtlichen Verurteilungen, bei denen durch die Staatsanwaltschaft ursprünglich neben dem Grundtatbestand des § 283 StGB auch weitere Tatbestände, namentlich der des Betruges in Form der Krediterschleichung und die Verletzung von Buchführungspflichten angeklagt worden sind, wurde betreffend den Vorwurf der Konkursstraftat vielfach nach § 154 StPO verfahren oder das Verfahren ganz eingestellt. Nur selten kam es nach bisherigem Recht zu einer Verurteilung wegen eines Vergehens nach den §§ 283 ff StGB, wenn lediglich drohende Zahlungsunfähigkeit vorlag.[137]

V. Ausblick auf das neue Recht

Bittmann[138] stellt auch für das neue Recht in Anschluss an *Tiedemann*[139] fest, dass drohende Zahlungsunfähigkeit vorliege, wenn für ihren Eintritt eine überwiegende Wahrscheinlichkeit spreche, d.h. der Eintritt der Zahlungsunfähigkeit nach dem üblichen Ablauf der Dinge zu erwarten sei.[140]

Nach *Reck* wird auch die in § 18 InsO getroffene Definition der drohenden Zahlungsunfähigkeit strafrechtlich kaum von Bedeutung sein, da die Analyse der bis zu einem Zeitpunkt X drohenden Zahlungsunfähigkeit, d.h. zu einem Zeitpunkt, in dem die bestehenden Zahlungspflichten im Zeitpunkt ihrer Fälligkeit nicht mehr erfüllt werden können, schwierig sein wird.[141] *Reck* stellt hierzu dar, dass in diese Analyse für den Schuldner alle zukünftigen Zahlungseingänge, aber auch die noch entstehenden und bis zu diesem Zeitpunkt fälligen Verbindlichkeiten zu berücksichtigen sind.[142] *Reck* hält dies für das Strafrecht nicht für darstellbar.[143]

137 Z.B. das Vorliegen drohender Zahlungsunfähigkeit nach Prüfung verneinend: BGH 3 StR 437/02 v. 30.01.2003
138 Bittmann-*Bittmann*, Insolvenzstrafrecht, § 12 Rn. 10
139 LK-*Tiedemann*, StGB, § 283 Tz. 131
140 Bittmann-*Bittmann*, Insolvenzstrafrecht, § 12 Rn. 10
141 Reck, Insolvenzverschleppung, S. 197
142 Reck, Insolvenzverschleppung, S. 197
143 Reck, Insolvenzverschleppung, S. 197

VI. Argumentation des Gesetzgebers zur strafrechtlichen Bedeutung des § 18 InsO

Der Gesetzgeber erhoffte sich hingegen durch die Definition der drohenden Zahlungsunfähigkeit in § 18 InsO (§ 22 RegE InsO) für das Strafrecht eine „größere Klarheit zu bringen“.[144]

VII. Änderungen der strafrechtlichen Betrachtungsweise durch die Neuregelung in der InsO

Die seit Inkrafttreten der InsO neu aufgelegten Kommentare zum StGB sehen durch die Definition der Insolvenzgründe in der InsO keine zwingende Verbindlichkeit für die strafrechtliche Definition. Auch die Begründung des Gesetzgebers, dass die Definition des neuen Insolvenzgrundes der drohenden Zahlungsunfähigkeit auch für das Strafrecht Klarheit bringt, wird sehr zurückhaltend behandelt. Zum einen wird darauf verwiesen, dass der Begriff der drohenden Zahlungsunfähigkeit i.S.d. InsO noch zu wenig geklärt sei, des weiteren wird eine vollständige Übertragbarkeit auf das Strafrecht abgelehnt, da spezifischen strafrechtlichen Anforderungen bei einer Gleichsetzung der Begriffe nicht Rechnung getragen werde.[145]

Als problematisch angesehen wird von der Literatur, dass § 18 InsO die Konsequenz habe, dass der allein antragsberechtigte Schuldner mit dem Insolvenzantrag zugleich die objektive Bedingung für die Strafbarkeit auslöse.[146] Hierzu sogleich.

VIII. Zusammenfassung/Stellungnahme

Schon dieser kurze Überblick hat gezeigt, dass der Gesetzgeber terminologisch auf die Bezeichnung eines strafrechtlichen Tatbestandes zurückgegriffen hat, der durch den damaligen Gesetzgeber eine andere Intention verfolgte, als der Gesetzgeber der Insolvenzrechtsreform dies wollte:

Der RegE zum 1. WiKG[147] sah noch die drohende Überschuldung als Krisenmerkmal vor. Entschärft wurde dies durch die Stellungnahme des Rechtsausschusses des Bundestages,[148] der die drohende Zahlungsunfähigkeit als Krisenmerkmal favorisierte, die auch letztlich in das Gesetz Eingang gefunden hat.

Hintergrund der erweiterten Krisendefinition für die Konkursstraftaten war jedoch lediglich die erleichterte Beweisführungsmöglichkeit für die ermittelnden Behör-

144 RegE, abgedruckt in Kübler/Prütting, Insolvenzrecht, S. 177
145 Schönke/Schröder-*Stree/Heine*, § 283 Rn. 50, 50a
146 Tröndle/Fischer, StGB, § 283 Rn. 11; Lackner/Kühl, StGB, § 283, Rn. 8; SchSch-*Stree/Heine*, § 283 Rn. 53
147 Bundestagsdrucksache (BT-Drs.) 7/3441
148 BT-Drs. 7/5291

den und die entscheidenden Gerichte: Die Feststellung der drohenden Zahlungsunfähigkeit ist im nachträglichen Strafverfahren dadurch erleichtert, dass in der Regel die Tatsache des späteren Eintritts der Zahlungsunfähigkeit feststeht und einer eingetretenen in aller Regel die drohende Zahlungsunfähigkeit vorausgehend wird.[149]

Insoweit wurde in strafrechtlicher Hinsicht auf einen althergebrachten Begriff, namentlich den der eingetretenen Zahlungsunfähigkeit, zurückgegriffen und dieser lediglich um den „Drohens"-Tatbestand erweitert.

Während es bei der Schaffung der §§ 283 ff StGB darum ging, einen Auffangtatbestand zu schaffen, da die eingetretene Zahlungsunfähigkeit nur sehr schwer bewiesen werden konnte, hat der Gesetzgeber der Insolvenzrechtsreform mit der Schaffung des § 18 InsO die Intention verfolgt, eine frühzeitigere Verfahrenseröffnung zu erreichen. Erkannt hat der Gesetzgeber dies offenbar nicht, da er davon ausging, dass die Definition der drohenden Zahlungsunfähigkeit in § 18 Abs. 2 InsO für mehr Klarheit im strafrechtlichen Sinne sorgen solle.[150]

Der Gesetzgeber der InsO hat eine Begrifflichkeit aus dem Insolvenzstrafrecht der §§ 283 StGB übernommen, die klar eine andere Zielrichtung als der neue Insolvenzgrund der drohenden Zahlungsunfähigkeit i.S.d. § 18 InsO verfolgte.

Die Argumentation des Gesetzgebers der InsO hierzu trägt aus verschiedenen Blickwinkeln nicht. Der Gesetzgeber weist im RegE ausdrücklich daraufhin, dass er einen Begriff aus dem Strafrecht verwendet, die „drohende Zahlungsunfähigkeit".[151] Mit der Begriffsübernahme zeigt der Gesetzgeber vor dem Hintergrund der Einheitlichkeit der Rechtsordnung,[152] dass er mit dem Begriff „drohende Zahlungsunfähigkeit" einen Begriff und damit auch dessen Hintergrund aus dem Strafrecht übernehmen wollte. Etwas später führt der Gesetzgeber im RegE aus, dass dieser Begriff im Strafrecht nicht näher bestimmt sei, die in § 18 Abs. 2 InsO gegebene Definition aber geeignet sei, „auch für das Strafrecht größere Klarheit zu bringen".[153] Insoweit stellt die Argumentation des Gesetzgebers im RegE einen Zirkelschluss dar.

Aus der Definition der drohenden Zahlungsunfähigkeit i.S.d. Strafrechts lässt sich somit für die Definition der drohenden Zahlungsunfähigkeit i.S.d. Insolvenzrechts kein Erkenntnisgewinn ziehen: Der Grundsatz der Einheitlichkeit der Rechtsordnung, auf den *Müller-Guggenberger/Bieneck* in diesem Zusammenhang verweisen[154], ist gegebenenfalls geeignet, zu begründen, warum die insolvenzrechtliche Definition auf die strafrechtliche Definition des Begriffs der drohenden Zahlungsunfähigkeit Einfluss hat. Dies wollte offenbar auch der Gesetzgeber der InsO. Aus diesem

---

149 Tiedemann, Konkursstrafrecht, NJW 1977, 777, 781
150 RegE, abgedruckt in Kübler/Prütting, Insolvenzrecht, S. 177
151 RegE, abgedruckt in Kübler/Prütting, Insolvenzrecht, S. 177
152 Schmalz, Methodenlehre, Rn. 243; Pawlowski, Methodenlehre, Rn. 48; Zippelius, Methodenlehre, § 10 I
153 RegE, abgedruckt in Kübler/Prütting, Insolvenzrecht, S. 178
154 Müller-Guggenberger/Bieneck, Wirtschaftsstrafrecht, S. 1995

Grund verbietet sich aber auch ein Umkehrschluss aus der strafrechtlichen Definition, da der Gesetzgeber der InsO gerade „größere Klarheit" für die strafrechtliche Definition der drohenden Zahlungsunfähigkeit erreichen wollte.

Zum anderen ist zu beachten, dass die Definition der drohenden Zahlungsunfähigkeit aus Sicht des Insolvenzrechts und aus Sicht des Strafrechts unterschiedliche Zielrichtungen verfolgen, sodass der Grundsatz der Rechtseinheitlichkeit auch aus diesem Grund nicht zum tragen kommen kann: Der Schuldner entschließt sich bei einem Antrag, den er mit drohender Zahlungsunfähigkeit begründet, für ein Insolvenzverfahren und räumt das Vorliegen dieses Grundes freimütig ein. Er entscheidet daher, ob er diesen Grund vorgibt, m.a.W. einräumt oder nicht.[155] Im Strafverfahren wird er ohne Not nicht einräumen, dass ein solcher Grund vorlag. Vielmehr ist das Vorliegen der drohenden Zahlungsunfähigkeit im Strafverfahren zu ermitteln.

Dies zeigt auch die Rechtsprechung des BGH in Strafsachen, der es nicht genügen lassen will, wenn der vormals als Gemeinschuldner bezeichnete Schuldner ein Geständnis dahingehend abgibt, dass im Falle des Zeitpunkts der tatbestandlich relevanten Tatsachen, tatsächlich Zahlungsunfähigkeit vorgelegen habe.[156] Dies lässt sich aber wg. der unterschiedlichen Zielrichtung nicht auf die Eröffnung eines Insolvenzverfahren übertragen.

Als problematisch wird von der Literatur angesehen, dass § 18 als neu geschaffener Insolvenzgrund die problematische Konsequenz hat, dass der allein antragsberechtigte Schuldner mit dem Insolvenzantrag zugleich die objektive Bedingung für die Strafbarkeit nach § 283 Abs. 6 StGB auslöst.[157]

Im Regelfall wird jedoch davon auszugehen sein, dass ein Schuldner, der sich – aus seiner Sicht – freiwillig einem Insolvenzverfahren unterzieht, in dem er lediglich für sich den Eröffnungsgrund der drohenden Zahlungsunfähigkeit erkennt, nicht vorher Tatbestandsmerkmale der §§ 283 ff StGB nachweisbar erfüllt hat, die auch bei lediglich drohender Zahlungsunfähigkeit eine Strafbarkeit vorsehen. Insoweit kann die durch die Literatur gesehene Problematik im Ergebnis dahingestellt bleiben.

Die Intention des Gesetzgebers zu den §§ 283 ff StGB unterscheidet sich daher bereits in ihrem Ansatz von der gewollten Intention des Gesetzgebers zu § 18 InsO, sodass sich festhalten lässt, dass auch die eingehende Erörterung der drohenden Zahlungsunfähigkeit i.S. der strafrechtlichen Betrachtung dieses Begriffes keine neuen Erkenntnisse gebracht hat.

---

155 Nerlich/Römermann-*Mönning*, InsO, § 18 Rn. 21

156 Hartung, Feststellung, wistra 1997, S. 1, 2

157 Schönke/Schröder-*Stree/Heine*, StGB, vor §§ 283 ff, Rn. 53; Tröndle/Fischer, StGB, vor §§ 283 ff, Rn. 11; Lackner/Kühl, StGB, vor §§ 283 ff, Rn. 8

D. Untersuchung der Erwartungen des Gesetzgebers in den neuen Insolvenzgrund der drohenden Zahlungsunfähigkeit

Es soll nachfolgend der neue Insolvenzgrund dahingehend untersucht werden, ob er überhaupt geeignet ist, die durch seinen Schöpfer – den Gesetzgeber der InsO – in ihn gesetzten Erwartungen zu können. In diesem Zusammenhang soll insbesondere Augenmerk darauf gelegt werden, ob tatsächlich durch den neuen Insolvenzgrund der drohenden Zahlungsunfähigkeit eine frühere Eröffnung von Insolvenzverfahren als bisher möglich ist bzw., ob diese wahrscheinlich erscheint.[158]

Dazu ist zu beleuchten, ob und inwieweit der neue Insolvenzgrund der drohenden Zahlungsunfähigkeit bei der Antragstellung und der Eröffnung eines Insolvenzverfahrens Veränderungen gegenüber der überkommenen Rechtslage überhaupt erbringen kann. Die Untersuchung der strafrechtlichen Definition und die erste Untersuchung zu den Überlegungen des Gesetzgebers zur drohenden Zahlungsunfähigkeit, die im RegE niedergelegt wurden, hat hierzu keine neuen Erkenntnisse erbracht.

Geprüft werden soll im Anschluss hieran auch, ob der Insolvenzgrund der drohenden Zahlungsunfähigkeit nicht systemimmanent notwendig wurde, da die bislang verfahrenstechnisch getrennten Verfahren, das Vergleichsverfahren und das Konkursverfahren, in einem Verfahren, namentlich dem Insolvenzverfahren, aufgegangen sind.

Dies alles kann nicht ohne Berücksichtigung der Ziele der Insolvenzrechtsreform, die der Gesetzgeber verfolgte, geschehen. Im Folgenden sollen daher zunächst diese Ziele untersucht werden.

I. Ziele der Insolvenzrechtsreform

1. Zielsetzung der Gesetzgebung nach den Kommissionsberichten und des RefE bzw. RegE zur Insolvenzordnung

Der neue Eröffnungsgrund der drohenden Zahlungsunfähigkeit i.S.d. § 18 InsO soll dem Schuldner bereits bei Eintritt der in § 18 InsO genannten Voraussetzungen ermöglichen, die Eröffnung des Insolvenzverfahrens über sein Vermögen zu beantragen.[159]

Der Schuldner soll – so die Darstellung des Gesetzgebers – nicht mehr darauf verwiesen werden, mit der Antragstellung bis zum tatsächlichen Eintritt der Zahlungs-

158 So die Erwartung des Gesetzgebers: RegE, abgedruckt in Kübler/Prütting, Insolvenzrecht, S. 90 ff, 101, 102
159 Druckarczyk/Schüler, Zahlungsunfähigkeit, S. 69

unfähigkeit zuzuwarten,[160] sondern die Möglichkeit haben, schon bei einer sich deutlich abzeichnenden Insolvenz bereits vor deren Eintritt verfahrensrechtliche Gegenmaßnahmen einzuleiten.[161]

Mit dem neuen Insolvenzgrund der drohenden Zahlungsunfähigkeit nach § 18 InsO hat der Gesetzgeber die Erwartung verknüpft, dass Verfahren frühzeitiger eröffnet werden, um so eine Aushöhlung der Insolvenzmasse zu verhindern.[162]

Die rechtzeitige und leichtere Eröffnung der InsO-Verfahren ist das erklärte Ziel der Reform.[163]

Das Ziel einer rechtzeitigen und leichteren Eröffnung der Insolvenzverfahren wird nach der erklärten Auffassung des Gesetzgebers mit folgenden Maßnahmen erreicht:[164]

- die Einführung eines neuen Insolvenzgrundes der drohenden Zahlungsunfähigkeit,
- die Neubestimmung der sonstigen Voraussetzungen der Verfahrenseröffnung, insbesondere § 26 InsO
- die Neuregelung des Rangs der Verbindlichkeiten,
- Maßnahmen zur Entlastung der Insolvenzmasse von Masseverbindlichkeiten
- Maßnahmen zur Verbilligung des Verfahrens,
- die Heranziehung der mithaftenden Gesellschafter und Organmitglieder von Gesellschaften
- die Verschärfung des Anfechtungsrechts
- die Erstattung der Kosten, welche der Insolvenzmasse bei der Erhaltung, Bearbeitung und Verwertung von Sicherungsgut entstehen,
- Anreize für den Schuldner zur rechtzeitigen Antragstellung.[165]

Plakativ wird durch den Gesetzgeber zur Frage der Eröffnungsvoraussetzungen das Folgende ausgeführt:

> *„Es wird allgemein als wünschenswert angesehen, dass insolvente Schuldner früher als heute in das Insolvenzverfahren gelangen. Hiervon kann eine wesentliche Verbesserung der Sanierungschancen erwartet werden; aber auch, wenn das Vermögen des Schuldners liquidiert werden muss, lassen sich bessere Verfahrensergebnisse erzielen. Einen Beitrag zur rechtzeitigen Verfahrenseröffnung leistet die Erweiterung der Eröffnungsgründe. Noch bedeutsamer aber erscheint es, dem Schuldner, bei juristischen Personen seinen Organen, Anreize dafür zu bieten, frühzeitig einen Insolvenzantrag zu stellen.“*[166]

160 Seagon/Wiester, praktische Erfahrungen, S. 628
161 RegE, abgedruckt in Kübler/Prütting, Insolvenzrecht, S. 177
162 RegE, abgedruckt in Kübler/Prütting, Insolvenzrecht, S. 90
163 RegE, abgedruckt in Kübler/Prütting, Insolvenzrecht, S. 106
164 RegE, abgedruckt in Kübler/Prütting, Insolvenzrecht, S. 106; Jaeger-*Müller*, InsO, § 18 Rn. 24; Braun-*Kind*, InsO, § 18 Rn. 21–28 jeweils für die Aufzählung
165 Zur Eigenverwaltung: Flöther/Smid/Wehdeking, Eigenverwaltung in der Insolvenz, Kap. 1 ff
166 RegE, abgedruckt in Kübler/Prütting, Insolvenzrecht, S. 100, 101

Ein Hauptziel der Insolvenzrechtsreform ist erklärtermaßen die Beseitigung der weitgehenden Funktionsunfähigkeit des überkommenen Insolvenzrechts (Konkurs- und Vergleichsrecht) in einer sozialen Marktwirtschaft.[167] Unter anderem sollte dies dadurch ermöglicht werden, dass die Zahl der Abweisungen mangels Masse drastisch reduziert wird. Nicht die Abweisung mangels Masse, sondern die Eröffnung des Verfahrens sollte künftig die Regel sein.[168] Der Gesetzgeber versprach sich dadurch möglichst viele Verfahren eröffnen und durchführen zu können, um damit weitestgehend alle Insolvenzfälle in einem geordneten Verfahren abwickeln zu können und auf diesem Weg die Zielsetzung „Funktionsfähigkeit des neuen Insolvenzrechtes" zu erreichen.[169]

2. Frühzeitiger Antrag des Schuldners als Erfüllung der Zielvorstellung des Gesetzgebers

Ein frühzeitiger Antrag eines Schuldners erfüllt damit zunächst die Zielvorstellung des Gesetzgebers.[170] Allerdings ist bei oberflächlicher Betrachtung zunächst nicht auszuschließen, dass ein Insolvenzverfahren bei einer frühzeitigen Antragstellung durch einen Schuldner auch für eigene Zwecke missbraucht werden kann.[171] Dies wird noch eingehender zu erörtern sein (vgl. P.).

II. Ausführungen des Gesetzgebers zu Missbrauchsmöglichkeiten

Missbrauchsmöglichkeiten der neuen Regelung hat der Gesetzgeber nur im Innenverhältnis der zum Antrag Berechtigten, nicht jedoch im Außenverhältnis gesehen. So führt die Begründung zu § 22 Abs. 3 des RegE (nun § 18 Abs. 3 InsO) aus: Absatz 3 Nr. 1 des Regierungsentwurfs wird in der Beschlussfassung inhaltlich verengt. Wenn bei einer juristischen Person oder einer Gesellschaft Zahlungsunfähigkeit droht, aber noch nicht eingetreten ist, soll nicht jedes Mitglied des Vertretungsorgans, jeder persönlich haftende Gesellschafter oder jeder Abwickler allein antragsberechtigt sein. In dieser Situation, in der noch keine Antragspflichten bestehen, müssen voreilige, nicht ausreichend abgestimmte Anträge vermieden werden.[172] Der Rechtsausschuss hat deshalb das Antragsrecht eingeschränkt: Wenn der Antrag nicht von allen Mitgliedern des Vertretungsorgans, allen persönlich haftenden Gesellschaftern oder allen Abwicklern gestellt wird, ist er nur zulässig, wenn

---

167 RegE, abgedruckt in Kübler/Prütting, Insolvenzrecht, S. 94, 95

168 Obermüller/Hess, InsO, Rn. 14

169 RegE, abgedruckt in Kübler/Prütting, Insolvenzrecht, S. 101/102; Uhlenbruck, Regierungsentwurf, S. 503

170 RegE, abgedruckt in Kübler/Prütting, Insolvenzrecht, S. 101/102

171 Dies meint u.a. Uhlenbruck, Der Insolvenzgrund im Verbraucherinsolvenzverfahren, NZI 2000, 15, 16

172 So die Darstellung des Gesetzgebers: RegE, abgedruckt in Kübler/Prütting, Insolvenzrecht, S. 177/178

der oder die Antragsteller zur Vertretung der juristischen Person oder Gesellschaft berechtigt sind.[173] Diese Eingrenzung des Antragsrechts soll einen missbräuchlichen Umgang mit dem neuen Insolvenzgrund der drohenden Zahlungsunfähigkeit vermeiden.[174]

In diesem Kontext ist auch § 15 Abs. 2 InsO zu sehen,[175] wonach ein Antrag, der nicht von allen Mitgliedern des Vertretungsorgans, allen persönlich haftenden Gesellschaftern oder allen Abwicklern gestellt wird, nur zulässig ist, wenn der Eröffnungsgrund glaubhaft gemacht wird. Auch hier geht es nur um einen Schutz des – insoweit in seiner Meinungs- und Entscheidungsbildung geteilten – Schuldners gegen sich selbst und nicht um den Schutz von Gläubigerinteressen im Hinblick auf den neuen Eröffnungsgrund der drohenden Zahlungsunfähigkeit.

III. Redebeiträge der Abgeordneten des Deutschen Bundestages

Die Ziele der Insolvenzrechtsreform wurden auch in den Redebeiträgen der Abgeordneten des Deutschen Bundestages in der Abstimmungssitzung zur InsO am 21.04.1994 thematisiert.[176] Unter anderem wurde dort diskutiert, dass es das Ziel auch der Neuordnung des InsO ist, die Zahl der eröffneten Insolvenzverfahren nachhaltig zu erhöhen, damit die gewünschte Ordnungsfunktion von Insolvenzverfahren überhaupt entfaltet werden kann. Betont wurde von den Rednern, dass Ziel der Reform sei, dass wieder mehr Insolvenzverfahren eröffnet werden und dass die verhängnisvolle Regel der Abweisung mangels Masse wieder zur Ausnahme wird.[177]

Thematisiert wurde in der Diskussion auch, dass Ziel eines jeden Konkurs- oder Insolvenzrechts in einer marktwirtschaftlichen Ordnung im Kern die staatliche Gewährung der gleichmäßigen Befriedigung von Gläubigern in der Krise des Schuldners sei.[178]

In den Redebeiträgen der Mitglieder des Bundestages werden weiter die künftigen Kosten für die Bundesländer, die durch die InsO ausgelöst werden, problematisiert;[179] die einzelnen Voraussetzungen des Verfahrens werden jedoch nicht diskutiert.

---

173 So die Darstellung des Gesetzgebers: RegE, abgedruckt in Kübler/Prütting, Insolvenzrecht, S. 177/178

174 So die Darstellung des Gesetzgebers: RegE, abgedruckt in Kübler/Prütting, Insolvenzrecht, S. 177/178

175 Ungeachtet der Diskussion, ob § 15 Abs. 2 InsO eine zusätzliche Voraussetzung zu § 18 InsO ist oder ob dies nicht der Fall ist.

176 Plenarprotokoll des Deutschen Bundestages 12/222, S. 19114 ff, insbesondere S. 19115, 19118, 19123

177 Plenarprotokoll des Deutschen Bundestages 12/222, S. 19114 ff, insbesondere S. 19115, 19118, 19123

178 Plenarprotokoll des Deutschen Bundestages 12/222, S. 19114 ff, insbesondere S. 19115, 19118, 19123

179 Plenarprotokoll des Deutschen Bundestages 12/222, S. 19114 ff, 19117

Die Redner sahen positive Aspekte im Hinblick auf die Restschuldbefreiung, vermuteten allerdings in den Vorberatungen Probleme dahingehend, dass Schuldner diese Möglichkeit nutzen könnten, um sich von Ihren Verbindlichkeiten loszusagen und „an der nächsten Ecke wieder mit dem Schuldenmachen" beginnen könnten.[180] Diese Erkenntnisse um die Probleme der Restschuldbefreiung wollen die Bundestagsabgeordneten aus den Erfahrungen in den USA mit Chapter 7 und 11 des amerikanischen Insolvenzrechts gewonnen haben.[181]

Von den Abgeordneten positiv gewertet wurde die Möglichkeit einer schnellen Eröffnung des Insolvenzverfahrens. Die Abgeordneten gingen davon aus, dass hierzu keine komplizierten Untersuchungen nötig sind, da jetzt nur noch die Kosten des Verfahrens, d.h. die Kosten des Gerichts und des Verwalters zur Eröffnung vorhanden sein müssten.[182] Aber auch an dieser Stelle blieb die drohende Zahlungsunfähigkeit als neuer Insolvenzgrund unerwähnt.

IV. Zusammenfassung zur Betrachtung der Begründung des Gesetzgebers und zur Abstimmungsdebatte über das neue Insolvenzrecht

Die Betrachtung der Begründung des Regierungsentwurfs zu den Zielen der Insolvenzordnung und die Betrachtung der Redebeiträge in der Abstimmungsdebatte über die neue Insolvenzordnung zeigen, dass der Gesetzgeber eine frühere Eröffnung des Verfahrens wünschte und den neuen Insolvenzgrund der drohenden Zahlungsunfähigkeit als einen Aspekt gesehen hat, der eine frühere Eröffnung des Verfahrens ermöglichen soll.

Die Betrachtung zeigt allerdings noch nicht, ob der Gesetzgeber hierdurch auch jedweden Begründungsaufwand für die Antragstellung durch den Schuldner entfallen lassen wollte. Auf die möglichen Missbrauchsmöglichkeiten durch den Schuldner, die u.a. *Uhlenbruck* sieht,[183] wird noch weiter einzugehen sein (siehe hierzu unter P.).

Um den neuen Eröffnungsgrund der drohenden Zahlungsunfähigkeit und dessen Zielsetzung gegenüber den althergebrachten Konkurs- und Vergleichsgründen schärfer abzugrenzen, sollen zunächst die bisherigen Konkursgründe nach überkommenem Recht dargestellt und eine Bestandsaufnahme vorgenommen werden.

---

180 Plenarprotokoll des Deutschen Bundestages 12/94, S. 7769 ff, insbesondere S. 7772
181 Plenarprotokoll des Deutschen Bundestages 12/94, S. 7769 ff, insbesondere S. 7772
182 Plenarprotokoll des Deutschen Bundestages 12/94, S. 7769 ff, insbesondere S. 7776
183 Uhlenbruck, Der Insolvenzgrund im Verbraucherinsolvenzverfahren, NZI 2000, 15, 16

E. Bestandsaufnahme des überkommenen Rechts / Rechtslage im Geltungsbereich der KO/VglO

I. Hohe Zahl der Abweisung mangels Masse bei Verfahren nach der KO

Nach dem bis zum 31.12.1998 geltenden Recht der Vergleichs- und Konkursordnung wurden in den letzten Jahren im Durchschnitt ca. 3/4 (75 %) aller beantragten Insolvenzverfahren mangels einer die Kosten des Verfahrens deckenden Masse abgewiesen.[184] Im Jahr 1950 lag dieser Wert noch bei 27 %,[185] 1960 schon bei 35 %[186] und 1970 bereits bei 47 %.[187] In der Literatur zum Insolvenzrecht wurden in diesem Zusammenhang Begriffe, wie „Konkurs des Konkurses" (*Kilger*)[188] und „Krise des Insolvenzrechts" (*Uhlenbruck*)[189] benutzt. Für nicht bevorrechtigte Forderungen bedeutete ein Verfahren nach dem bisherigen Insolvenzrecht in der Regel einen totalen wirtschaftlichen Ausfall der Forderung. Nach dem bis zum 31.12.1998 geltenden Konkursrecht erhielten die am Verfahren beteiligten, nicht bevorrechtigen Gläubiger durchschnittlich 2 bis 5 % des Wertes ihrer Forderung als Quote in einem eröffneten Insolvenzverfahren.[190]

II. Geringe Anzahl der gerichtlichen Bestätigungen eines Vergleichsverfahrens

Das Vergleichsverfahren wurde gegenüber dem Konkursverfahren, berücksichtigt man die Anzahl der Fälle, die vollständig beendet werden konnten, d.h. bei denen ein gerichtlicher Vergleich tatsächlich bestätigt wurde, mittlerweile fast bedeutungslos; nur in 1 % aller Fälle wurde ein Vergleich gerichtlich bestätigt.[191] Der Anteil dieser Bestätigungen lag im Jahre 1950 noch bei 30 %, 1960 bei 12 % und 1970 bei 8 %.[192]

In etwa 8 % aller eröffneten Konkursverfahren kam es zu einem gerichtlich bestätigten Zwangsvergleich.[193]

184 Hess/Kranemann/Pink, InsO '99, Rn. 13; Allg. Begründung RegE, in Balz/Landfermann, Insolvenzgesetze, S. 4; RegE, abgedruckt in Kübler/Prütting, Insolvenzrecht, S. 90/91
185 Allg. Begründung RegE, in Balz/Landfermann, Insolvenzgesetze, S. 4; RegE, abgedruckt in Kübler/Prütting, Insolvenzrecht, S. 90/91
186 Hess/Kranemann/Pink, InsO '99, Rn. 13
187 Allg. Begründung RegE, in Balz/Landfermann, Insolvenzgesetze, S. 4; RegE, abgedruckt in Kübler/Prütting, Insolvenzrecht, S. 90/91
188 Kilger, Konkurs, KTS 1975, 142
189 Uhlenbruck, Zur Krise, NJW 1975, 897 ff
190 Smid-*Smid*, InsO, Einleitung Rn. 5 a.E.; Kübler/Prütting-*Prütting*, Komm. zur InsO, § 5 Rn. 62
191 RegE, abgedruckt in Kübler/Prütting, Insolvenzrecht, S. 90
192 Allg. Begründung RegE, in Balz/Landfermann, Insolvenzgesetze, S. 4; Uhlenbruck, Insolvenzrecht, S. 18; RegE, abgedruckt in Kübler/Prütting, Insolvenzrecht, S. 90/91
193 Allg. Begründung RegE, in Balz/Landfermann, Insolvenzgesetze, S. 4; RegE, abgedruckt in Kübler/Prütting, Insolvenzrecht, S. 90/91

III. Anzahl der beantragten Insolvenzverfahren nach altem Recht / Übergangsphase zum neuen Recht

In den letzten Jahren ist weiter auch die Zahl der beantragten Insolvenzverfahren (Konkursverfahren) ständig gestiegen:

Seit dem Jahr 1991 erfolgte ein stetiger Anstieg der Zahl der beantragten Insolvenzverfahren (Konkursverfahren); im Jahr 1991 wurden bundesweit 13.323 Insolvenzverfahren beantragt, 1992 waren es bereits 20.298 Verfahren, 1993 24.928, 1994 24.928, 1995 28.785, 1996 31.471 und im Jahr 1997 33.410 Verfahren.[194]

Lediglich in jüngeren Statistiken findet sich in der ersten Hälfte des Jahres 1998 in den alten und neuen Bundesländern ein gebremster Anstieg des Trends zur Beantragung von Konkurs-, Vergleichs- bzw. Gesamtvollstreckungsverfahren nach den Mitteilungen des Statistischen Bundesamtes ist der Trend zur Beantragung der Eröffnung eines solchen Verfahrens für 1998 zwar leicht zurückgegangen, für das Jahr 1998 hat die Anzahl der beantragten Verfahren dennoch gegenüber den Vorjahren zugenommen.[195]

Im Jahr 1999 wurden 34.300 Insolvenzverfahren bundesweit beantragt; im Jahr 2000 42.300, hiervon entfielen 28.200 auf Unternehmens- und 10.500 auf Verbraucherinsolvenzen.[196] Im ersten Halbjahr 2001 wurden insgesamt 24.819 Verfahren beantragt, eine Steigerung von 25,5 % gegenüber dem Vorjahreszeitraum (1. Hj. 2000).[197] Im 1. Halbjahr 2002 ist die Zahl der Insolvenzen weiter gestiegen, die Zahl der Unternehmensinsolvenzen betrug 18.500, die der Verbraucherinsolvenzen 9.500, die der natürlichen Personen 10.100; 1.200 Nachlassinsolvenzverfahren wurden beantragt.[198] Im Jahr 2002 waren insgesamt 84.428 Insolvenzen zu verzeichnen; davon entfielen 37.579 auf Unternehmen und 21.441 auf Verbraucher.[199] Im Jahr 2003 waren insgesamt 39.320 Unternehmensinsolvenzen und 61.400 Verbraucherinsolvenzen; im Jahr 2004 sank die Zahl der Unternehmensinsolvenzen leicht auf 39.213, während die Zahl der Verbraucherinsolvenzen auf 79.051 angestiegen ist.[200]

Ein Dilemma des überkommenen Rechts der Konkursordnung wurde darin gesehen, dass deren Instrumente erst dann wirksam wurden, wenn ein Unternehmen oder eine Privatperson in Existenz bedrohende wirtschaftliche Schwierigkeiten geraten war.[201] Dieses Dilemma hat auch der Gesetzgeber der InsO gesehen[202] und sieht es daher mit als ein Ziel der InsO, dass insolvente Schuldner früher als nach

194 Nur Online verfügbar: Mitteilungen des Statistischen Bundesamtes: http://www.destatis.de/presse/deutsch/pm1999/p0930132.htm
195 Nur Online verfügbar: Mitteilungen des Statistischen Bundesamtes: http://www.destatis.de/presse/deutsch/pm1998/i_state1.htm
196 Nur Online verfügbar: Mitteilungen des Statistischen Bundesamtes: http://www.destatis.de/presse/deutsch/pm2001/p3680132.htm
197 Nur Online verfügbar: Mitteilungen des Statistischen Bundesamtes: http://www.destatis.de/presse/deutsch/pm2001/p3680132.htm
198 Stuttgarter Zeitung v. 11.09.2002
199 Der Betrieb, 2003, Heft 14, S. XIV
200 Nur Online verfügbar: Mitteilungen des Statistischen Bundesamtes: http://www.destatis.de/basis/d/insol/insoltab1.php
201 Pick, Insolvenzordnung, NJW 1995, 992, 994
202 RegE, abgedruckt in Kübler/Prütting, Insolvenzrecht, S. 90, 101, 102

überkommenem Recht in das Insolvenzverfahren gelangen; dadurch verspricht sich der Gesetzgeber eine wesentliche Verbesserung der Sanierungschancen.[203]

Im Folgenden sollen daher zunächst die bisherigen Eröffnungsgründe nach der KO, VglO und GesO untersucht werden und ihnen danach die Eröffnungsgründe der Insolvenzordnung gegenübergestellt werden, um festzustellen, ob dieses durch die Literatur[204] und den Reformgesetzgeber[205] gesehene Dilemma des überkommenen Rechts durch die Neufassung und Erweiterung der Eröffnungsgründe ausgeräumt werden kann. Der Gesetzgeber erhofft sich u.a. hierdurch einen Beitrag zur rechtzeitigen Verfahrenseröffnung.[206]

F. Konkurs- und Insolvenzgründe nach der KO, VglO und der GesO nach überkommenem Recht

I. Einleitung

1. Vorliegen eines Insolvenzgrundes als verfahrensauslösende Voraussetzung

Die Einleitung eines gerichtlichen Insolvenzverfahrens bedurfte nach überkommenem Recht eines Eröffnungsgrundes.[207] Hierbei ergaben sich für die Konkurs-/Vergleichsordnung und die Gesamtvollstreckungsordnung aus rein formalen Gesichtspunkten keine Unterschiede. Alle drei Verfahrensordnungen verlangten als Grund für die Einleitung des Verfahrens einen Insolvenzgrund, namentlich die Zahlungsunfähigkeit oder die Überschuldung.[208]

Die grundsätzliche Voraussetzung des Vorliegens eines Insolvenzgrundes für die Eröffnung des Verfahrens galt weiter unabhängig von der Frage, ob ein Gläubiger oder der Schuldner selbst den Antrag auf Eröffnung des Konkurs- bzw. Vergleichs- oder Gesamtvollstreckungsverfahrens stellte.[209]

Die bisherigen Konkurs- und Vergleichsgründe standen vor dem Hintergrund, dass der Schuldner einer zwangsweisen Liquidation oder einem Zwangsvergleich unterzogen wurde, gleichgültig, ob der Schuldner oder ein Gläubiger das Verfahren be-

---

203 RegE, abgedruckt in Kübler/Prütting, Insolvenzrecht, S. 101
204 Pick, Insolvenzordnung, NJW 1995, 992, 994; bereits früher: Hamelbeck, Krise des Insolvenzrechts, NJW 1975, 1497
205 RegE, abgedruckt in Kübler/Prütting, Insolvenzrecht, S. 90
206 RegE, abgedruckt in Kübler/Prütting, Insolvenzrecht, S. 101
207 Meyer-Cording, Eröffnungstatbestände, ZIP 1989, 485; Burger/Schellberg, Auslösetatbestände, BB 1995, 261 ff; Kuhn/Uhlenbruck, KO, § 102 Rn. 1; Schmidt, Insolvenzgesetze, § 102 Rn. 1
208 §§ 102, 207, 209, 213 KO; § 2 VglO; § 1 GesO
209 §§ 102, 207, 209, 213 KO; § 2 VglO; § 1 GesO

gonnen hatte. Das vorhandene Vermögen wurde liquidiert im Sinne einer Exekution. So sahen auch die Konkursgründe nach der Konkursordnung aus: es handelte sich um exekutorische Verfahrensgründe zum Schutz der Gläubiger.

2. Insolvenzgründe nach der Konkurs- und nach der Vergleichsordnung sowie der Gesamtvollstreckungsordnung

Allgemeiner Insolvenzgrund war nach § 102 KO, § 1 GesO und § 2 Abs. 1 S. 3 VglO, der auf die Eröffnungsgründe des Konkursverfahrens verwies, die Zahlungsunfähigkeit.

Darüber hinaus bestimmten verschiedene, nicht in den eigentlichen insolvenzrechtlichen Vorschriften geregelte gesellschaftsrechtliche Vorschriften, § 130a HGB, § 92 Abs. 1 Satz 2 AktG, § 64 Abs. 1 Satz 1 GmbHG, § 98 Abs. 1 Nr. 2 GenG die Überschuldung als weiteren Insolvenzgrund für Unternehmen, die entweder als juristische Personen selbständige Subjekte sind oder an denen keine natürliche Person als unbeschränkt haftend beteiligt ist.[210]

II. Allgemeine Insolvenzgründe nach bisherigem Recht

1. Zahlungsunfähigkeit i.S.d. KO

a) *Darstellung des Insolvenzgrundes der Zahlungsunfähigkeit*

Die eingetretene Zahlungsunfähigkeit wurde im Insolvenz-[211] – wie im Konkursstrafrecht[212] einheitlich definiert als das auf dem Mangel an Zahlungsmitteln beruhende, voraussichtlich dauernde Unvermögen eines Schuldners, seine sofort zu erfüllenden Verbindlichkeiten noch im Wesentlichen zu begleichen. Diese Definition wurde auch von der von Rechtsprechung und Literatur vertretenen Auffassung zum konkursrechtlichen Begriff der (eingetretenen) Zahlungsunfähigkeit zugrunde gelegt.[213]

Basis dieser Definition ist eine Reichsgerichtsentscheidung des VII. Zivilsenats.[214]

---

210 Diese Vorschriften existieren auch unter Geltung der InsO weiter; teilweise wurden die Vorschriften redaktionell an die InsO angepasst.

211 BGH WM 1957, 68; BGH GmbHR 1988, 192; BGH NJW 1982, 1952 WM 1983, 429; DB 1983, 168; BB 1983, 229

212 BGH wistra 1982, 189; OLG Stuttgart NStZ 1987, 460; Schönke/Schröder-*Stree/Heine*, StGB, § 283 Rn. 52

213 BGH in NJW 1985, 1785; BGH in NJW 1962, 102; Kuhn/Uhlenbruck, KO, § 102 Rn. 2 m.w.N.; Schmidt, Insolvenzgesetze, § 102 KO Anm. 2; Hess, KO, § 102 Anm. 5; BGH in KTS 1957, 12

214 RGZ 50, 39, 41

b) Erkennbarkeit nach außen

Nach außen erkennbar wurde die Zahlungsunfähigkeit, wenn der Schuldner seine Zahlungen eingestellt hat, er also selbst nach außen kundgab, dass er wegen eines nicht nur vorübergehenden Mangels an liquiden Mitteln nicht mehr in der Lage war, seinen fälligen und ernsthaft eingeforderten Verbindlichkeiten nachzukommen.[215]

Zahlungseinstellung in diesem Sinne lag auch dann vor, wenn der Schuldner an einzelne Gläubiger noch geringe Zahlungen leistete, einem Großgläubiger jedoch, der die wirtschaftliche Lage des Schuldners kannte, erklärte, dass er die Verpflichtungen, die dieser ernsthaft einforderte, auch nicht teilweise mehr befriedigen konnte.[216] Dieser Zustand musste jedoch mindestens für die beteiligten Verkehrskreise erkennbar sein.[217]

Die Zahlungseinstellung war somit nach überkommenem Recht ein Indiz der Zahlungsunfähigkeit.[218] Alleine aus der Zahlungseinstellung, ließ sich jedoch nicht auf eine bereits eingetretene Zahlungsunfähigkeit schließen. Dies ergab sich aus dem Wortlaut des § 102 Abs. 2 KO: „insbesondere".[219] Der zahlungsunfähige Schuldner konnte also demnach einen Antrag auf Konkurseröffnung stellen, ohne zuvor seine Zahlungen tatsächlich und vollständig eingestellt zu haben.[220]

c) Feststellung der Zahlungsunfähigkeit

(1) Merkmal der Dauer der Zahlungsunfähigkeit

Die Zahlungsunfähigkeit musste sich weiter auf eine gewisse Dauer erstrecken, um sich so von der bloßen Zahlungsstockung, die der Zahlungsunfähigkeit nach überkommenem Recht nicht gleichzusetzen war, abzugrenzen.[221] Um eine Zahlungsunfähigkeit und nicht nur um eine Zahlungsstockung handelte es sich in der Regel dann, wenn das Unterbleiben der Zahlung die Regel war und nicht nur die Ausnahme gebildet hat.[222] Allerdings musste der Schuldner nachweisen, dass es sich lediglich um eine Zahlungsstockung, nicht aber um eine Zahlungsunfähigkeit handelte.[223]

---

215 Rowedder-*Fuhrmann*, GmbHG, § 84 Rn. 12; Gottwald-*Uhlenbruck*, § 9 Rn. 3; Schmidt, Insolvenzgesetze, § 30 KO Anm. 5
216 BGH in NJW 1985, 1785
217 BGH in WM 1975, 6; BGH in WM 1974, 570
218 Rowedder-*Fuhrmann*, GmbHG, § 84 Rn. 12; Gottwald-*Uhlenbruck*, Insolvenzrechtshandbuch, § 9 Rn. 3
219 BGH in NJW 1985, 1785
220 Baur/Stürner, Insolvenzrecht, § 7 V 2; Schmidt, Insolvenzgesetze, § 102 Anm. 3
221 Gottwald-*Uhlenbruck*, Insolvenzrechtshandbuch, § 9 Rn. 7
222 Kilger/Schmidt, KO, § 30 Anm. 5; so auch bereits Schwarze, Commentar zum Strafgesetzbuche, Vorbemerkungen zu §§ 281–283 („Bankerutt"): Eine momentane Zahlungsunfähigkeit, insbesondere Vermögensunzulänglichkeit oder vereinzelte Zahlungsverweigerung oder fruchtlose Hilfsvollstreckung genügt nicht; die Concurseröffnung würde in allen diesen Fällen nicht gerechtfertigt sein, und der Fall noch nicht eine Benachtheiligung der Gläubigerschaft enthalten.
223 Gottwald/*Uhlenbruck*, Insolvenzrechtshandbuch, § 9 Rn. 8 m.w.N.

In der Rechtsprechung und der hierzu einschlägigen Literatur haben sich für das überkommene Recht sichere Kriterien für dieses Merkmal nicht herauskristallisiert. Es wurden für die „gewisse Dauer" in Literatur und Rechtsprechung unterschiedliche Zeiträume genannt, die sich zwischen einem Zeitraum von 10 Tagen bis zu einem Zeitraum von 6 Wochen erstrecken.[224] Teilweise wurden hierzu auch Ansichten vertreten, die eine Zahlungsunfähigkeit auch dann noch nicht annehmen, wenn sich die Zahlungsstockung bis zu einem Jahr hingezogen hat.[225] Eine klare Linie, wann die bloße Zahlungsstockung, die als solche keinen Insolvenzgrund darstellte,[226] in eine Zahlungsunfähigkeit, die insolvenzrechtliche Relevanz entfaltete,[227] umgeschlagen ist, konnte anhand der in Rechtsprechung und Literatur vertretenen Auffassungen nicht ohne Hinzutreten weiterer Umstände, die im Folgenden noch dargestellt werden sollen (siehe folgend unter d)), festgestellt werden.

Der Tatbestand der Zahlungsunfähigkeit stellte zunächst auf einen Zustand ab (Zeitpunkt-Illiquidität). Der Tatbestand enthält aber auch ein prognostisches Element („voraussichtlich auf Dauer"),[228] es wurde aber auch auf die gegenwärtige Illiquidität abgestellt.[229]

Ein Prognoseelement konnte sich für den Schuldner negativ auswirken: die Zahlungsunfähigkeit wurde vorverlegt, wenn bereits feststand, dass der Schuldner auf Dauer nicht mehr zahlen kann. Für den Schuldner konnte sich dieses Prognoseelement aber auch positiv auswirken, wenn bei einer vorübergehenden Zahlungsstockung möglicherweise wieder rasche Liquidität erwartet werden konnte und er daher davon absehen konnte, sofort einen Antrag auf Eröffnung eines Konkursverfahrens zu stellen. Die bloße Zahlungsstockung als Abweichung von der durch die Zahlungseinstellung indizierten Zahlungsunfähigkeit musste aber – wie bereits dargestellt wurde – der Schuldner nachweisen.[230]

(2) Wesentlicher Teil der Verbindlichkeiten

Nach der Rechtsprechung musste das Unvermögen zur Zahlung fälliger und ernsthaft betriebener Forderungen einen wesentlichen Teil der Verbindlichkeiten des Schuldners ausmachen.[231] Eine konkrete Bestimmung dieses Begriffs der Wesentlichkeit ist weder in der Literatur noch in der Rechtsprechung erfolgt. Als Relation wurde ein Verhältnis der verfügbaren Mittel zu den Zahlungsverpflichtungen, die insgesamt fällig sind oder das Verhältnis sonstiger Zahlungen zu den offenen Forderungen herangezogen; hierzu wurden in der Literatur Wertrelationen zwischen

224 Obermüller, Konkursanmeldung, in DB 1973, 269: 10 Tage; RG in JW 1927, 386: 1 Monat; Pabke, Begriff der Zahlungsunfähigkeit, in DB 1969, 736: 6 Wochen; Veit, Definition der Zahlungsunfähigkeit, in ZIP 1982, 276: 2 Monate
225 Vgl. hierzu die Nachweise bei Hartung, Feststellung, S. 7
226 Kuhn/Uhlenbruck, KO, § 102 Rn. 2b, e
227 Kuhn/Uhlenbruck, KO, § 102 Rn. 2b, e
228 Kuhn/Uhlenbruck, KO, § 102 Rn. 2b
229 Scholz-*Schmidt*, GmbHG, § 63 Rn. 7
230 Gottwald-*Uhlenbruck*, Insolvenzrechtshandbuch, § 9 Rn. 8 m.w.N.
231 Gottwald-*Uhlenbruck*, Insolvenzrechtshandbuch, § 9 Rn. 3 m.w.N.

10 % und 25 % der offenen Forderungen vertreten.[232] D.h., wenn der Schuldner noch in der Lage war, zwischen 75 % und 90 % der zur Zahlung fälligen und ernsthaft eingeforderten Verbindlichkeiten zu begleichen, wurde angenommen, dass der Schuldner noch im Wesentlichen in der Lage war, seine Verbindlichkeiten zu erfüllen; dann lag noch keine Zahlungsunfähigkeit im konkursrechtlich relevanten Sinne vor.[233]

(3) Vorübergehende Nichtzahlung fälliger Verbindlichkeiten

Zahlungsunfähigkeit setzte Illiquidität im betriebswirtschaftlichen Sinne voraus, d.h., die fälligen Verbindlichkeiten mussten die flüssigen Mittel übersteigen.[234]

Die Zahlungsunfähigkeit war daher nach bisherigem Recht durch eine zunächst stichtagsbezogene Gegenüberstellung der Verbindlichkeiten nach Art, Höhe und Fälligkeit und der zu ihrer Tilgung vorhandenen und herbeizuschaffenden Verbindlichkeiten festzustellen.[235] Dabei war zu berücksichtigen, ob die zugesagten Kredite fest zugesagt waren oder ob fällige Forderungen von Gläubigern ernsthaft eingefordert wurden.[236] Des Weiteren musste als prognostisches Element festgestellt werden, dass der Schuldner auf Dauer nicht in der Lage war, seine Verbindlichkeiten zu erfüllen.[237]

Nach dem bis zum Inkrafttreten der InsO geltenden Recht lag keine Zahlungsunfähigkeit vor, wenn bei einer vorübergehenden Zahlungsstockung wieder rasche Liquidität zu erwarten war.[238] Eine bloße Zahlungsstockung konnte vorliegen, wenn Außenstände, die fällig waren, nicht pünktlich eingegangen oder unerwartet größere Zahlungen zu leisten waren, der Schuldner aber in Kürze ausreichende Barmittel flüssig machen konnte.[239]

d) Kriminalistische Methode zur Feststellung der Zahlungsunfähigkeit

Neben den betriebswirtschaftlichen Methoden zur Bestimmung der Zahlungsunfähigkeit gab und gibt es auch wirtschaftskriminalistische Beweisanzeichen: z.B. Häufung der Wechsel- und Scheckproteste, fruchtlose Pfändungen und Abgabe eidesstattlicher Versicherungen. Diese Beweisanzeichen machen es jeder kaufmännisch ausgebildeten Person erkennbar, dass Zahlungsunfähigkeit vorliegt. Hierzu sogleich.

232 Rowedder-*Fuhrmann*, GmbHG, § 84 Rn. 12 auf dessen weitere Darstellung hier verwiesen wird
233 Gottwald-*Uhlenbruck*, § 9 Rn. 3 m.w.N.; Rowedder-*Fuhrmann*, GmbHG, § 84 Rn. 12
234 Kuhn/Uhlenbruck, KO, § 102 Rn. 2
235 Kuhn/Uhlenbruck, KO, § 102 Rn. 6a
236 Kuhn/Uhlenbruck, KO, § 102 Rn. 6a
237 Schmidt, Insolvenzgesetze, § 102 KO Anm. 2
238 Schmidt, Insolvenzgesetze, § 30 KO Anm. 5
239 RG in RGZ 50, 42

Der BGH ließ es nach überkommenem Recht in Strafsachen genügen, wenn die Feststellung der Zahlungsunfähigkeit aufgrund kriminalistischer Beweisanzeichen erfolgte.[240]

Bedeutung können und konnten die kriminalistischen Beweisanzeichen zur Feststellung der Zahlungsunfähigkeit in den Fällen erlangen, in denen eine Feststellung der Zahlungsunfähigkeit nach bisherigem Recht für den Konkursverwalter auf betriebswirtschaftlicher Basis nicht möglich ist, da in vielen Konkursfällen eine ordnungsgemäße Buchführung nebst Bilanzen nur für einen zeitlich länger zurückliegenden Zeitraum vorliegen.[241] Dies ist in vielen Fällen dadurch begründet, dass auch die berechtigten Forderungen des Steuerberaters und eines beauftragten Buchhalters durch den nachmaligen Gemeinschuldner nicht mehr beglichen werden und dieser dann wegen der aufgelaufenen Forderungen von seinem Zurückbehaltungsrecht i.S.d. § 273 BGB Gebrauch macht und somit die Herausgabe der bereits gebuchten Vorgänge verweigert.

Für den Gläubiger können diese kriminalistischen Anzeichen der Zahlungsunfähigkeit des Schuldners für die Glaubhaftmachung des Konkursgrundes der Zahlungsunfähigkeit herangezogen werden.

Da die kriminalistischen Beweisanzeichen grundsätzlich vielfältiger Art sein können, soll nur eine kurze beispielhafte Aufzählung erfolgen, die jedoch als solche keinen Anspruch auf Vollständigkeit erhebt.

Allgemeine kriminalistische Beweisanzeichen sind:

- Überschreitung der Zahlungsziele bei Lieferanten und hierdurch bedingtes Wechseln des Lieferanten, um so einen weiteren Kreditgeber in Anspruch nehmen zu können[242]
- Sog. Fruchtlosbescheinigungen nach § 63 GVGA durch den Gerichtsvollzieher[243]
- Häufung der Wechsel- und Scheckproteste[244]
- Abgabe eidesstattlicher Versicherungen[245]

e) *Anwendung des Begriffs der Zahlungsunfähigkeit in der Praxis nach bisherigem Recht*

Die Zahlungsunfähigkeit wurde in der Praxis nach bisherigem Recht durch eine so genannte Liquiditätsbilanz dargestellt[246] welche die fälligen, bzw. kurzfristig fälligen Verbindlichkeiten den liquiden bzw. kurzfristig liquidierbaren Mitteln gegenüberstellte. Eine Zahlungseinstellung lag nach ständiger Rechtsprechung nur dann

---

240 BGH in wistra 1987, 218, 219; BGH in wistra 1992, 145, 1465; BGH in wistra 1993, 184
241 Hartung, Feststellung, S. 11
242 Hartung, Feststellung, S. 11
243 Erledigung nach § 154 GVG i.V.m. § 63 GVGA, wenn keine pfändbare Habe beim Schuldner vorhanden ist und dies dem Gerichtsvollzieher bekannt ist, da sofortige Rückgabe des Titels erfolgt, wenn der Gerichtsvollzieher den Vollstreckungsauftrag für aussichtslos hält
244 Franzheim, Das Tatbestandsmerkmal der Krise, NJW 1980, 2500, 2503
245 Hartung, Feststellung, S. 11
246 Nachweise bei Kuhn/Uhlenbruck, KO, § 102 Anm. 6a

vor, wenn der Schuldner wegen eines voraussichtlich dauernden Mangels an Zahlungsmitteln seine fälligen und von den jeweiligen Gläubigern ernsthaft eingeforderten Verbindlichkeiten im Allgemeinen nicht mehr erfüllen konnte und dieser Zustand mindestens für die beteiligten Verkehrskreise erkennbar wurde.[247]

2. Überschuldung i.S.d. KO

a) *Versuch einer Definition der Überschuldung nach der KO/VglO*

Die Prüfung, ob tatsächlich Überschuldung vorlag, gestaltete sich nach bisherigem Recht problematisch, da eine konkursrechtliche Legaldefinition nicht existierte.

Der Begriff der Überschuldung war weder in der Konkursordnung noch in der Vergleichsordnung definiert. Lediglich die §§ 130 HGB, 92 Abs. 1 Satz 2 AktG, 64 Abs. 1 Satz 1 GmbHG, 98 Abs. 1 Nr. 2 GenG enthielten Legaldefinitionen.

Im Verlauf der letzten Jahre hat sich für das überkommene Recht in der betriebswirtschaftlichen und juristischen Literatur die auf *Schmidt* zurückgehende modifizierte alternative Überschuldensprüfung durchgesetzt.[248]

Das auf *Schmidt* zurückgehende Konzept der Überschuldensprüfung ermittelt in einem ersten Schritt auf Basis von mit Liquidationswerten bewerteten Vermögen in einem Überschuldensstatus das Vorliegen einer rechnerischen Überschuldung. In einem zweiten Schritt sollte die rechnerische Überschuldung durch eine positive Fortbestehensprognose modifiziert werden. Fiel diese Prognose negativ aus, so lag auch eine rechtliche und damit eine konkursauslösende Überschuldung vor.[249]

Überschuldung als Insolvenzgrund war nach gängiger Definition für die KO/VglO gegeben, wenn die Passiva die Aktiva überwogen. Die Feststellung der Überschuldung setzte also zumindest eine Vermögensbilanz voraus.

D.h. Überschuldung lag vor, wenn das Vermögen eines Schuldners seine Verbindlichkeiten nicht mehr deckte. D.h. eine auf den Stichtag gedachte Unternehmensliquidation, die für sich wiederum eine Prognose darstellt, ergab für die Gläubiger eine Quote von unter 100 %.[250]

Für die nähere Darstellung der einzelnen Positionen der Bilanz und auch zu dem dazu bestehenden Meinungsstand, der die Bewertung dieser Positionen betrifft, wird auf die zum Teil recht ausführlichen Darstellungen in den Kommentierungen verwiesen.[251] Eine Darstellung des Sach- und Streitstandes würde den hier gesteckten Rahmen sprengen und wird daher nicht vorgenommen.

---

247 BGH in WM 1975, 6; BGH in WM 1974, 570
248 Schmidt, Konkursrecht, ZIP 1980, 233 ff
249 Schmidt, Sinnwandel, JZ 1982, 165; Kupsch, Überschuldensmessung, BB 1984, 159, 162
250 Kuhn/Uhlenbruck, KO, § 102 Rn. 3 a
251 Eine eingehende Darstellung der einzelnen Positionen der Bilanz und eine Darstellung des Meinungsstandes finden sich hierzu bei Scholz/Schmidt, GmbHG, § 63 Rn. 17; Baumbach/Hueck/Fastrich, GmbHG, § 63 Rn. 12 ff

b) Feststellung der Überschuldung nach der KO/VglO

Da die Bilanz zunächst nach Liquidationswerten zu erstellen ist, sind die Vorschriften der §§ 242 ff HGB für die Feststellung des Überschuldenstatbestandes ungeeignet, da sie nicht dem Zweck der Überschuldensfeststellung Rechnung tragen.[252]

Regelmäßig wird bei der Liquidation von Teilwerten auszugehen sein,[253] da sich eine Realisation der im Unternehmen vorhandenen Werte zu den Buchwerten nicht realisieren lässt oder diese nicht den tatsächlichen Marktwert darstellen. Wenn allerdings im Rahmen der Liquidation einer Gesellschaft damit zu rechnen ist, dass das Unternehmen als Einheit veräußert wird, ist eine Teilwertbetrachtung unter Umständen in Hinblick auf den Gesamtwert des Unternehmens dahingehend zu korrigieren, dass auch der Ansatz eines Firmenwertes, d.h. des Gesamtkaufpreises des Unternehmens bei konzeptgemäßer Fortführung in Frage kommen kann.[254]

Die Überschuldung in rechnerischer Hinsicht, welche die erwähnte Konkursantragspflicht nach sich zieht, musste sich nicht zwingend erst aus einer Jahres- oder Zwischenbilanz ergeben.[255] Wenn sich beispielsweise für den Geschäftsführer einer GmbH bereits früher Hinweise auf eine Überschuldung ergeben haben, so war dieser verpflichtet, sämtliche Merkmale und Fakten zu prüfen, die auf eine Überschuldung seines Unternehmens hinweisen. Der Unternehmer war nach überkommenem Recht zu einer solchen beständigen Überprüfung des Unternehmens verpflichtet.

Sollte er auf eine frühere Bilanz verweisen, so genügte er diesen Voraussetzungen nicht: Mit einer solchen Bilanz konnte er sich nicht entlasten.[256]

Die Überschuldung setzte sich nach überkommenem Recht aus zwei Elementen zusammen:

(1) rechnerische Überschuldung

Eine rechnerische Überschuldung lag vor, wenn bei Ansatz von Liquidationswerten das Vermögen des Schuldners die bestehenden Verbindlichkeiten nicht deckte.[257]

(2) rechtliche Überschuldung

Eine rechtliche Überschuldung war dann gegeben, wenn die rechnerische Überschuldung nicht durch das prognostische Element eine Korrektur der Liquidations-

---

252 Baumbach/Hueck/Fastrich, GmbHG, § 63 Rn. 10 a
253 Zur Definition siehe § 6 Abs. 1 Nr. 1 S. 3 EStG
254 Scholz/Schmidt, GmbHG, § 63 Rn. 11, 18
255 So auch OLG Düsseldorf in BB 1984, 712, 713; Hachenburg-*Ulmer*, GmbHG, § 64 Rn. 17, 18: Scholz-*Schmidt*, GmbHG, § 64 Rn. 14; Baumbach/Hueck/Fastrich, GmbHG, § 64 Rn. 2; anderer Auffassung waren noch, allerdings vor Inkrafttreten des 2. WiKG: BGH in NJW 1959, 623; BGH in NJW 1976, 2129; BGH in NJW 1983, 676, 678; im Ergebnis offengelassen von BGH in NJW 1987, 2433, 2434
256 Schaub, Kriterien, DStR 1993, 1483, 1385
257 Schmidt, Insolvenzgesetze, § 102 KO Anm. 2; Kuhn/Uhlenbruck, KO, § 102 Rn. 3 a

werte erfuhr. Die rechtliche Überschuldung war der eigentliche Konkursauslöser.[258]

Allgemein war man sich zum überkommenen Recht einig, dass für die Bewertung eines Unternehmens als überschuldet nicht alleine auf die rechnerische Überschuldung abzustellen war, sondern dass die Ertragsfähigkeit des Unternehmens bei der Bewertung Berücksichtigung finden musste. Die rechnerische Überschuldung wurde daher durch die Prüfung der Ertragsfähigkeit des Unternehmens korrigiert.[259]

Soweit umgekehrt der Gesellschaft zwar eine negative Fortbestehensprognose erteilt werden musste, jedoch noch positives Reinvermögen vorhanden war, war sie nicht überschuldet in dem vorbezeichneten Sinne. Eine drohende Überschuldung war und ist kein Insolvenzgrund, jedoch als dringende Warnung an das Unternehmen zu werten.

Der Überschuldenstatbestand ist damit ein Doppeltatbestand, bestehend aus einem Zerschlagungs- und einem Fortführungselement, d.h., zunächst werden die Zerschlagungswerte (Exekutionswerte) und hiernach, wenn die Voraussetzungen hierfür vorliegen, auch die Fortführungswerte (going concern-Werte) festgestellt.[260]

(3) Negative Fortbestehensprognose

Zum Merkmal der rechnerischen Überschuldung musste nach bisherigem Recht als weitere Voraussetzung eine negative Fortführungsprognose kommen.[261]

Soweit sich umgekehrt herausstellte, dass die Gesellschaft *voraussichtlich* – im Falle ihrer Fortführung – in der Lage war, die in absehbarer Zeit fällig werdenden Verbindlichkeiten zu erfüllen, so bestand auch im Hinblick auf die gegebenen Gläubigerschutzinteressen kein Grund, eine rechtliche Überschuldung anzunehmen, mit zwingender Folge der Einleitung eines Insolvenzverfahrens.[262]

Eine positive Fortbestehensprognose war daher nur dann anzunehmen, wenn eine überwiegende Wahrscheinlichkeit dafür sprach, dass mittelfristig nicht mit dem Eintritt der Zahlungsunfähigkeit der Gesellschaft zu rechnen war.[263]

258 Schmidt, Insolvenzgesetze, § 102 KO Anm. 2; Kuhn/Uhlenbruck, KO, § 102 Rn. 5 f
259 Kuhn/Uhlenbruck, KO, § 102 Rn. 5 d ff.
260 Schmidt, Insolvenzgesetze, § 102 KO Anm. 2 b)
261 Kuhn/Uhlenbruck, KO, § 102 Rn. 5 e; Schmidt, Insolvenzgesetze, § 102 KO Anm. 2 c
262 Scholz-*Schmidt*, GmbHG, § 63 Rn. 12: Die Beweislast für das Fehlen rechtlicher Überschuldung beim Vorliegen rechnerischer Überschuldung trugen die Geschäftsführer.
263 BGH in NJW 1992, 2891, 2894; Hachenburg-*Ulmer*, GmbHG, § 63 Rn. 33 ff; Scholz/Schmidt, GmbHG, § 63 Rn. 10

3. Prognoseelement bei der Überschuldung nach überkommenem Recht und bei der drohenden Zahlungsunfähigkeit

Insoweit finden sich beim überkommenen Begriff der Überschuldung Parallelen zum neuen Insolvenzgrund der drohenden Zahlungsunfähigkeit i.S.d. § 18 InsO, da auch hier eine entsprechend auf die Zukunft ausgerichtete Prognose der Zahlungsfähigkeit des schuldnerischen Vermögens zu erfolgen hat. Auf diesen Punkt soll später noch eingegangen werden (siehe unter G. III und S. III).

Für diese Fortbestehensprognose war eine auf die Zukunft gerichtete, wertende Sichtweise erforderlich. Dabei war auf die Besonderheiten des zu beurteilenden Unternehmens einzugehen, beispielhaft auf seine Branchenzugehörigkeit, seinen vorhandenen Absatzmarkt, seine Produktpalette, die Zahl und Struktur seines Personals und seiner Führungsmannschaft. Diese Aufzählung kann selbstverständlich nur beispielhaft sein, da bei der Vielzahl denkbarer Unternehmensformen und -ausprägungen auch andere Faktoren in dieser Hinsicht bestimmend sein konnten.

Unerlässlich bei der Prognoseentscheidung waren wertende Elemente. Diese durften jedoch nach bisherigem Recht nicht von dem – aus verständlichen Gründen positiven – Interesse der Geschäftsführer der Gesellschaft und damit von einem subjektiven Verständnishorizont her zu bestimmen sein. Das Prognoseelement war vielmehr objektiv und nicht subjektiv zu verstehen, da es in erster Linie nicht aus Schuldnersicht, sondern aus Gläubigersicht zu bestimmen war.[264] Diese Entscheidung konnte daher nicht dem Optimismus einer Unternehmensführung überlassen werden. Alleine positives Denken reichte nicht, um eine Insolvenzsituation zu beheben.[265]

Die Erarbeitung geeigneter Prognoseinstrumente zur Überschuldensprüfung ist aus juristischer Sicht nur schwer möglich. Bei diesen Prognoseinstrumenten handelt es sich eher um betriebswirtschaftliche Fragestellungen.

Bei der Überschuldensprüfung musste man sich mit einem Vergleich von Vermögen und Schulden begnügen. Wenn das Vermögen bei Ansatz von Liquidationswerten unter Einbeziehung der stillen Reserven die bestehenden Verbindlichkeiten nicht mehr deckte, war das Vorliegen der Überschuldung positiv festzustellen.[266] Im Liquidationsverfahren stellte dann die Summe der Einzelveräußerungspreise der veräußerungsfähigen Objekte das Aktivvermögen dar.[267]

Das prognostische Element des Überschuldenstatbestandes wurde – wie bereits eingangs erwähnt – zuerst von *Schmidt* herausgearbeitet.[268] Hiernach war das Vermögen unter dem Aspekt seiner Verwendung zu sehen. Überschuldung war im rechtlichen Sinne dann gegeben, wenn die Prognose für das Unternehmen ungünstig

---

264 Scholz-*Schmidt*, GmbHG, § 64 Rn. 18
265 So auch die Darstellung bei Uhlenbruck, Konkursantragspflichten, ZIP 1980, 73, 82
266 Hachenburg-*Ulmer*, GmbHG, § 63 Rn. 33 ff.
267 Kuhn/Uhlenbruck, KO, § 102 Rn. 5f
268 Schmidt, Insolvenzrecht, S. 42

gewesen ist und das nach Liquidationswerten zu bewertende Vermögen zur Befriedigung der Gläubiger nicht ausreichte.[269]

Der Einwand, dass durch den Prognosetatbestand eine Rechtsunsicherheit entstand, ist mit dem Argument zurückgewiesen worden, dass wirtschaftliches Handeln immer zukunftsbezogen ist und die Betriebswirtschaft ohne Prognose bzw. Zukunftswertung nicht auskommen kann.[270] Das Prognoseelement war auch nach bisherigem Recht der KO und VglO Normalität.[271]

4. Möglichkeit zu Sanierungen / Lauf der Drei-Wochen-Frist

Solange das Unternehmen aus eigener Kraft noch zur Sanierung imstande ist, muss auch die Unternehmensleitung befugt sein, eine solche Sanierung außerhalb eines Insolvenzverfahrens durchzuführen. Einem solchen Verfahren wird auch beispielsweise von § 92 Abs. 2 S. 3 AktG Rechnung getragen, wonach eine schuldhafte Verzögerung bezüglich eines „verspäteten“ Antrages auf Eröffnung des Konkurs- oder Vergleichsverfahrens nicht vorliegen soll, wenn der Vorstand Vergleichsverhandlungen mit der gebotenen Sorgfalt betreibt.[272] Die Drei-Wochenfrist zur Stellung des Antrages, die in sämtlichen Nebengesetzen die Antragspflicht bei Vorliegen eines Überschuldenstatbestandes besteht, bleibt von solchen Vergleichsverhandlungen jedoch unberührt und läuft dessen ungeachtet.[273] Sie ist eine absolute Ausschlussfrist. Dies gilt auch für das neue Recht der Insolvenzordnung.

III. Abgrenzung zur Kreditunwürdigkeit

Des Weiteren tauchte neben den Insolvenztatbeständen Zahlungsunfähigkeit und Überschuldung im Falle der unternehmerischen Krise nach überkommenem Recht der Begriff der Kreditunwürdigkeit in der Diskussion auf.[274]

Gesellschafter einer GmbH sind in der Entscheidung, ob sie ihre Gesellschaft mit eigenen Mitteln oder mit Fremdmitteln ausstatten, grundsätzlich frei.[275] In der Praxis wurde und wird zumeist der Weg der Fremdfinanzierung gewählt, da sich zum einen eine Fremdfinanzierung zivilrechtlich wesentlich flexibler gestalten lässt, zum anderen ein Belastungsvergleich aus steuerrechtlicher Hinsicht wesentlich attraktiver ist, als eine Eigenfinanzierung, da bei einer Fremdfinanzierung die Kreditkosten den Gewinn des Unternehmens schmälern. Bei einer Eigenfinanzierung wird dies in der Regel nicht der Fall sein.

Trotz den vorgenannten Vorteilen einer Fremdfinanzierung muss dennoch (sowohl nach überkommenem, als auch nach neuem Recht) im Sinne des Gläubigerschutzes gewährleistet

269 Schmidt, Insolvenzrecht, S. 42
270 Schmidt, Insolvenzrecht, S. 42
271 Schmidt, Insolvenzrecht, S. 42
272 Hüffer, AktG, § 92 Rn. 13
273 Hüffer, AktG, § 92 Rn. 13
274 Vgl. hierzu die Darstellung bei Schaub, Kriterien, DStR 1993, 1483
275 BGH in BGHZ 75, 334

werden, dass das notwendige Stammkapital der Gesellschaft aus Eigenmitteln aufgebracht wird und erhalten bleibt. Sollte das notwendige Stammkapital noch nicht oder nicht mehr vorhanden sein und gewährt der Gesellschafter dem Unternehmen dennoch Leistungen, die eigentlich formell als Fremdfinanzierung ausgewiesen sind, werden diese dennoch materiell wie Eigenkapital behandelt. Die Folge dieser Behandlung ist, dass sie im Falle einer Insolvenz der Gesellschaft den Gläubigern zur Verfügung stehen und nicht von dem Gesellschafter zurückgefordert werden können oder aber, wenn sie von ihm zurückgefordert wurden, vom Gesellschafter an die Gesellschaft oder an die Konkursmasse wieder zurückzugewähren sind.

Das Kapital selbst ist bei dieser Wertung selbstverständlich für den Gesellschafter verloren, wenn das Insolvenzverfahren über die Gesellschaft eröffnet wurde. Dies gilt naturgemäß auch dann, wenn die Eröffnung mangels Masse abgewiesen wurde.

Als eigenkapitalersetzend werden nicht nur Sanierungskredite des Gesellschafters angesehen, sondern auch sonstige Darlehen, die der Gesellschaft in der Krise gewährt oder welche in dieser Zeit stehen gelassen werden, obwohl sie an und für sich kündbar sind.[276]

Auch bei Gebrauchsüberlassungen an die Gesellschaft aufgrund von Miet-, Pacht- oder Leasingverträgen kommen die Regeln zum kapitalersetzenden Darlehen entsprechend zur Anwendung [277]

Die vorgenannten Grundsätze zum Eigenkapitalersatz kommen stets dann zur Anwendung, wenn die Gesellschaft überschuldet oder zahlungsunfähig ist. Damit ist deren Anwendungsbereich jedoch noch nicht erschöpft. Diese zum Schutze der Gläubiger entwickelten Mechanismen greifen bereits dann ein, wenn die Gesellschaft *kreditunwürdig* ist.[278]

Ein Gesellschafter, der sich zu einem Zeitpunkt zur Finanzierung seiner Gesellschaft entscheidet, in dem die Gesellschaft dringend Eigenkapital benötigt, kann sein daraus rührendes Finanzierungsrisiko nicht auf die Gesellschaftsgläubiger abwälzen, vielmehr muss er es in dem Rahmen, der ihm durch die gesetzlichen Kapitalerhaltungsvorschriften vorgegeben ist, selbst tragen. Dieser Gedanke kann auch dann Anwendung finden, wenn die vorgenannte Leistung der Gesellschaft in einem Augenblick zufließt, in dem die Gesellschaft, ohne bereits in einer „Konkurslage" zu sein, mit dem bislang vorhandenen Kapital nicht weiter existenzfähig, in dem sie insbesondere außerstande ist, Fremdkredite zu erlangen, um so ihren Kapitalbedarf zu befriedigen.[279]

Diese Gleichsetzung der Gesellschafterleistungen mit haftendem Eigenkapital ist jedoch unabhängig von den insolvenzrechtlichen Voraussetzungen nur in den Fällen zulässig, in denen die Gesellschaft auch von dritter Seite keinen Kredit zu marktüblichen Bedingungen hätte erhalten können und deshalb ohne die Leistung hätte liquidiert werden müssen.[280]

Die Kreditunwürdigkeit ist daher eine Vorstufe zur Zahlungsunfähigkeit oder Überschuldung als Insolvenzauslöser. Solange ein Schuldner lediglich kreditunwürdig ist, besteht für

276 Vgl. hierzu BGH in BGHZ 75, 334; BGH in DB 1980, 296
277 Vgl. hierzu BGH in DStR 1993, 1375; BGH in ZIP 1990, 1593; BGH in BB 1993, 240; BGH in BGHZ 109, 55
278 BGH in BGHZ 76, 327, 329
279 BGH in BGHZ 76, 327, 329
280 BGH in BGHZ 76, 327; BGH in BGHZ 81, 253; BGH in BGHZ 81, 311; BGH in BGHZ 81, 365; BGH in BGHZ 90, 371; BGH in BGHZ 104, 33; BGH in BGHZ 105, 169; BGH in BGHZ 109, 55; BGH in BGHZ 113, 381; BGH in DB 1989, 2470; BGH in NJW 1992, 2891; BGH in DStR 1992, 1519

ihn noch keine Verpflichtung einen Antrag auf Eröffnung des Insolvenzverfahrens zu stellen. Da es sich hierbei aber um eine Vorstufe zu den bisherigen Insolvenzgründen der Zahlungsunfähigkeit bzw. der Überschuldung handelt, ist für den Schuldner zumindest Vorsicht geboten, um eine insolvenzrechtlich relevante Krise zu vermeiden.

Soweit bereits feststeht, dass der Schuldner kreditunwürdig ist, d.h. keine Kredite mehr von dritter Seite erhält, ist auch, soweit kein Kapital nachgeschossen oder als Kredit gegeben wird, eine Parallele zum neuen Insolvenzgrund der drohenden Zahlungsunfähigkeit gegeben, da insoweit zwar noch kein materieller Insolvenzgrund vorliegt, dieser aber für die Zukunft nicht auszuschließen ist.

IV. Zahlungsunfähigkeit i.S.d. GesO

Nachdem die Gesamtvollstreckungsordnung zu einem Zeitpunkt in Kraft getreten ist,[281] in dem die Diskussion um eine Neuordnung des Insolvenzrechts bereits im Gange war, konnte der Begriff der Zahlungsunfähigkeit nach den Kriterien, die für die Konkursordnung/Vergleichsordnung verwendet werden, für die GesO nur noch bedingt erfasst werden.[282] Dies ergibt sich insbesondere aus dem Umstand, dass keine ausdrückliche Regelung der Zahlungsunfähigkeit, wie sie die Konkursordnung in § 102 KO vorsieht, in der GesO getroffen wurde.

1. Entwicklung der Gesamtvollstreckungsordnung

In der ersten Jahreshälfte 1990 ergab sich aufgrund der Wiedervereinigung Deutschlands das Bedürfnis, innerhalb – aus gesetzestechnischer Hinsicht – sehr kurzer Zeit ein auf marktwirtschaftliche Zwecke zugeschnittenes Insolvenzrecht für das Gebiet der ehemaligen „DDR“ zu schaffen.[283]

Die eigentliche Reform des Insolvenzrechts, zu diesem Zeitpunkt bereits in Angriff genommen worden, war zu diesem Zeitpunkt zwar so weit fortgeschritten, dass es aus gesetzestechnischer Hinsicht nicht mehr angezeigt erschien, die KO und die VglO für das Gebiet der ehemaligen DDR zu übernehmen.[284]

Allerdings waren zu diesem Zeitpunkt auch die Reformdiskussion und die Entwicklung der Gesetzgebung über das neue Insolvenzrecht noch nicht so weit fortgeschritten, als dass die Möglichkeit bestanden hätte, den damaligen Referentenentwurf vollständig kurz- und vor allem auch vorzeitig für das Gebiet der ehemaligen DDR in Kraft zu setzen.[285]

Es wurde daher hier ein Mittelweg gewählt: Es erfolgte eine Veränderung und teilweise Neufassung der Gesamtvollstreckungsverordnung der ehemaligen DDR in der damals geltenden Fassung von 1975 dahingehend, dass dieses Gesetzeswerk, welches das rudimentäre Insolvenzrecht der DDR darstellte und daher auf sozialistisch geprägte Marktverhältnisse

281 BGBl. 1991 I, 1186 f v. 05. Juni 1991
282 Haarmeyer/Wutzke/Förster, GesO, § 1 Rn. 49
283 Uhlenbruck, Insolvenzrecht, S. 25
284 Smid/Zeuner, GesO, Einl. Rn. 20 ff
285 Schmidt-Räntsch, Materialien, Teil I Einführung Rn. 194

ausgerichtet war, verändert und fortentwickelt wurde, wobei solche Veränderungen und Fortentwicklungen erfolgten, die in der – damals schon vorgesehenen – Übergangszeit marktwirtschaftliche Anforderungen erfüllen konnten.[286] Im Einigungsvertrag, der im August 1990 zwischen der Bundesrepublik Deutschland und der damaligen DDR geschlossen wurde, wurde diese Regelung des Insolvenzrechts für die fünf neuen Bundesländer im Grundsatz beibehalten.[287]

Die ursprüngliche GesO (bezeichnet als GesVVO) trat mit Wirkung zum 1. Januar 1975 auf dem Gebiet der damaligen DDR in Kraft.

Bis zu diesem Zeitpunkt galten in der vormaligen DDR sowohl die KO als auch die VglO, wie sie auch in den nunmehr als „alten Bundesländern" bezeichneten Bundesländern zu dieser Zeit zur Anwendung kamen, fort.

Die GesVVO in der Fassung von 1975 stellte ein Regelwerk dar, welches auf die konkursspezifischen Verhältnisse der Wirtschaft der DDR zu diesem Zeitpunkt ausgerichtet war. Die Gesamtvollstreckung in der damaligen DDR betraf zu diesem Zeitpunkt Privatleute und Kleingewerbetreibende, sofern gegen sie die Zwangsvollstreckung erfolglos geblieben war.[288] Dies war insbesondere auf die Stärkung des volkseigenen Sektors der DDR-Wirtschaft zurückzuführen, bei welchem die Insolvenz auf der betrieblichen Ebene keine Grundlage der Entscheidungsfindung war, da Verluste eines Betriebes in der Regel durch Umbuchungen ausgeglichen wurden und für die Mitarbeiter des jeweiligen Betriebes nur etwa durch Prämienkürzungen spürbar waren.[289]

Statistisch waren Konkurse in der ehemaligen DDR nach Inkrafttreten der GesVVO im Jahr 1975 vernachlässigbar. Beispielhaft ist hierzu anzuführen, dass in den Jahren 1976 bis 1989 insgesamt, d.h. über einen Zeitraum von 14 Jahren nur 495 Gesamtvollstreckungen nach der GesVVO durchgeführt wurden;[290] d.h. pro Jahr nur etwa 35 Insolvenzen.[291]

Selbst wenn man diese Anzahl in Relation zu der geringeren Bevölkerung der ehemaligen DDR bringt, ergibt sich dennoch ein Wert, der gegenüber den Zahlen der Insolvenzen in den alten Bundesländern vernachlässigbar ist.[292]

Der alten GesVVO aus dem Jahre 1975/1976 wurden einige Vorschriften der GesO entnommen, gleichzeitig erfolgte aber auch in vielen Fällen ein Vorgriff auf die nunmehr in der InsO getroffenen Regelungen, wofür die Einheitlichkeit des Insolvenzverfahrens und beispielhaft die Restschuldbefreiung genannt werden soll, die sich sowohl modifiziert in der GesO als auch in der ab dem 01.01.1999 geltenden InsO findet.

Mit dieser Vorgehensweise, die der Gesetzgeber für das Insolvenzrecht der neuen Bundesländer wählte, ergab sich auch die – bislang einmalige – Möglichkeit, die Auswirkungen von gesetzestechnischen Neuerungen, die durch die Neuregelung des Insolvenzrechtes bundesweit eingeführt werden sollten, in einem räumlich beschränkten Wirtschaftsgebiet auf ihre Wirkung und Effizienz, welche zuvor nur theoretisch erörtert werden konnten, in vivo zu

286 Uhlenbruck, Insolvenzrecht, S. 25
287 Uhlenbruck, Insolvenzrecht, S. 25
288 Smid/Zeuner, GesO, Einleitung S. 5
289 Smid/Zeuner, GesO, Einleitung S. 5
290 Smid/Zeuner, GesO, Einleitung S. 5
291 Smid/Zeuner, GesO, Einleitung S. 5
292 Zur Vergleichbarkeit: Im Jahre 1989 hatte die BRD ca. 62.670.000 Einwohner und die DDR ca. 17.000.000 (Quelle: Statistisches Bundesamt, Fortschreibung des Bevölkerungsstandes Deutschland)

überprüfen und diese Vorschriften auf ihre tatsächliche Brauchbarkeit in der Praxis zu testen.[293]

Nicht übernommen wurde in den Geltungsbereich der GesO die Zweispurigkeit des bislang geltenden Konkurs- und Vergleichsrechts. Die GesO enthielt insoweit – wie bereits erwähnt – ein einheitliches Verfahren, welches zwar regelmäßig zu einer Liquidation des jeweils betroffenen Unternehmens führt, jedoch auch – im Rahmen des Gesamtvollstreckungsverfahrens – zu einem Sanierungsvergleich führen kann.[294]

Beispielhaft sind hierfür die folgenden Passagen der GesO zu nennen, die bereits Teile des künftig geltenden Rechts der InsO vorweggenommen haben:

- Ein Vergleich, der nach der GesO abgeschlossen wurde, unterlag gegenüber dem bisherigen Recht der alten Bundesländer den nachfolgend dargestellten, geringeren Voraussetzungen:
  - Die Vergleichswürdigkeit des Schuldners wurde nicht mehr geprüft; eine Mindestquote war gegenüber dem bisherigen Recht nach der Vergleichsordnung in der GesO[295] in Anlehnung an das neue Recht der Insolvenzordnung nicht mehr gegeben.
  - Des Weiteren waren analog zu den Regelungen der InsO geringere Mehrheitserfordernisse bei der Abstimmung der Gläubiger über den Vergleich vorgesehen.[296]
  - Massearme Verfahren konnten in Anlehnung an die Regelungen der InsO im Verfahren nach der GesO leichter als nach der KO durchgeführt werden.

Beispielhaft wurden nach dem Recht der GesO die Lohnforderungen freigestellter Arbeitnehmer als nachrangige Masseschulden eingeordnet.[297] Nach der bisher geltenden Regelung der Konkursordnung und der Vergleichsordnung war dies nicht vorgesehen.

2. Ansicht von Kilger/Schmidt

Nach der von *Kilger/Schmidt* vertretenen Ansicht, war die Zahlungsunfähigkeit im Sinne der Gesamtvollstreckungsordnung wie bei der Konkursordnung zu definieren.[298]

3. Ansicht von Smid

Der vorgenannten Ansicht war auch *Smid*.[299] Er gestand zwar zu, dass in den fünf neuen Bundesländern besondere ökonomische und rechtliche Verhältnisse herrschten, legte jedoch auch der Definition der Zahlungsunfähigkeit im Sinne der Gesamtvollstreckungsordnung die Zeitpunkt-Illiquidität nach überkommenem Recht der KO zugrunde.[300]

---

293 Smid-*Smid*, InsO, S. 5
294 § 16 GesO
295 § 16 GesO
296 § 16 Abs. 4 GesO
297 § 13 Abs. 1 Nr. 3 a GesO
298 Kilger/Schmidt, GesO, § 1 Rn. 32
299 Smid/Zeuner, GesO, § 1 Rn. 58
300 Smid/Zeuner, GesO, § 1 Rn. 58

4. Ansicht von Hess

Hess wies darauf hin, dass die u.a. von *Kilger/Schmidt* gezogene Grenze zwischen Zahlungsunfähigkeit und Zahlungsstockung, die dann eine Zahlungsunfähigkeit statt einer bloßen Zahlungsstockung annimmt, wenn das Unterbleiben der Zahlung die Regel und nicht nur die Ausnahme war, wenig praktikabel sei.[301] Nach der Ansicht von Hess konnte alleine die objektiv zu treffende Feststellung, ob die Zahlung dauerhaft nicht erfolgen kann, verbindlicher Anknüpfungspunkt dafür sein, ob die Zahlungsunfähigkeit eingetreten ist oder nicht.[302] Seiner Ansicht nach konnte auch die nur vorübergehende Nichterfüllung aller Verbindlichkeiten noch eine Zahlungsstockung darstellen, wenn nur die alsbaldige Möglichkeit zu einer Schuldentilgung noch nicht ausgeschlossen war.[303] Er schlug jedoch vor, auch bei der GesO, die keine dem § 102 KO entsprechende Regelung getroffen hat, § 102 KO entsprechend anzuwenden, da diese Lücke im Gesetz nur auf diesem Wege sachdienlich geschlossen werden könne.[304]

5. Ansicht von Haarmeyer/Wutzke/Foerster

Mit Differenzierungen warteten *Haarmeyer/Wutzke/Foerster* auf.[305] Nach der dort vertretenen Ansicht war eine Zahlungsunfähigkeit i.S.d. GesO dann gegeben, wenn „abzusehen ist", dass der Schuldner nicht in der Lage sein würde, seine Verbindlichkeiten im Wesentlichen zu erfüllen. Dies wurde damit begründet, dass das Wirtschaftsgebiet Ost Sonderbedingungen aufweist.[306]

6. Stellungnahme zu diesen Ansichten

Den beiden erstgenannten Ansichten sowie der Ansicht von *Hess*, der insoweit keine Differenzierungen in tatsächlicher Hinsicht fordert, ist zu folgen. Der letztgenannten Ansicht von *Haarmeyer/Wutzke/Foerster* ist entgegenzuhalten, dass der Gesetzgeber gerade den Gesichtspunkt der drohenden Zahlungsunfähigkeit i.S.d. § 18 InsO aus der in der GesO getroffenen Regelung herausgehalten hat. Es spricht daher gegen die Intention des Gesetzgebers der GesO, komplett auf eine Zeitraum- anstatt vorrangig auf die Zeitpunkt-Illiquidität, wie sie auch nach der KO galt, abzustellen, und so auch künftig fällig werdende Verbindlichkeiten in die in § 1 GesO getroffene Regelung mit einzubeziehen.

---

301 Hess, GesO, § 1 Rn. 105
302 Hess, GesO, § 1 Rn. 105
303 Hess, GesO, § 1 Rn. 105
304 Hess, GesO, § 1 Rn. 106
305 Haarmeyer/Wutzke/Förster, GesO, § 1 Rn. 97
306 Haarmeyer/Wutzke/Förster, GesO, § 1 Rn. 97

G. Zusammenfassung/Zwischenergebnis zum überkommenen Recht, Vergleich zum Recht der InsO

Die Untersuchung der Eröffnungsgründe nach überkommenem Recht hat zeigt, dass es sich um solche handelte, die – mit Einschränkungen bei der Überschuldung – relativ problemlos durch einen Gläubiger im Eröffnungsverfahren glaubhaft gemacht, bzw. auch – wenn dies z.B. wg. eines Bestreitens des Schuldners erforderlich wurde – ggf. bewiesen werden konnten. Hinsichtlich eines Eigenantrages des Schuldners hat diese Erörterung der Eröffnungsgründe nach überkommenem Recht keine neuen Erkenntnisse gebracht.

Vor diesem Hintergrund sollen nachfolgend die durch die InsO neu gefassten Insolvenzgründe Zahlungsunfähigkeit und Überschuldung untersucht werden.

I. Darstellung der sonstigen Insolvenzgründe, Zahlungsunfähigkeit und Überschuldung nach der InsO

Die klassischen Insolvenzgründe, namentlich die Zahlungsunfähigkeit und die Überschuldung sind grundsätzlich auf eine Liquidation des Schuldners bzw. des schuldnerischen Unternehmens ausgerichtet. Diese Tendenz ist auch bei den nunmehr teilweise neu definierten und neu abgegrenzten Insolvenzgründen der Zahlungsunfähigkeit i.S.d. § 17 InsO und der Überschuldung i.S.d. § 19 InsO noch erkennbar, wie nachfolgend dargestellt werden soll. Schon die Neufassung des § 17 InsO macht deutlich, dass der Gesetzgeber eine Vorverlagerung der Insolvenzreife und damit eine frühzeitigere Verfahrenseröffnung erhofft hat.[307]

II. Insolvenzgrund der Zahlungsunfähigkeit/Änderungen zum bisherigen Recht

Nach der Legaldefinition des § 17 Abs. 2 InsO gilt ein Schuldner dann als zahlungsunfähig, wenn er nicht in der Lage ist, seine fälligen Zahlungspflichten zu erfüllen.[308] Damit wurde zunächst die Definition zugrunde gelegt, die sich in Rechtsprechung und Literatur für den Begriff der Zahlungsunfähigkeit i.S.d. Konkursordnung durchgesetzt hatte.[309] Entscheidend nach dieser Definition ist die Zahlungsunfähigkeit, nicht die Zahlungsunwilligkeit des Schuldners.[310]

---

307 Hess/Kranemann/Pink, InsO '99, S. 36

308 Schmidt, Insolvenzrecht, S. 43; MüKo-*Eilenberger*, InsO, § 17 Rn. 5; Eickmann/Flessner u.a., InsO, § 17 Rn. 5 ff; Wimmer-Schmerbach, InsO, § 17 Rn. 5 ff; Jaeger-Müller, InsO, § 17 Rn. 3 ff; Kübler/Prütting-*Pape*, Komm. zur InsO, § 17 Rn. 5 ff; Smid-*Smid*, InsO, § 17 Rn. 3 ff; Nerlich/Römermann-*Mönning*, InsO, § 17 Rn. 12 ff; Braun-*Kind*, InsO, § 17 Rn. 3

309 BMJ, Diskussionsentwurf, 3. Teil, S. 17; RegE, abgedruckt in Kübler/Prütting, Insolvenzrecht, S. 175

310 Burger/Schellberg, Auslösetatbestände, in BB 1995, 261, 262; Obermüller/Hess, InsO, Rn. 85

Nicht erwähnt wird nach der neuen Gesetzeslage der Begriff der „dauernden" Unfähigkeit, die fälligen Forderungen zu befriedigen. Dadurch soll klargestellt werden, dass zwar nicht jede Zahlungsstockung der Anlass für die Annahme einer Zahlungsunfähigkeit sein soll, auf der anderen Seite soll jedoch eine wochenlange Einstellung der Zahlungen als ausreichender Insolvenzgrund angesehen werden.[311] Eine andauernde Unterdeckung ist somit zur Feststellung der Zahlungsunfähigkeit nach § 17 InsO nicht mehr erforderlich.[312]

Des Weiteren fehlt nach der neuen Gesetzeslage das Element der „Unfähigkeit, seine Verbindlichkeiten zu einem wesentlichen Teil" zu erfüllen. Dies dient dem Zweck, ein übermäßiges Aufkommen der Fälle, in denen Zahlungsunfähigkeit angenommen wird, dadurch zu verhindern, dass der Bruchteil der Gesamtsumme der Verbindlichkeiten des Schuldners, die dieser nicht mehr bedient, nicht zu hoch angesetzt wird.[313] Ziel der vorgenannten Maßnahmen ist es, zu einer im Vergleich zum bisherigen Recht deutlichen Vorverlegung des Antragszeitpunktes und damit auch zu einer frühzeitigeren Verfahrenseröffnung zu kommen.[314]

Zahlungsunfähigkeit nach der neuen InsO liegt demnach dann vor, wenn festgestellt wird, dass dem Schuldner die nötigen Zahlungsmittel fehlen und er deshalb andauernd, nicht nur vorübergehend[315], außerstande ist, seine wesentlichen[316] fälligen Geldverbindlichkeiten noch zu berichtigen.[317]

Von der Zahlungsunfähigkeit kann ausgegangen werden, wenn der Schuldner seine Zahlungen eingestellt hat, § 17 Abs. 2 S. 2 InsO. An dieser Stelle ist jedoch darauf hinzuweisen, dass die Zahlungseinstellung nur ein Indiz, nicht jedoch ein selbständiger Eröffnungsgrund für das Insolvenzverfahren ist.[318] Hier wurde bei der InsO eine zu § 102 Abs. 2 KO vergleichbare Regelung getroffen.[319]

Ziel dieser in § 17 InsO getroffene Definitionen ist es, Zahlungsschwierigkeiten früher als bisher möglich in insolvenzrechtlicher Hinsicht zu erfassen,[320] um somit eine frühere Verfahrenseröffnung zu ermöglichen.[321]

---

311 RegE, abgedruckt in Kübler/Prütting, Insolvenzrecht, S. 175; Obermüller/Hess, InsO, Rn. 85; BMJ, Diskussionsentwurf, 3. Teil, S. 17; Hess/Pape, InsO, S. 47
312 Reck, strafrechtliche Auswirkungen, S. 267, 269; Uhlenbruck-*Uhlenbruck*, Insolvenzordnung, § 17 Rn. 3
313 Burger/Schellberg, Auslösetatbestände, BB 1995, 261, 263; Uhlenbruck-*Uhlenbruck*, InsO, § 17 Rn. 7
314 Burger/Schellberg, Auslösetatbestände, BB 1995, 261, 264; RegE, abgedruckt in Kübler/Prütting, Insolvenzrecht, S. 175
315 BGH in ZIP 1995, 929, 930
316 RegE, abgedruckt in Kübler/Prütting, Insolvenzrecht, S. 175; BMJ, Diskussionsentwurf, 3. Teil S. 17
317 BGH in ZIP 1995, 929, 930; BGH in NJW 1991, 980, 981
318 Bork, Einführung, Rn. 85
319 RegE, abgedruckt in Kübler/Prütting, Insolvenzrecht, S. 175
320 Burger/Schellberg, Auslösetatbestände, BB 1995, 261, 263
321 RegE, abgedruckt in Kübler/Prütting, Insolvenzrecht, S. 102, 175

Beispielhaft hierzu: Das AG Köln führt in seiner Entscheidung vom 09.06.1999 zum neuen Recht der InsO aus, dass nach dem gesetzgeberischen Willen und dem Wortlaut des § 17 Abs. 2 Satz 1 InsO eine bloße Zahlungseinstellung nur dann angenommen werden kann, wenn der Schuldner nicht in der Lage ist, weniger als 5 % seiner fälligen Zahlungsverpflichtungen innerhalb einer Obergrenze von zwei Wochen zu erfüllen.[322]

1. Ziele der Regelung

Im betriebswirtschaftlichen Schrifttum war man sich darüber uneinig, ob der Insolvenzgrund der Zahlungsunfähigkeit überhaupt beibehalten werden soll. Diese Frage bejahte u.a. *Schmidt*.[323]

Im Entwurf respektive der endgültigen Fassung des Insolvenzrechtes heißt es in § 17 Abs. 1 InsO:

> *„Allgemeiner Insolvenzgrund ist die Zahlungsunfähigkeit".*

Auch nach der ab dem 01.01.1999 geltenden Insolvenzordnung ist die Zahlungsunfähigkeit nach Maßgabe des § 17 I InsO der allgemeine Eröffnungsgrund, d.h., sie kommt bei Schuldnern aller Art in Betracht.

Nach dem Referentenentwurf für eine Reform des Insolvenzrechtes, der im Jahre 1989 vorgestellt wurde, war die Zahlungsunfähigkeit in § 19 RefE wie folgt definiert:

> *„Ein Schuldner ist zahlungsunfähig, wenn er nicht in der Lage ist, die fälligen Zahlungsverpflichtungen zu erfüllen. Zahlungsunfähigkeit ist insbesondere dann anzunehmen, wenn der Schuldner seine Zahlungen eingestellt hat."*

Die so getroffene Definition wurde auch im Regierungsentwurf für ein neues Insolvenzrecht nahezu unverändert in ihrer ursprünglichen Fassung übernommen, vgl. § 21 RegE.[324]

Ebenso gilt nach der Legaldefinition des § 17 Abs. 2 InsO ein Schuldner nunmehr dann als zahlungsunfähig, wenn er nicht in der Lage ist, seine fälligen Zahlungspflichten zu erfüllen.[325] Damit wurde die Definition zugrunde gelegt, die sich in Rechtsprechung und Literatur für den Begriff der Zahlungsunfähigkeit i.S.d. Konkursordnung durchgesetzt hatte.[326] Entscheidend ist die Zahlungsunfähigkeit, nicht die Zahlungsunwilligkeit des Schuldners.[327]

---

322 AG Köln in NZI 2000, 91

323 Schmidt, Sinnwandel, JZ 1982, 165, 166 f

324 Lediglich das Wort „insbesondere" wurde durch „in der Regel" ersetzt.

325 Schmidt, Insolvenzrecht, S. 43

326 BMJ, Diskussionsentwurf, 3. Teil, S. 17; RegE, abgedruckt in Kübler/Prütting, Insolvenzrecht, S. 175

327 Burger/Schellberg, Auslösetatbestände, in BB 1995, 261, 262; Obermüller/Hess, InsO, Rn. 85

2. Definition der Zahlungsunfähigkeit i.S.d. InsO

Durch die etwas schlankere Definition des § 17 InsO will der Gesetzgeber erreichen, dass die bisherigen Restriktionen bei der Annahme einer Zahlungsunfähigkeit aufgeben werden.[328]

Nicht erwähnt wird nach der neuen Gesetzeslage der Begriff der „dauernden“ Unfähigkeit, die fälligen Forderungen zu befriedigen. Dadurch soll klargestellt werden, dass zwar nicht jede Zahlungsstockung der Anlass für die Annahme einer Zahlungsunfähigkeit sein soll, auf der anderen Seite soll jedoch eine wochenlange Einstellung der Zahlungen als ausreichender Insolvenzgrund angesehen werden.[329]

Des Weiteren fehlt nach der neuen Gesetzeslage das Element der „Unfähigkeit, seine Verbindlichkeiten zu einem wesentlichen Teil“ zu erfüllen. Dies dient – nach der Intention des Gesetzgebers – dem Zweck, ein übermäßiges Anwachsen der Fälle, in denen Zahlungsunfähigkeit angenommen wird, dadurch zu verhindern, dass der Bruchteil der Gesamtsumme der Verbindlichkeiten des Schuldners, die dieser nicht mehr bedient, nicht zu hoch angesetzt wird.[330] Ziel dieser Maßnahmen ist es, zu einer im Vergleich zum bisherigen Recht deutlichen Vorverlegung des Antragszeitpunktes und damit auch zu einer frühzeitigeren Verfahrenseröffnung zu kommen.[331]

Die Insolvenzordnung stellt in der Legaldefinition des § 17 InsO auf die „fälligen“ Zahlungsverpflichtungen ab. Die bisher geltende Konkursordnung baut hingegen auf „ernstlich eingeforderten Zahlungsverpflichtungen“ auf.

Nach dem bislang geltenden Recht ist die Nichtzahlung der zwar fälligen, aber nicht ernstlich eingeforderten Verbindlichkeiten insolvenzrechtlich irrelevant.[332] Da nicht alle fälligen Forderungen tatsächlich „ernstlich eingefordert“ werden, ist die Summe der ernstlich eingeforderten Ansprüche kleiner, maximal gleich den fälligen Ansprüchen. Das neue Recht stellt somit insoweit eine Verschärfung zum überkommenen Recht dar.

Es muss weiter festgestellt werden, dass dem Schuldner die nötigen Zahlungsmittel fehlen und er deshalb andauernd, nicht nur vorübergehend,[333] außerstande ist, seine wesentlichen[334] fälligen Geldverbindlichkeiten noch zu berichtigen.[335]

---

328 Hess/Pape, InsO, S. 46; RegE, abgedruckt in Kübler/Prütting, Insolvenzrecht, S. 175
329 RegE, abgedruckt in Kübler/Prütting, Insolvenzrecht, S. 175; Obermüller/Hess, InsO, Rn. 85; BMJ, Diskussionsentwurf, 3. Teil S. 17; Hess/Pape, InsO, S. 47
330 Burger/Schellberg, Auslösetatbestände, BB 1995, 261, 263
331 Burger/Schellberg, Auslösetatbestände, BB 1995, 261, 264
332 Veit, Definition der Zahlungsunfähigkeit, ZIP 1982, 276
333 BGH in ZIP 1995, 929, 930
334 RegE, abgedruckt in Kübler/Prütting, Insolvenzrecht, S. 175; BMJ, Diskussionsentwurf, 3. Teil S. 17
335 BGH in ZIP 1995, 929, 930; BGH in NJW 1991, 980, 981

G. Zusammenfassung / Zwischenergebnis zum überkommenen Recht

Von der Zahlungsunfähigkeit kann ausgegangen werden, wenn der Schuldner seine Zahlungen eingestellt hat, § 17 Abs. 2 S. 2 InsO. An dieser Stelle ist jedoch darauf hinzuweisen, dass die Zahlungseinstellung nur ein Indiz, nicht jedoch ein selbständiger Eröffnungsgrund für das Insolvenzverfahren ist.[336] Hier wurde bei der InsO eine zu § 102 Abs. 2 KO vergleichbare Regelung getroffen.[337]

Ziel dieser in § 17 InsO getroffene Definitionen ist es, Zahlungsschwierigkeiten früher als bisher möglich in insolvenzrechtlicher Hinsicht zu erfassen.[338]

In § 17 Abs. 2 Satz 1 InsO wird die Zahlungsunfähigkeit in dynamischer Hinsicht definiert: Der Schuldner ist nach neuem Recht zahlungsunfähig, wenn er nicht in der Lage ist, die fälligen Verbindlichkeiten zu erfüllen. Auf die ernsthafte Einforderung kommt es nach neuem Recht im Vergleich zum alten Recht nicht mehr an.[339]

In der Regel besteht nach § 17 Abs. 2 Satz 2 InsO Zahlungsunfähigkeit, wenn der Schuldner seine Zahlungen eingestellt hat.

3. Überlegungen zur Zahlungsunfähigkeit nach der InsO

Die Darstellung hat gezeigt, dass die durch den Gesetzgeber vorgenommene Definition der Zahlungsunfähigkeit auf eine erleichterte Verfahrenseröffnung zielt.[340] Dies kann aber im Kontext zu § 18 InsO nur für den Gläubiger, nicht aber für den Schuldner gelten.

III. Insolvenzgrund der Überschuldung / Änderungen zum bisherigen Recht

1. Einführung

In der Konkursordnung selbst wurde auf eine Definition des Tatbestandes der Überschuldung verzichtet. Dieser Tatbestand wurde zur Definition Nebengesetzen der Konkursordnung überlassen, die allerdings insoweit zwar nicht wortgleiche, jedoch sinngleiche Regelungen getroffen haben, vgl. nach bisherigem Recht hierzu §§ 130 HGB, 92 I 2 AktG, 64 I 1 GmbHG, 98 I Nr. 2 GenG a. F.[341]

---

336 Bork, Einführung, Rn. 85
337 RegE, abgedruckt in Kübler/Prütting, Insolvenzrecht, S. 175
338 Burger/Schellberg, Auslösetatbestände, BB 1995, 261, 263
339 Vgl. § 17 InsO: „fälligen Verbindlichkeiten"
340 Jaeger-*Müller*, InsO, § 17 Rn. 3
341 Braun-*Kind*, InsO, § 19 Rn. 1; Nerlich/Römermann-*Mönning*, InsO, § 19 Rn. 1; Smid-*Smid*, InsO, § 19 Rn. 1

2. Regelung nach der Insolvenzordnung

Anders als das bis zum 31.12.1998 geltenden Recht enthält die getroffene Regelung über die Neuordnung des Insolvenzrechts eine Legaldefinition in § 19 Abs. 2 Satz 2 InsO.

Nach § 19 Abs. 2 InsO liegt Überschuldung vor,

> *„wenn das Vermögen des Schuldners die bestehenden Verbindlichkeiten nicht mehr deckt. Bei der Bewertung des Vermögens des Schuldners ist jedoch die Fortführung des Unternehmens zugrunde zu legen, wenn diese nach den Umständen überwiegend wahrscheinlich ist.“*[342]

Der zweite Satz des § 19 Abs. 2 InsO wurde auf Betreiben des Rechtsausschusses aufgenommen.[343] Hierzu sogleich.

Bei der Insolvenzordnung gilt wie bei der Überschuldung nach bisherigem Recht auch die Überschuldung als Grund für die Eröffnung des Insolvenzverfahrens, soweit der nunmehrige Schuldner eine juristische Person ist, § 19 InsO. Auch hierbei sind der Gläubiger und der Schuldner antragsberechtigt. Nach § 92 Abs. 2 AktG und § 64 Abs. 1 GmbHG sind wiederum die geschäftsführenden Organe auch nach neuem Recht, insoweit ergaben sich gegenüber dem überkommenen Konkursrecht keine Abweichungen, vgl. Art. 47 und 48 EGInsO, innerhalb von drei Wochen nach Feststellung der Überschuldung verpflichtet, die Eröffnung des Insolvenzverfahrens zu beantragen.

3. Vergleich des neuen Rechts mit dem überkommenen Recht

Wie schon bei der Konkursordnung dargestellt wurde, baut auch die Überschuldensprüfung nach der Insolvenzordnung zunächst auf einer Gegenüberstellung des Vermögens und der Schulden des nunmehrigen Gemeinschuldners auf. Eine Überschuldung in dem vorgenannten Sinne bedeutet grundsätzlich zunächst, dass die bestehenden Schulden durch das vorhandene Vermögen nicht gedeckt sind, vgl. §§ 130 HGB, 92 I 2 AktG, 64 I 1 GmbHG, 98 I Nr. 2 GenG.

Als Abweichung von der überkommenen Rechtslage ist nunmehr die Prämisse der Unternehmensfortführung nur dann für die Vermögensbewertung maßgebend, wenn die Fortführung des Unternehmens den Umständen nach überwiegend wahrscheinlich erscheint.[344]

Hierfür ist jedoch erforderlich, dass eine solche Prognose überhaupt erstellt wird. Der Gesetzgeber führt hierzu wie folgt aus:

> *„Betreibt der Schuldner ein Unternehmen, so dürfen nur dann Fortführungswerte angesetzt werden, wenn die Fortführung des Unternehmens beabsichtigt ist und das Unternehmen wirtschaft-*

342 RegE, abgedruckt in Kübler/Prütting, Insolvenzrecht, S. 179
343 RegE, abgedruckt in Kübler/Prütting, Insolvenzrecht, S. 179
344 RegE, abgedruckt in Kübler/Prütting, Insolvenzrecht, S. 179

lich lebensfähig erscheint; andernfalls sind die Werte zugrunde zu legen, die bei einer Liquidation des Unternehmens zu erzielen wären."[345]

Ob und inwieweit das Unterlassen einer solchen Prognose durch den Schuldner Auswirkungen hat, wird noch zu erörtern sein (S. IV.).

4. Entwicklung der Gesetzgebung und Rechtsprechung

a) *Überkommener Stand der Gesetzgebung und Rechtsprechung*

Der Bundesgerichtshof hat sich in einer neueren Entscheidung der in der Literatur im Vordringen befindlichen zweistufigen Überschuldensprüfung angeschlossen.[346] Nach dieser Ansicht liegt eine Überschuldung nur dann vor, wenn

1. Der Liquidationswert geringer als die Summe der bestehenden Verbindlichkeiten des Unternehmens

und

2. die Fortbestehensprognose negativ ist.[347]

Nach dieser Ansicht ist es möglich, bei einer Gesellschaft das Vorliegen einer insolvenzrechtlichen Überschuldung zu verneinen, obwohl ein Liquidationsvermögen, welches die Schulden deckt, nicht mehr vorhanden ist und dementsprechend auch nicht mehr für eine Liquidation zur Verfügung steht.[348]

b) *Reaktion des Gesetzgebers*

Diese modifizierte zweistufige Überschuldensprüfung wurde vom Rechtsausschuss recht eindeutig zurückgewiesen.[349] Zur Begründung hierfür wurde vom Rechtsausschuss angeführt, dass er entschieden von der in der Literatur vertretenen Ansicht, die bereits hier dargestellt wurde und der sich auch der Bundesgerichtshof angeschlossen hatte[350], abweichen wolle.[351]

Nach der vom Rechtsausschuss vertretenen Ansicht hätte eine Normierung der bislang herrschenden Ansicht die untragbare Konsequenz, dass eine Gesellschaft trotz fehlender persönlicher Haftung weiter wirtschaften könnte, ohne dass ein die Schulden deckendes Kapital zur Verfügung steht, wenn der vorgenannten Ansicht von Rechtsprechung und Bundesgerichtshof gefolgt werden würde, nach welcher eine positive Prognose stets zu einer Verneinung der Überschuldung führt.[352]

---

345 RegE, abgedruckt in Kübler/Prütting, Insolvenzrecht, S. 178, 179
346 BGH in KTS 1993, 106
347 BGH in KTS 1993, 106
348 Burger/Schellberg, Vorverlagerung, KTS 1995, 563, 570
349 Vgl. hierzu Burger/Schellberg, Vorverlagerung, KTS 1995, 570; RegE, abgedruckt in Kübler/Prütting, Insolvenzrecht, S. 179
350 Vgl. BGH in BGHZ 119, 201, 204
351 RegE, abgedruckt in Kübler/Prütting, Insolvenzrecht, S. 179
352 RegE, abgedruckt in Kübler/Prütting, Insolvenzrecht, S. 179

In der endgültig verabschiedeten Fassung wurde daher in Ergänzung des Regierungsentwurfes festgelegt, dass eine positive Fortbestehensprognose nicht dazu berechtigt, von einer Gegenüberstellung des vorhandenen Vermögens und einer Feststellung der bestehenden Verbindlichkeiten abzusehen. Die positive Prognose berechtige nur dazu, bei der Bewertung des Vermögens die Fortführung zugrunde zu legen.[353] Dennoch wurde um der vorhergehend zitierten Rechtsprechung des BGH Folge zu tragen der vom BGH geprägte Begriff der „überwiegenden Wahrscheinlichkeit" der Fortführung des Unternehmens übernommen.[354]

Vom Rechtsausschuss wurde weiter zur Begründung angeführt, dass sich mit der so getroffenen Formulierung zur Fortbestehensprognose auch eine Überschneidung zu dem Begriff der drohenden Zahlungsunfähigkeit vermeiden lasse.[355]

Die Frage ist, ob sich wirklich hierdurch Überschneidungen mit dem Begriff der drohenden Zahlungsunfähigkeit vermeiden lassen. Hierauf wird ebenfalls noch einzugehen sein (siehe unter G. III. und S. III. und IV.).

5. Feststellung der Überschuldung

Die eigentliche Überschuldensprüfung hat nach der Insolvenzordnung wie im Folgenden dargestellt zu erfolgen:

1. Das Vermögen ist im Grundsatz unter der Auflösungsprämisse zu bewerten.
2. Von dieser generellen Aussage sind jedoch auch Abweichungen möglich. Eine Vermögensbewertung unter der Prämisse der Unternehmensfortführung ist dann möglich, wenn eine Fortbestehensprognose erstellt wird, die mit überwiegender Wahrscheinlichkeit ein positives Ergebnis für die Fortführung des Unternehmens zeigt.[356]

Offen bleibt weiter, wie die durch die Insolvenz ausgelösten Verbindlichkeiten, wie z.B. Sozialplanansprüche und Schadensersatzansprüche im Überschuldensstatus passiviert werden müssen.[357] Aus Vorsichtsgründen wäre ggf. anzuraten, hierfür Rückstellungen zu bilden, da es sich bei diesen Forderungen auch nach neuem Recht ggf. um Masseforderungen handeln kann.

---

353 Vgl. hierzu Burger/Schellberg, Vorverlagerung, KTS 1995, 570
354 RegE, abgedruckt in Kübler/Prütting, Insolvenzrecht, S. 179
355 RegE, abgedruckt in Kübler/Prütting, Insolvenzrecht, S. 179
356 RegE, abgedruckt in Kübler/Prütting, Insolvenzrecht, S. 179
357 Uhlenbruck, Probleme des Eröffnungsverfahrens, KTS 1994, 169, 173

H. Überlegungen zu den überkommenen Eröffnungsgründen / Vergleich zum neuen Recht

I. Übernahme der bisherigen Eröffnungsgründe

Bei den bisherigen Konkursgründen Zahlungsunfähigkeit und Überschuldung handelt es sich um Tatsachen, die – mit Einschränkungen bei der Überschuldung – relativ problemlos durch einen Gläubiger im Eröffnungsverfahren glaubhaft gemacht, bzw. auch ggf. bewiesen werden konnten.

Bei den beiden Insolvenzgründen der Zahlungsunfähigkeit und der Überschuldung nach der InsO wurde aufgegriffen, was die KO bereits vorgab: Eine leichtere Beweisbarkeit für den Gläubiger, möglicherweise, so der Gesetzgeber, eine frühere Verfahrenseröffnung[358] und damit einen Schutz der Gläubiger. Die InsO hat hierzu lediglich die Definitionen für das Vorliegen der (eingetretenen) Zahlungsunfähigkeit und der Überschuldung gegenüber dem überkommenen Recht zum Teil deutlich verschärft.

II. Schlussfolgerungen für § 18 InsO / Intention des § 18 InsO

Schlussfolgerungen für die Darstellung bzw. Darlegung des Eröffnungsgrundes für den Eigenantrag eines Schuldners nach neuem Recht lassen sich aus der Darstellung der Definitionen nicht herleiten.

Die Intention des neuen Eröffnungsgrundes der drohenden Zahlungsunfähigkeit muss eine andere Zielrichtung als die bisherigen Eröffnungsgründe, die durch den Gesetzgeber mit Modifikationen übernommen wurden, haben, da nur der Schuldner aufgrund dieses Eröffnungsgrundes zur Antragstellung auf Eröffnung eines Insolvenzverfahrens berechtigt ist.

Entgegen vorherigen Planungen bei der Gesetzgebung wurde die Antragsbefugnis eines Gläubigers bei lediglich drohender Zahlungsunfähigkeit (damals bezeichnet als bevorstehende Zahlungsunfähigkeit)[359] in der Umsetzung der Insolvenzrechtsreform nicht weiter verfolgt. Dies wurde damit begründet, dass der Schuldner nicht durch seine Gläubiger bereits im Vorfeld der materiellen Insolvenz unter Druck gesetzt werden soll.[360]

---

358 RegE, abgedruckt in Kübler/Prütting, Insolvenzrecht, S. 101
359 Erster Bericht der Kommission für Insolvenzrecht, Ls. 1.2.5., S. 109 f
360 RegE, abgedruckt in Kübler/Prütting, Insolvenzrecht, S. 176

III. Betrachtung der Eröffnungsgründe der Zahlungsunfähigkeit und der Überschuldung

Die Betrachtung der Insolvenzgründe der Zahlungsunfähigkeit und der Überschuldung haben hervortreten lassen, dass beiden Insolvenzgründen ein Zeitraumelement[361] innewohnt. Beide Insolvenzgründe sind durch prognostische Bewertungen gekennzeichnet, die es erlauben, die Entwicklung des Vermögens des Schuldners in der Zukunft rechtlich zu erfassen. Der „klassische" Tatbestand der Zahlungsunfähigkeit weist damit Strukturmerkmale auf, wie sie oben schon im Rahmen der Untersuchung des strafrechtlichen Begriffs der drohenden Zahlungsunfähigkeit aufgefallen sind (siehe unter C.).

Dies alles scheint dem Verständnis der drohenden Zahlungsunfähigkeit als insolvenzrechtlichem Eröffnungsgrund eher im Wege zu stehen. Denn § 18 InsO bezieht sich zwar auf die Eröffnung des Insolvenzverfahrens. Er beschreibt aber einen anderen Vermögenszustand des Schuldners als er durch § 17 InsO oder durch den strafrechtlichen Begriff der drohenden Zahlungsunfähigkeit erfasst werden soll.

IV. Ansicht von *Smid* zum Eröffnungsgrund der drohenden Zahlungsunfähigkeit

Nach *Smid* ist die drohende Zahlungsunfähigkeit nach § 18 InsO lediglich ein Eröffnungsgrund[362] und kein eigentlicher Insolvenzgrund, da beim Vorliegen der Voraussetzungen des § 18 InsO eine der klassischen Insolvenzlagen (Zahlungsunfähigkeit oder Überschuldung) nicht vorliegt.[363]

V. Zwischenergebnis zum neuen Eröffnungsgrund der drohenden Zahlungsunfähigkeit

Der neue Eröffnungsgrund der drohenden Zahlungsunfähigkeit muss daher etwas signifikant anderes als die althergebrachten Insolvenzgründe darstellen, wenn er an der bisherigen Stelle sinnvoll im Gesetzestext aufgeführt ist.

Wenn man die eingangs gestellte Frage dahingehend beantwortet, dass bei Eigenanträgen das Vorliegen eines Insolvenzgrundes nicht zu prüfen ist, könnte die in § 18 InsO getroffene Definition des Insolvenzgrundes der drohenden Zahlungsunfähigkeit für das Antragsverfahren eines einzelnen Schuldners entbehrlich sein.

---

361 Das Zeitraumelement bei § 17 InsO ist die „Dauer" der Zahlungsunfähigkeit; bei der Überschuldung ist dies die Fortbestehensprognose.
362 Smid-*Smid*, InsO, § 18 Rn. 1
363 Smid-*Smid*, InsO, § 18 Rn. 1

Schmidt scheint möglicherweise die Schwierigkeiten dieses Eröffnungsgrundes erkannt zu haben, in dem er ausführt:

> *„Der nunmehr zugelassene Eigenantrag bei drohender Zahlungsunfähigkeit wird in meinen Augen mehr psychologische als rechtsändernde Bedeutung haben."*[364]

Im Folgenden wird anhand der Änderung des Gesetzgebers zu den Vordrucken für das Verbraucherinsolvenzverfahren überprüft werden, ob die Prüfung des Insolvenzgrundes der drohenden Zahlungsunfähigkeit bei einem Eigenantrag des Schuldners entbehrlich sein kann.

I. Vordrucke für das Verbraucherinsolvenzverfahren / Vortragspflicht des Schuldners im Verbraucherinsolvenzverfahren

I. Neue Vordrucke für das Verbraucherinsolvenzverfahren

Das Bundesministerium der Justiz hat am 17.02.2002 mit Wirkung zum 01.03.2002 aufgrund der Verordnungsermächtigung des § 305 Abs. 5 Satz 1 InsO die Verordnung zur Einführung von Vordrucken für das Verbraucherinsolvenzverfahren und das Restschulbefreiungsverfahren (Verbraucherinsolvenzvordruckverordnung – VbrInsVV) erlassen.[365] Auf Seite 1 des Vordrucks ist vorgesehen, dass der Schuldner unter Ziff. I Rn. 3 „Eröffnungsantrag" erklärt:

> *„Ich stelle den Antrag, über mein Vermögen das Insolvenzverfahren zu eröffnen. Nach meinen Vermögens- und Einkommensverhältnissen bin ich nicht in der Lage, meine bestehenden Zahlungspflichten, die bereits fällig sind oder in absehbarer Zeit fällig werden, zu erfüllen."*[366]

Im Hinweisblatt zu den Antragsvordrucken wird dies für den antragstellenden Schuldner wie folgt erläutert:

> *Mit dem Eröffnungsantrag erklären Sie, dass Sie nach Ihrer Einschätzung zahlungsunfähig sind, oder dass Ihre Zahlungsunfähigkeit unmittelbar bevorsteht. Auf Grund des Eröffnungsantrags kann das Gericht alle Maßnahmen ergreifen, die erforderlich sind, um Ihr noch vorhandenes Vermögen zu sichern. (...)*[367]

Nimmt man diese Formulierung im wörtlichen Sinne ernst, wird dem Schuldner bei Antragstellung nicht abverlangt, für sich zu differenzieren, ob Zahlungsunfähigkeit i.S.d. § 17 InsO vorliegt: „nicht in der Lage, meine bestehenden Zahlungspflichten, die bereits fällig sind, zu erfüllen" oder drohende Zahlungsunfähigkeit i.S.d. § 18 InsO vorliegt: „nicht in der Lage, meine bestehenden Zahlungspflichten, die in absehbarer Zeit fällig werden, zu erfüllen."

---

364 Schmidt, Was bringt die Reform?, S. 1199, 1204 (Rn. 11)
365 BGBl. I, 703; Schmerzbach, Vordruck, NZI 2002, 196 beschäftigt sich eingehend mit dem neuen Vordruck, geht aber auf die im Vordruck pauschaliert vorgesehene Aussage des Schuldners zum Eröffnungsgrund nicht ein
366 BGBl. I, 704
367 BGBl. I, 735

M.a.W.: ein schlüssiger Vortrag einer Darstellung eines Insolvenzgrundes wird hier vom Schuldner nicht verlangt. Auf Basis der Angaben des Schuldners im Mantelbogen des Eröffnungsantrags kann daher keine Entscheidung des Insolvenzgerichts erfolgen, ob ein Eröffnungsgrund gegeben ist oder nicht.

Die Darstellung von *Schmerzbach* zu den neuen Formularen für den Verbraucherinsolvenzantrag sieht zwar grundsätzliche Probleme hinsichtlich der Vordrucke; die vorformulierte Textpassage zum Eröffnungsgrund wird von ihm jedoch nicht thematisiert.[368]

Möglicherweise könnte ein schlüssiger Vortrag des Schuldners im Verbraucherinsolvenzverfahren aber auch entbehrlich sein, da er möglicherweise hierzu bereits anderweitig vortragen muss. Diese These soll anhand der Unterlagen, die der Schuldner im Rahmen eines Verbraucherinsolvenzverfahrens vorlegen muss, überprüft werden.

II. Vorlage von Unterlagen im Verbraucherinsolvenzverfahren

Beim Verbraucherinsolvenzverfahren wird vom Schuldner die Vorlage bestimmter, in § 305 InsO näher bezeichneter Unterlagen verlangt. Die Glaubhaftmachung des Insolvenzgrundes ist dabei nicht vorgesehen. Nach Art. 107 EGInsO besteht für den Schuldner die Möglichkeit, die sog. Wohlverhaltensperiode nach § 298 Abs. 2 Satz 1 InsO von sechs auf fünf Jahre zu verkürzen. Voraussetzung hierfür ist, dass der Schuldner bereits vor dem 01.01.1997 zahlungsunfähig war. Seit dem 01.03.2002 ist die Verwendung eines amtlichen Vordruckes für das Verbraucherinsolvenzverfahren vorgeschrieben.[369] Als „Anlage 3 A zum Eröffnungsantrag des/der ... sieht der amtliche Vordruck[370] eine Beweispflicht des Schuldners für die Tatsache, dass er bereits vor dem 01.01.1997 zahlungsunfähig war vor, wenn er die Verkürzung der Wohlverhaltensperiode verlangt. Als mögliche Nachweise für die Tatsache, dass der Schuldner bereits vor dem 01.01.1997 zahlungsunfähig war, nennt der Vordruck nicht abschließend die Kopie der Niederschrift über die Abgabe der Eidesstattlichen Versicherung sowie die sog. „Fruchtlosigkeitsbescheinigung" des Gerichtsvollziehers nach § 63 GVGA.[371] Auch in den amtlichen Erläuterungen zur Anlage 3 A wird aufgeführt, dass der Schuldner die Tatsachen, die die Zahlungsunfähigkeit vor dem 01.01.1997 belegen, „durch Vorlage geeigneter Belege glaubhaft machen" muss.[372]

Nach § 305 InsO muss der Schuldner u.a. ein Verzeichnis seines vorhandenen Vermögens und des Einkommens (Vermögensverzeichnis), ein Verzeichnis der Gläubiger und ein Verzeichnis der gegen ihn gerichteten Forderungen, § 305 Abs. 1 Nr. 3 InsO, sowie einen Schuldenbereinigungsplan vorlegen. D.h., er trägt insoweit schon ausreichend zum Insolvenzgrund vor; das Gericht kann anhand dieser Angaben die wirtschaftliche Lage des Schuldners nachzeichnen, sodass die Angaben in den Formularen i.d.R. für das Gericht ausreichend sein dürften.

---

368 Schmerzbach, Vordruck, NZI 2002, 196 f
369 Verbraucherinsolvenzvordruckverordnung – VbrInsVV, BGBl. I 2002, 703 f
370 BGBl. I 2002, 709
371 BGBl. I 2002, 709
372 BGBl. I 2002, 737 a.E.

Ob in einem Regelinsolvenzverfahren auf Eigenantrag des Schuldners, gestützt auf den Insolvenzgrund der drohenden Zahlungsunfähigkeit ggf. Ähnliches gilt, wird noch zu erörtern sein (siehe unter V.).

III. Zwischenergebnis zum neuen Eröffnungsgrund der drohenden Zahlungsunfähigkeit

Alle bisherigen Überlegungen haben die Sperrigkeit des insolvenzrechtlichen Eröffnungsgrundes der drohenden Zahlungsunfähigkeit nicht zu beseitigen vermocht. Jedenfalls ohne weiteres lässt er sich nicht mit dem Institut der Eigenverwaltung des Schuldners in einen rechtslogischen Zusammenhang stellen (siehe unter A. II.). Und als Eröffnungsgrund unterscheidet er sich von den herkömmlichen Insolvenzgründen dadurch, dass eine materielle Insolvenz des Schuldners nicht gefordert, sondern allein deren möglicher späterer Eintritt behauptet werden muss (siehe unter C. und D.).

IV. Rolle der drohenden Zahlungsunfähigkeit im Eröffnungsverfahren

Daher empfiehlt es sich, den Eröffnungsgrund der drohenden Zahlungsunfähigkeit im Folgenden nicht auf das eröffnete Verfahren zu beziehen, sondern im Kontext des Eröffnungsverfahrens als Instrument der Ermittlung der Voraussetzungen zu lesen, das dem Insolvenzverfahren mit seinen vielfältigen Aufgaben vorangestellt ist.

Die Eröffnungsgründe stecken den Rahmen für die vom Insolvenzgericht mit dem Eröffnungsbeschluss bzw. der Abweisung der Eröffnung zu treffende Entscheidung. Während die erforderliche Feststellung des Vorliegens einer Verfahrenskosten deckenden Masse (§ 26 Abs. 1 InsO) intrikate Sachverhaltsermittlungen unter Einschaltung eines Sachverständigen im Regelfall voraussetzt,[373] verhält sich dies bei den klassischen Insolvenzgründen anders – worauf bereits oben (siehe unter F.) hingewiesen wurde.

Während vielleicht überzeichnet, aber cum grano salis behauptet werden kann, dass der Überschuldungstatbestand im Wesentlichen mit Blick auf die strafrechtliche Verantwortung der organschaftlichen Vertreter schuldnerischer Kapitalgesellschaften außerhalb des eröffneten Insolvenzverfahrens Bedeutung erlangt, ist der Tatbestand der Zahlungsunfähigkeit allein in Ausnahmefällen im Grenzbereich zur Zahlungsstockung in tatsächlicher Hinsicht problematisch.

Die Schwierigkeiten der Feststellung zur Zahlungsstockung sind auch nach der Regelung in § 17 InsO wohl nicht einfacher festzustellen. Auch für das neue Recht

---

373 Hierzu eingehend die Kommentierung von Smid-*Smid*, InsO, § 26

werden hierzu Zeiträume von 2–3 Wochen[374] vertreten. Der BGH ging bei der GesO von einem Zeitraum von bis zu einem Monat aus.[375] Darüber hinaus soll sich die Insolvenzpraxis wie auch im Strafrecht an den Umständen des Einzelfalls orientieren.[376]

Zusammenfassend lässt sich hierzu festhalten, dass umfangreich begründet wird, wann lediglich Zahlungsstockung vorliegt und noch keine Zahlungsunfähigkeit. Dies kann jedoch hier dahingestellt bleiben, da es sich zum einen um Randbereiche handelt und zum anderen der Schuldner nachweisen muss, dass lediglich Zahlungsstockung und nicht Zahlungsunfähigkeit vorliegt.[377]

V. Struktur der Eröffnungsgründe im Hinblick auf die Reichweite der Amtsermittlungspflicht i.S.d. § 5 InsO

Die Struktur der Eröffnungsgründe berührt die Reichweite der aufgrund seiner Amtsermittlungspflicht gem. § 5 InsO vom Insolvenzgericht zu treffenden Feststellungen. Während für den Fremdantrag des Gläubigers gem. §§ 13, 14 InsO gesetzlich festgelegt ist, dass der Gläubiger die Eröffnungsvoraussetzungen schlüssig vorzutragen und ggf. glaubhaft zu machen hat, liegen die Dinge beim Eigenantrag des Schuldners etwas anders. Im Hinblick auf das Vorliegen der tatsächlichen Voraussetzungen der klassischen Insolvenzgründe Zahlungsunfähigkeit und Überschuldung wird dem Eigenantrag stellenden Schuldner eine Glaubhaftmachung nicht abverlangt. Seinem Antrag fehlt es aber an der Zulässigkeit, wenn er die klassischen Insolvenzgründe nicht schlüssig vorträgt. Im Folgenden soll danach gefragt werden, wie § 18 InsO die Anforderungen beeinflusst, die an die Schlüssigkeit des Eigenantrags des Schuldners von Gesetzes wegen zu richten sind.

Um diese Fragestellung angemessen ausführen zu können, müssen die Anforderungen näher in den Blick gezogen werden, die an die Schlüssigkeit des schuldnerischen Eigenantrags gestellt werden.

Hierzu soll zunächst die bislang ergangene obergerichtliche Rechtsprechung beleuchtet werden.

---

374 MüKo-*Schmahl*, InsO, § 17 Rn. 9
375 BGH IX ZR 81/99 v. 04.10.2001
376 Gottwald-*Uhlenbruck*, Insolvenzrechtshandbuch 2. Auflage, § 9 Rn. 6; Hess-*Weiss*, InsO, § 17 Rn. 25
377 Uhlenbruck-*Uhlenbruck*, InsO, § 17 Rn. 11; Kübler/Prütting-*Pape*, Komm. zur InsO, § 17 Rn. 16

J. Jüngste höchstrichterliche Entscheidungen

I. Entscheidung des BGH vom 12.12.2002

Eine jüngst ergangene Entscheidung des BGH hat sich mit der Frage der Zulässigkeit eines Eigenantrags eines Schuldners beschäftigt.[378] In dieser Entscheidung hat der BGH auch zu der Frage Stellung genommen, inwieweit sich der Schuldner zur Frage des Vorliegens eines Eröffnungsgrundes zu erklären hat.

Der Entscheidung lag der Sachverhalt zugrunde, dass ein Schuldner durch seinen Verfahrensbevollmächtigten am 03.01.2002 einen Antrag auf Eröffnung eines Regelinsolvenzverfahrens mit Eigenverwaltung und Gewährung von Restschuldbefreiung gestellt hat. Der Schuldner hat ferner beantragt, die Kosten des Verfahrens zu stunden und ihm seinen Verfahrensbevollmächtigen beizuordnen.[379]

Ferner hat der Verfahrensbevollmächtigte folgende Angaben gemacht:

> *„Der Antragsteller ist ... zu Zeit arbeitslos. Er erhält Arbeitslosenhilfe in Höhe von 800,00 DM netto monatlich. Der Antragsteller hat letztmals im Herbst 2001 ... die eidesstattliche Versicherung abgegeben. Seit dieser Zeit hat er keine Vermögensgegenstände mehr erworben. Daher ist festzustellen, dass der Antragsteller masselos ist. Der Antragsteller hat Verbindlichkeiten in Höhe von ca. 60.000,00 DM. Aufgrund einer selbständigen Tätigkeit in der Gastronomie. Der Antragsteller war Inhaber des Tanzlokales Z. und hatte eine Gastätte L.. Der Antragsteller hat diese selbständige Tätigkeit im März 2001 eingestellt. Diese selbständigen Tätigkeit sind nicht unerhebliche Verbindlichkeiten über geblieben. Dem Antragsteller ist nicht bekannt, welche Gläubiger er hat. Er kann jedoch im Rahmen der Beiordnung eine List von Gläubigern nachgereicht werden. Sicher ist auf jeden Fall, dass der Antragsteller gegenüber Sozialversicherungskasse noch rückständige Sozialversicherungsbeiträge hat.“*

Die eidesstattliche Versicherung war dem Antrag nicht beigefügt.[380]

Mit Verfügung vom 4. Februar 2002 hat das Insolvenzgericht dem Schuldner aufgegeben, ihm zugesandte Fragebögen über seine wirtschaftlichen Verhältnisse binnen zwei Wochen ausgefüllt zurückzusenden. Nachdem der Schuldner dieser Verfügung nicht nachgekommen ist, hat das Insolvenzgericht mit Beschluss vom 28. Februar 2002 die Anträge des Schuldners zurückgewiesen. Unter anderem hat das Insolvenzgericht in seiner Entscheidung auf folgende Punkte hingewiesen: der Schuldner habe keine ausreichenden Auskünfte über seine wirtschaftlichen und persönlichen Verhältnisse erteilt; es könne somit nicht festgestellt werden, dass ein die Eröffnung des Insolvenzverfahrens rechtfertigender Insolvenzgrund vorliege. Die vom Schuldner erhobene sofortige Beschwerde hat das Landgericht zurückgewiesen. Der Schuldner wendet sich gegen diese Entscheidung mit seiner Rechtsbeschwerde.

---

378 BGH, Az.: IX ZB 426/02, Entscheidung v. 12.12.2002, abgedruckt in NJW 2003, 1187 = NZI 2003, 147 = ZinsO 2003, 217.
Die wörtlich übernommenen Zitate des Schuldnervortrags stammen aus der Original-Entscheidung. In den Veröffentlichungen in den Zeitschriften sind die Darstellungsmängel des Schuldnervortrags korrigiert.
379 BGH a.a.O.
380 BGH a.a.O.

Der BGH stellt in seinem Beschluss vom 12.12.2002 zunächst fest, dass es in Rechtsprechung und Literatur umstritten sei, welche Anforderung an die Stellung eines zulässigen Antrages des Schuldners auf Eröffnung des Insolvenzverfahrens zu stellen sind.[381] Der BGH stellt weiter fest, dass für den Fall, dass der Antrag unzureichende Unterlagen enthält, es ungeklärt sei, ob das Insolvenzgericht dem Schuldner konkrete Hinweise geben muss, welche Ergänzungen seines Antrags erforderlich sind. Der BGH hält weiter fest, dass die Frage zu beantworten ist, ob der Antrag, falls die fehlenden Angaben nicht innerhalb einer dem Schuldner gesetzten Frist nachgeholt werden, abgelehnt werden kann oder ob das Insolvenzgericht im Rahmen seiner Amtsermittlungspflicht (§ 5 InsO) versuchen muss, den Schuldner zur Auskunft zu zwingen, (§ 20 Satz 2 i.V.m. § 98 InsO).

In den Entscheidungsgründen wird ausgeführt, dass es für die Zulässigkeit eines Eröffnungsantrages eines Schuldners zum einen erforderlich sei, dass er ernsthaft auf Eröffnung gerichtet ist und nicht sachfremden Zwecken dient.

Der BGH führt weiter aus, dass entsprechend § 253 Abs. 2 Nr. 2 ZPO in Verbindung mit § 4 InsO zu verlangen ist, dass der Schuldner einen Eröffnungsgrund in substantiierter, nachvollziehbarer Form darlegt. Der BGH führt hierzu weiter aus, dass es erforderlich, aber auch ausreichend sei, dass der Schuldner die Tatsachen mitteilt, welche die wesentlichen Merkmale eines Eröffnungsgrundes im Sinne von §§ 17 f InsO erkennen lassen. Nach der im Beschluss des BGH v. 12.12.2002 vertretenen Ansicht müssen die tatsächlichen Angaben des Schuldners, die Finanzlage des Schuldners nachvollziehbar darstellen, ohne dass sich daraus bei zutreffender Rechtsanwendung schon das Vorliegen eines Eröffnungsgrundes ergeben muss; eine Schlüssigkeit im technischen Sinne ist nicht vorauszusetzen. Der Schuldner muss – wie sich im Umkehrschluss aus § 14 Abs. 1 InsO ergibt – den Eröffnungsgrund nicht glaubhaft machen.

Der BGH führt weiter aus, dass im Zulassungsverfahren noch keine Amtsermittlungspflicht gemäß § 5 InsO besteht. Diese greife erst ein, wenn ein zulässiger Eröffnungsantrag vorliegt. Genügt ein Antrag den vom BGH beschriebenen Mindesterfordernissen nicht, hat das Insolvenzgericht den Schuldner auf den Mangel hinzuweisen und eine Frist zu dessen Behebung zu setzen; nach fruchtlosem Ablauf darf – und muss – es den Antrag als unzulässig zurückweisen. Das gebiete auch der Schutz der Gläubiger vor unberechtigten Eigenanträgen, die Vollstreckungsversuche mit Unsicherheiten wegen der Vollstreckungssperre des § 88 InsO belasten. Erst wenn der Schuldner einen Eröffnungsgrund in hinreichend substantiierter Form dargelegt und somit die Schwelle vom Zulassungs- zum Eröffnungsverfahren überschritten habe, greife der Amtsermittlungsgrundsatz ein. Gegebenenfalls könne das Insolvenzgericht, falls es sich vom Vorliegen eines Eröffnungsgrundes wegen unzureichender Angaben und fehlender Unterlagen nicht überzeugen kann, nicht schon deswegen den Eröffnungsantrag zurückweisen; vielmehr muss es nach Ansicht des BGH versuchen, die Ergänzung der Angaben und die Vorlage der Unter-

381 BGH a.a.O.

lagen mit den Mitteln des § 20 Abs. 1 Satz 2 in Verbindung mit §§ 97, 98, 101 InsO zu erzwingen.

Der BGH führt weiter aus, dass der Schuldner keine Tatsachen mitgeteilt habe, welche die wesentlichen Merkmale eines Eröffnungsgrundes im Sinne von §§ 17, 18 InsO erkennen ließen. Die nicht näher substantiierten Angaben des Schuldners, er sei arbeits- und „masselos“, habe eine (dem Antrag nicht beigefügte) eidesstattliche Versicherung abgegeben und gegenüber weitgehend unbekannten Gläubigern Verbindlichkeiten in Höhe von ca. 60.000 DM, seien für eine Zahlungsunfähigkeit im Sinne des § 17 InsO oder eine drohende Zahlungsunfähigkeit im Sinne des § 18 InsO nicht aussagekräftig. Zahlungsunfähig ist ein Schuldner, wenn er nicht in der Lage ist, die fälligen Zahlungspflichten zu erfüllen (§ 17 Abs. 2 Satz 1 InsO). Die Zahlungsunfähigkeit droht, wenn der Schuldner voraussichtlich nicht in der Lage sein wird, die bestehenden Zahlungspflichten im Zeitpunkt der Fälligkeit zu erfüllen (§ 18 Abs. 2 InsO). Über die Fälligkeit der angeblich bestehenden Verbindlichkeiten hat der Schuldner in seinem Antrag nichts gesagt. Die Behauptung, er sei „masselos“, bedarf jedenfalls bei einem Schuldner, der vor noch nicht allzu langer Zeit Inhaber zweier gastronomischer Betriebe war, näherer Substantiierung, so der BGH.

Weiter führt der BGH aus, das Insolvenzgericht hätte den Schuldner auf diese Mängel konkret aufmerksam machen und ihm aufgeben müssen, die fehlenden Angaben binnen angemessener Frist nachzuholen. Der Schuldner dürfte insoweit nicht darauf verwiesen werden, die ihm zugeschickten „umfangreichen Vordrucke für die Angaben zu den wirtschaftlichen Verhältnissen etc.“ ausgefüllt zurückzureichen.

Nach dem Erkenntnisstand der BGH-Richter handelte es sich *möglicherweise* bei den an den Schuldner verschickten Vordrucken um Vordrucke für die nach § 305 Abs. 1 Nr. 1 bis 4 InsO vorzulegenden Bescheinigungen, Anträge, Verzeichnisse und Pläne. Der BGH stellt zutreffend fest, dass die durch § 305 Abs. 5 Satz 2 InsO grundsätzlich dem Schuldner auferlegte Pflicht, sich dieser Vordrucke zu bedienen, für den Schuldner des vorliegenden Verfahrens nicht galt. Zum einen betreffen die nach § 305 Abs. 1 Nr. 1 bis 4 InsO vorzulegenden Bescheinigungen usw. nicht den Eröffnungsantrag, sondern den Antrag auf Restschuldbefreiung und den Schuldenbereinigungsplan.

Zum andern galt die durch § 305 Abs. 5 Satz 2 InsO dem Schuldner auferlegte Pflicht, sich der Vordrucke zu bedienen, für den Schuldner des vorliegenden Verfahrens deshalb nicht, weil das Bundesministerium der Justiz von der in § 305 Abs. 5 Satz 1 InsO erteilten Ermächtigung im Zeitpunkt der Verfügung des Insolvenzgerichts noch keinen Gebrauch gemacht hatte. Die Verordnung zur Einführung von Vordrucken für das Verbraucherinsolvenzverfahren und das Restschuldbefreiungsverfahren (VbrInsVV) vom 17. Februar 2002 (BGBl. I, 703) ist erst am 1. März 2002 in Kraft getreten.

Der BGH stellt fest, dass das Insolvenzgericht der Verpflichtung, dem Schuldner mitzuteilen, dass er – ohne jeden Formularzwang – noch Angaben zum Vorliegen eines Eröffnungsgrunds machen müsse, nicht gerecht geworden ist. Der Hinweis in den Gründen des Beschlusses vom 28. Februar 2002, dass der Schuldner keine ausreichenden Auskünfte über seine wirtschaftlichen und persönlichen Verhältnisse erteilt habe, konnte vom Schuldner dahin verstanden werden, dass ihm die Nichteinreichung der ausgefüllten Vordrucke zum Vorwurf gemacht werde.

Letztlich kann dies nach dem BGH aber offen bleiben. Mit der Rechtsbeschwerde wird lediglich gerügt, vom Schuldner könne nicht gefordert werden, die Fragebögen ohne Beiordnung eines Rechtsanwalts auszufüllen. Das Insolvenzgericht habe anderweitige Möglichkeiten gehabt „festzustellen, inwieweit ein Vermögen vorliegt". Die Amtsermittlung sei „originäre Aufgabe des Insolvenzgerichts und keine Frage der dem Schuldner obliegenden Substantiierungspflicht". Dass der Schuldner die nötigen Angaben gemacht hätte, wenn das Insolvenzgericht ihm – ohne den Hinweis auf auszufüllende Formulare – mitgeteilt hätte, er müsse seine Angaben noch ergänzen, ist nicht geltend gemacht worden.

II. Bemerkung zu dem Beschluss des BGH vom 12.12.2002

Festzuhalten ist zunächst, dass der Beschluss des BGH einen Vorgang in einer Zeitspanne berührt, die vor der Einführung verbindlicher Vordrucke für das Verbraucherinsolvenzverfahren liegt. Zum anderen ist zu berücksichtigen, dass der Schuldner ein Regelinsolvenzverfahren beantragt hat und gerade kein Verbraucherinsolvenzverfahren.

Die Begründung des Schuldners, warum bei ihm ein Insolvenzgrund vorliegt, ist aus sich heraus unschlüssig, da Tatsachen behauptet wurden, die sich nicht unter die Eröffnungstatbestände subsumieren lassen. Dies wurde auch vom BGH so festgestellt. Es kann daher per se aus dem Beschluss des BGH vom 12.12.2002 nicht geschlossen werden, dass diese Ausführungen auch für einen in sich stimmigen, d.h. schlüssigen Antrag gelten, gleich wie kurz der Antrag sein mag.

Der neuerliche amtliche Vordruck für die Beantragung eines Verbraucherinsolvenzverfahrens sieht vor, dass sich der Schuldner nicht dazu erklärt, ob der Eröffnungsgrund der eingetretenen Zahlungsunfähigkeit oder der drohenden Zahlungsunfähigkeit vorliegt.

Wenn diese Entscheidung durch den amtlichen Vordruck aber nicht verbindlich abgefragt wird, kann auch vom Schuldner im Verbraucherinsolvenzverfahren kein Vorbringen i.S.d. entsprechend § 253 Abs. 2 Nr. 2 ZPO in Verbindung mit § 4 InsO verlangt werden, dass der Schuldner einen Eröffnungsgrund in substantiierter, nachvollziehbarer Form darlegt. Erforderlich – aber auch genügend – ist die Mitteilung von Tatsachen, welche die wesentlichen Merkmale eines Eröffnungsgrundes im Sinne von §§ 17 f InsO erkennen lassen.

Der Beschluss des BGH ist orientiert an einem unschlüssigen Vortrag des Schuldners zum Insolvenzgrund. Aus der Entscheidung lässt sich jedoch nicht entnehmen, ob nicht ein kurzer, aber in sich schlüssiger Vortrag ausgereicht hätte, in dem der Antragsteller schlicht und ergreifend seine (drohende) Zahlungsunfähigkeit analog des Textes der Vordrucke vorträgt.

III. Erkenntnisse aus der eben zitierten BGH-Entscheidung vom 12.12.2002

Die Entscheidung des BGH hat keine neuen Erkenntnisse zur eigentlichen Vortragspflicht des Schuldners gebracht. Dies mag mit der Besonderheit begründet sein, dass der Bevollmächtigte des Schuldners teilweise unschlüssig und verworren zu der Vermögenssituation des Schuldners vorgetragen hat.

IV. Entscheidung des BGH vom 24.05.2005

Eine aktuelle Entscheidung des IX. Zivilsenats des BGH hat sich mit der Frage der Abgrenzung der Begrifflichkeiten der § 17 InsO und § 64 Abs. 2 GmbH befasst.[382] In der betreffenden Entscheidung vom 24. Mai 2005 hat der BGH zum einen den durch den Gesetzgeber sehr weit gefassten Begriff der Zahlungsunfähigkeit i.S.d. § 17 InsO konkretisiert und mit der in § 64 Abs. 2 GmbHG getroffenen Regelung in Einklang gebracht.

Der Entscheidung des BGH lag folgender Sachverhalt zugrunde (Beträge sind jeweils gerundet):

> *Kläger ist der Insolvenzverwalter über das Vermögen der K GmbH. Dieser klagt auf Schadensersatz aus § 64 Abs. 2 GmbHG gegen den Gesellschafter zu 1/2 und alleinigen Geschäftsführer der GmbH (im Folgenden: Beklagter). Mit einer Vertragspartnerin hatte sich die GmbH vergleichsweise darauf geeinigt, dass die Vertragspartnerin an sie unter Einbehalt eines Betrags von 400.000 DM zusammen 1,4 Mio. DM zahlen solle. Die GmbH verzichtete im Rahmen dieses Vergleiches auf weitere Ansprüche in der angeblichen Höhe von 2,6 Mio. DM.*
>
> *Zum Zeitpunkt des Abschlusses des Vergleiches ermittelte die Buchhaltung der K GmbH Verbindlichkeiten i.H.v. rd. 2,6 Mio. DM. Diesen standen liquide Mittel und kurzfristig einbringliche Forderungen i.H.v. rd. 1,1 Mio. DM gegenüber. Die Zahlungen des Vergleichspartners waren hierin bereits berücksichtigt. Neben diesen Aktiva waren nur noch Vorräte und Anlagevermögen mit einem Fortführungswert von insgesamt rd. 10.000 DM vorhanden. Nach dem Vergleichsabschluss zahlte der Beklagte an verschiedene Gläubiger rd. 1,1 Mio. DM. Nur kurze Zeit später stellte er für die K GmbH Insolvenzantrag, den er mit „drohender Zahlungsunfähigkeit“ begründete.*[383]

Der BGH führt in der Entscheidung aus, dass der Gesetzgeber in § 17 InsO auf das Merkmal der Wesentlichkeit der Zahlungsverpflichtungen und der Dauer der Zahlungsunfähigkeit, wie sie noch im § 102 KO geregelt waren, verzichtet habe. Der BGH weist aber darauf hin, dass insoweit der Begriff der Zahlungsstockung nicht

---

382 BGH, Az.: IX ZR 123/04, Entscheidung v. 24.05.2005, abgedruckt in ZIP 2005, S. 1426 ff
383 BGH, ZIP 2005, 1426, 1427

aufgegeben wurde, der nach altem, aber auch nach neuem Recht, einen Zustand vorübergehender Nichterfüllung der fälligen Verbindlichkeiten beschreibt, aber noch nicht die Zahlungsunfähigkeit zur Folge hat. Der IX. Senat des BGH zeigt vielmehr auf, dass auch nach neuem Recht eine Abgrenzung der Zahlungsstockung zu der darüber hinausgehenden Zahlungsunfähigkeit vorgenommen werden soll, um einer nicht gewollten Einengung der Zahlungsunfähigkeit Vorschub zu leisten.[384]

Der BGH führt aus, dass nach einer verbreiteten Auffassung davon ausgegangen werde, dass ein Schuldner dann zahlungsunfähig sei, wenn ihm die Erfüllung der fälligen Zahlungspflichten wegen eines objektiven kurzfristig nicht zu behebenden Mangels an Zahlungsmitteln nicht möglich sei.[385]

Teilweise – so der BGH – werde vertreten, dass eine Quote, die eine Zahlungsstockung von der Zahlungsunfähigkeit abgrenzt, von einer Reihe von Autoren für aus dem Gesetz nicht ableitbar gehalten wird, wogegen Quoten von 5–25 % befürwortet würden. Der BGH hat diese Frage in seiner bisherigen Judikatur[386] bis zur vorliegenden Entscheidung bislang nicht erörtert.

Der IX. Zivilsenat stellt zunächst den Zeitraum dar, innerhalb dessen es den Schuldner möglich sein muss, eine Zahlungsstockung zu beseitigen, damit diese nicht als Zahlungsunfähigkeit anzusehen ist.[387]

Der BGH lässt sich bei seinen Erwägungen davon leiten, dass sich der Gesetzgeber der InsO von den bislang in Literatur und Lehre zur KO entwickelten Maßstäben bewusst abgrenzen und vielmehr eine Verkürzung des maßgeblichen Zeitraums erreichen wollte. Der BGH führt insoweit zur Maßgeblichkeit des Zeitraums aus, dass dies der Zeitraum sei, den eine kreditwürdige Person brauche, um sich die für die Behebung des Liquiditätsengpasses erforderlichen Mittel zu beschaffen.[388]

Der IX. Zivilsenat hält hierfür einen Monat für zu lang und auf der anderen Seite den in der Literatur angegebenen Zeitraum von 1–2 Wochen für zu kurz. Mit dem LG Bonn[389] und unter Berufung auf *Burger/Schellberg*[390] führt der IX. Zivilsenat aus, innerhalb von 2–3 Wochen sei eine Kreditbeschaffung einem kreditwürdigen Schuldner möglich; der BGH ist weiter von einem für die Kreditbeschaffung erforderlichen Zeitraum von 2–3 Wochen *auch* ausgegangen, weil die Rechtsordnung selbst in § 64 Abs. 1 S. 1 GmbHG einen solchen Zeitraum vorsieht. Der BGH führt hierzu wörtlich aus, dass diese Vorschrift zeige,

> *„daß das Gesetz eine Ungewißheit über die Wiederherstellung der Zahlungsunfähigkeit der Gesellschaft längstens 3 Wochen hinzunehmen bereit ist“.*[391]

---

384 BGH, ZIP 2005, 1426, 1427
385 BGH, ZIP 2005, 1426, 1427, 1428
386 BGH in BGHZ 149, S. 178, 187
387 BGH, ZIP 2005, 1426, 1428
388 BGH, ZIP 2005, S. 1426, 1420
389 LG Bonn, Urt. v. 08.01.2001, Az.: 2 T 58/00 , ZIP 2001, 342, 346
390 Burger/Schellberg, Auslösetatbestände, BB 1995, S. 261, 262, 267
391 BGH, ZIP 2005, 1426, 1428

Der BGH stellt in seiner Entscheidung weiter dar, dass im Schrifttum darüber gestritten worden sei, ob eine solche einschränkende Bestimmung des für eine Zahlungsstockung maßgeblichen Zeitraums mit den Vorgaben des bürgerlichen Rechts vereinbar sei; insoweit werde im Schrifttum darauf verwiesen, dass § 286 Abs. 3 BGB bestimme, dass der Verzug des Schuldners spätestens nach 30 Tagen eintrete.[392]

Der IX. Zivilsenat verwirft jedoch diese geäußerten Bedenken und führt aus, dass § 286 Abs. 3 BGB in der Tat eine Höchstfrist normiere nach deren Ablauf die Fälligkeit einer Forderung eintrete; dem Gläubiger bleibe es jedoch unbenommen, durch weitere Maßnahmen einen *früheren* Fälligkeitseintritt herbeizuführen.[393]

Nach Auffassung des IX. Zivilsenats muss aber der Geschäftsführer in dem 2–3 Wochen-Zeitraum Zahlungen nicht zurückhalten, um sich einer Haftung nach § 64 Abs. 2 S. 2 GmbHG zu entziehen; erst nach Ablauf der 3-Wochenfrist sei es notwendig und erforderlich, dass der Geschäftsführer keine Zahlungen mehr leisten dürfe.[394]

Der BGH erklärt dies wie folgt: mit einer Zahlungseinstellung würde der Geschäftsführer sofort Eröffnungsanträge von Gläubigern provozieren. Dies wäre aber nachhaltig schädlich für jede Art der Beschaffung von Liquidität durch den Geschäftsführer und für eine Reorganisation des Unternehmens im Endeffekt letal. Erst nach Ablauf der 3-Wochenfrist dürfe daher der Geschäftsführer nicht mehr Zahlungen leisten. Der BGH legt dar, dass dies nur dann anders zu beurteilen sei, wenn der Geschäftsführer erkennen könne, dass seine Prognose, Liquidität innerhalb des 3-Wochenzeitraums beschaffen zu können, sich als nicht haltbar erweise.[395]

Der BGH macht in diesem Zusammenhang deutlich, dass er die Auffassungen ablehne, die davon ausgehen, dass innerhalb der 3-Wochenfrist die schuldnerische GmbH so gestellt werden müsse, Liquidität zur vollständigen (100 %igen) Deckung ihrer fälligen Verbindlichkeiten zu haben.[396]

Nach Ansicht des BGH wechseln sich in der Wirklichkeit der wirtschaftlichen Betätigung eines Unternehmens Phasen mit guter Umsatz- und Ertragslage, aber auch Rückschläge für das Unternehmen ab. Dadurch, dass größerer Aufträge nicht oder nicht vollständig bezahlt würden, könnten Liquiditätslücken ausgelöst werden. Wenn diese Liquiditätslücken gering seien, begründe dies die Erwartung, dass es dem Schuldner wieder gelingen werde, sich in absehbarer Zeit Liquidität zu verschaffen. Eine sofortige Einleitung eines Insolvenzverfahrens über das Vermögen des Schuldners würde diese Erwartungen, die nicht selten begründet sind, entsprechend vereiteln.[397]

---

392 BGH, ZIP 2005, 1426, 1428
393 BGH, ZIP 2005, 1426, 1428
394 BGH, ZIP 2005, 1426, 1429
395 BGH, ZIP 2005, 1426, 1429
396 BGH, ZIP 2005, 1426, 1429
397 BGH, ZIP 2005, 1426, 1429 f

Der BGH stellt insoweit dar, dass sich die Bestimmung der für die Abgrenzung von Zahlungsstockung und Zahlungsunfähigkeit maßgeblichen Grenze aus verfassungsrechtlichen Gesichtspunkten begründe: Wenn die Auftragslage gut sei, auch mit weiteren Zahlungseingängen gerechnet werden könne oder andere Liquiditätszuflüsse zu erwarten wären, wäre eine Unterdeckung von „wenigen Prozent", die nicht innerhalb vom Gesetz vorgegebenen 3-Wochenfrist des § 64 Abs. 1 S. 1 GmbHG beseitigt werden kann, deshalb kein *tragender* Insolvenzgrund, weil der damit verbundene Eingriff – so der BGH – in die Rechte des Schuldners unter dem Gesichtspunkt der Verhältnismäßigkeit bedenklich wäre. Der BGH verweist insoweit auf die Berufsausübungsfreiheit (Art. 12 GG) und das Eigentumsrecht des Schuldners (Art. 14 GG), diese würden unter dem allgemeinen rechtsstaatlichen Gesichtspunkt der Verhältnismäßigkeit auch im Kontext des Eröffnungsbeschlusses geschützt.[398]

Im Urteil wird weiter ausgeführt, dass die Rechtsanwendung für die Annahme einer Zahlungsunfähigkeit im Kontext des § 64 GmbHG eines „Schwellenwertes" bedürfe. Der BGH führt insoweit aus, dass es grundsätzlich Aufgabe des Gesetzgebers sei, derartige starre Grenzen zu setzen. Im eng gesteckten Rahmen fühle sich jedoch der BGH insoweit zur Bestimmung einer solchen Grenze als berufen, da der Gesetzgeber der Rechtsanwendung insoweit einen gewissen Spielraum einräumen wollte. Der IX. Zivilsenat nimmt einen Schwellenwert von 10 % an. Begründet wird dies damit, dass ein niedrigerer Wert von etwa 5 % einem – so der BGH – „rigorosem Null-Toleranz-Prinzip" zu sehr angenähert wäre, das der Gesetzgeber nicht gewollt habe, da sie zu nahe an der 100 %-Grenze liegen würde.[399]

Der BGH argumentiert andererseits, dass er im Gegensatz zum Gesetzgeber *auch* nicht legitimiert sei, eine 10 %-Grenze als starre Grenze zu formulieren, da sich damit die Frage aufdrängen würde, weshalb nun – wie im vorliegenden Fall – eine 9,2 %ige Unterdeckung nicht zur Zahlungsunfähigkeit, eine z.B. über 10 %ige Unterdeckung aber zur Zahlungsunfähigkeit führen würde.[400]

Für die *Rechtspraxis* gibt der BGH die folgenden Hinweise: Er nimmt die 10 % als Annäherungswert und führt insoweit aus, dass je näher die konkret festgestellte Unterdeckung diesem Schwellenwert komme, desto geringere Anforderungen an das Gewicht besonderer Umstände zu richten seien, mit denen die Vermutung einer Zahlungsunfähigkeit dann noch entkräftet werden könne.[401]

Der betroffene Beklagte muss also anhand des 10 %-Schwellenwertes weitere die Vermutung der Zahlungsunfähigkeit entkräftende Tatsachen vortragen. Dies habe der Beklagte aber – so der BGH – im zur Entscheidung anstehenden Fall nicht getan.[402]

398 BGH, ZIP 2005, 1426, 1430
399 BGH, ZIP 2005, 1426, 1430
400 BGH, ZIP 2005, 1426, 1430
401 BGH, ZIP 2005, 1426, 1430
402 BGH, ZIP 2005, 1426, 1431

V. Bemerkung zu der Entscheidung des BGH vom 24.05.2005

Die Entscheidung des BGH bringt wertvolle Hinweise zur Frage der Definition und Einordnung des Insolvenzgrundes der Zahlungsunfähigkeit i.S.d. § 17 InsO. Insbesondere wird vom BGH die Regelung des § 17 InsO mit der des § 64 Abs. 2 GmbHG in Einklang gebracht.

Für die Intentionen des Gesetzgebers zu einer Erweiterung der Eröffnungsgründe, insbesondere zu einer eventuellen Vortragspflicht des Schuldners zum Insolvenzgrund der drohenden Zahlungsunfähigkeit i.S.d. § 18 InsO, bringt dieses Urteil des BGH jedoch keine weiteren Erkenntnisse.

Im Folgenden soll daher untersucht werden, ob bei einem schlüssigen Vortrag des Schuldners zum Vorliegen eines Insolvenzgrunds überhaupt eine gesonderte Prüfung durch das Gericht erforderlich ist.

Hierzu soll die in der Literatur vertretene Ansicht zur Vortragspflicht des Schuldners untersucht werden.

K. Ansicht der Literatur zur Vortragspflicht des Schuldners

Die h.M. in der Literatur vertritt die Ansicht, dass bei Eröffnung des Insolvenzverfahrens auch bei einem Schuldnerantrag das Gericht anhand vom Schuldner vorzulegender Unterlagen[403] bzw. über einzuholende Auskünfte beim Schuldner[404] das Vorliegen eines Eröffnungsgrundes prüfen muss.[405] Teilweise wird die Vorlage eines Finanzplanes vom Schuldner verlangt.[406] Begründet wird diese Ansicht damit, dass missbräuchlichen Anträgen von Schuldnern entgegnet werden müsse: in der Schweiz, in Österreich, in Dänemark, in Schweden und in den USA müsse der Schuldner bei einem Eigenantrag keinen Nachweis des Vorliegens eines Insolvenzgrundes erbringen. In Einzelfällen (Schweiz und USA) sei es zu Missbrauchsfällen gekommen.[407]

Durch eine missbräuchliche Antragstellung des Schuldners könne in Gläubigerrechte aus Art. 14 GG eingegriffen werden.[408] Die Prüfung, ob tatsächlich ein Eröffnungsgrund vorliegt, müsse daher auch in den Fällen erfolgen, in denen der Eigen-

403 Breuer, Regelinsolvenzverfahren, S. 1, 6; Kübler/Prütting-*Pape*, Komm. zur InsO, § 13 Rn. 11; Burger/Schellberg, Auslösetatbestände, BB 1995, 261, 265; Häsemeyer, Insolvenzrecht, S. 140, 141; IDW, Empfehlungen zur Prüfung, WPg 1999, S. 250, 251

404 Hess/Weiss, InsO, § 16 Rn. 6; MüKo-*Schmahl*, InsO, § 16 Rn. 6; HK-*Kirchhof*, InsO, § 16 Rn. 10

405 MüKo-*Schmahl*, InsO, § 16 Rn. 6

406 MüKo-*Drukarczyk*, InsO, § 18 Rn. 13

407 Uhlenbruck, Der Insolvenzgrund im Verbraucherinsolvenzverfahren, NZI 2000, S. 15, 16

408 Uhlenbruck, Der Insolvenzgrund im Verbraucherinsolvenzverfahren, NZI 2000, S. 15, 16 antrag des Schuldners auf drohende Zahlungsunfähigkeit i.S.d. § 18 InsO gestützt wird.[409]

Diese Ansichten sollen nachfolgend geprüft werden.

I. Durch den Schuldner vorzulegende Unterlagen

Der antragstellende Schuldner hat, im Gegensatz zu einem antragstellenden Gläubiger, nach § 14 InsO grundsätzlich das Vorliegen eines Insolvenzgrundes – d.h. von Zahlungsunfähigkeit oder Überschuldung – nicht glaubhaft zu machen. Eine dem § 104 KO oder § 3 GesO entsprechende Vorschrift, die detailliert regelt, was der Schuldner an Unterlagen beizubringen und vorzulegen hat, fehlt in der neuen Insolvenzordnung vollständig.[410]

II. Hierzu vertretene Auffassungen

1. Begründung des Gesetzgebers

Die Begründung des RegE zu § 24 RegE InsO, dem nunmehrigen geht davon aus, dass durch die Regelung des § 24 RegE InsO (§ 20 InsO) die Vorschrift des § 104 KO verallgemeinert werden soll, nach der einem Konkursantrag des Schuldners ein Verzeichnis der Gläubiger und Schuldner sowie eine Vermögensübersicht beizufügen war.[411]

Der Gesetzgeber der Insolvenzordnung verweist bei seiner Begründung zu § 18 InsO (§ 22 RegE) darauf, dass der Schuldner, der seinen Insolvenzantrag auf drohende Zahlungsunfähigkeit stützt, vom Gericht aufgefordert werden kann, einen Liquiditätsplan einzureichen.[412]

Nach der Begründung des RegE sollen bei einem so zu erstellenden Liquiditätsplan die vorhandene Liquidität und die Einnahmen, die bis zu dem Prognosezeitpunkt zu erwarten sind den Verbindlichkeiten gegenübergestellt werden, die bis zu diesem Termin bereits fällig sind oder fällig werden.[413] Die ausdrückliche Vorlage eines Liquiditätsplanes/Zahlungsplanes ist nach der InsO jedoch nicht vorgesehen. Hierzu sogleich.

2. Ansicht von Haarmeyer/Wutzke/Förster

Nach *Haarmeyer/Wutzke/Förster* kann jedoch nicht davon ausgegangen werden, dass der Gesetzgeber den Schuldner von der Vorlage sämtlicher Unterlagen befreien wollte.[414] Nach *Haarmeyer/Wutzke/Förster* wäre eine Prüfung des Antrages ohne Vorlage der den Antrag recht-

---

409 Uhlenbruck, Der Insolvenzgrund im Verbraucherinsolvenzverfahren, NZI 2000, S. 15, 16
410 Haarmeyer/Wutzke/Foerster, InsO und EGInsO, S. 120
411 RegE, abgedruckt in Kübler/Prütting, Insolvenzrecht, S. 180
412 RegE, abgedruckt in Kübler/Prütting, Insolvenzrecht, S. 177
413 RegE, abgedruckt in Kübler/Prütting, Insolvenzrecht, S. 177
414 Haarmeyer/Wutzke/Foerster, InsO und EGInsO, S. 120

fertigenden Unterlagen ausgeschlossen.[415] Näher begründet wird diese Auffassung jedoch nicht.[416]

Haarmeyer/Wutzke/Förster verweisen in diesem Zusammenhang darauf, dass sich eine dem bisherigen Recht entsprechende Vorlagepflicht des Schuldners aus der insoweit erweiterten Auskunftspflicht des Schuldners nach § 20 InsO herleiten lasse[417], da der Gesetzgeber mit dieser Regelung die §§ 104 KO und 3 GesO verallgemeinern wollte, mit dem erklärten Ziel, den Schuldner schon im Eröffnungsverfahren zur vollständigen Offenbarung seiner Verhältnisse zu verpflichten.[418] *Haarmeyer/Wutzke/Förster* verweisen zur Untermauerung dieser Auffassung auf die Begründung des RegE zu § 24 RegE InsO, der dem nunmehrigen § 20 InsO entspricht.[419]

Der Begründung des RegE ist diese von *Haarmeer/Wutzke/Foerster* geforderte umfassende Aufklärungspflicht für den Schuldner „zur vollständigen Offenbarung seiner Verhältnisse" nicht zu entnehmen.[420] Die weitergehende Aussage, die *Haarmeer/Wutzke/Foerster* im RegE zu Insolvenzordnung finden wollen, trifft die Begründung des RegE gerade nicht.[421]

3. Begründung Breutigam/Blersch/Goetsch

Nach Ansicht von *Breutigam/Blersch/Goetsch* stellt § 20 InsO eine Neuregelung gegenüber den bisherigen insolvenzrechtlichen Gesetzen dar.[422]

Nach *Breutigam/Blersch/Goetsch* stellt § 20 InsO eine Neuerung dahingehend dar, dass die Rechtslage hinsichtlich der entsprechenden Auskunftsverpflichtungen des Schuldners im Eröffnungsverfahren nach überkommenen Recht bislang umstritten war, § 20 InsO jedoch eine Regelung getroffen habe, nach welcher den Schuldner bereits im Eröffnungsverfahren dieselben Auskunfts- und Mitwirkungspflichten treffen, wie in einem bereits eröffneten Insolvenzverfahren nach altem Recht.[423] *Breutigam/Blersch/Goetsch* begründen diese Ansicht jedoch nicht weiter und ziehen für den Eigenantrag des Schuldners keine weiteren Konsequenzen.

4. Begründung Vallender

Nach der von *Vallender* vertretenen Ansicht enthält die Konkursordnung bislang keine ausdrückliche Regelung zur Auskunftspflicht des Schuldners im Eröffnungsverfahren, wie sie § 20 InsO für das neue Recht trifft.[424]

---

415 Haarmeyer/Wutzke/Foerster, InsO und EGInsO, S. 120
416 Haarmeyer/Wutzke/Foerster, InsO und EGInsO, S. 120
417 Haarmeyer/Wutzke/Foerster, InsO und EGInsO, S. 120; so auch im Ergebnis Hess/Pape, InsO, Rn. 113
418 Haarmeyer/Wutzke/Foerster, InsO und EGInsO, S. 120
419 Haarmeyer/Wutzke/Foerster, InsO und EGInsO, S. 120
420 RegE, abgedruckt in Kübler/Prütting, Insolvenzrecht, S. 180
421 RegE, abgedruckt in Kübler/Prütting, Insolvenzrecht, S. 180
422 Breutigam/Blersch/Goetsch-*Goetsch*, InsO, § 20 Rn. 1
423 Breutigam/Blersch/Goetsch-*Goetsch*, InsO, § 20 Rn. 1
424 Vallender, Auskunftspflicht, ZIP 1996, 529

Vallender sieht jedoch insoweit keinen Bedarf für die entsprechend durch § 20 InsO getroffene Lösung, da nach der von ihm vertretenen Ansicht bereits das alte Recht entsprechende Auskunftspflichten für den Schuldner bereithielt.[425]

Nach *Vallender* erfolgt durch die in § 20 InsO getroffene Neuregelung nur eine Klarstellung dahingehend, dass der Schuldner entsprechend der herrschenden Meinung auch bei eigenen strafbaren Handlungen nunmehr im Eröffnungsverfahren auskunfts- und offenbarungspflichtig ist.[426]

Änderungen zum bisherigen Recht für die Antragstellung sieht *Vallender* jedoch insoweit nicht.

5. Ansicht von Breuer

Breuer stellt fest, dass die InsO keine Vorschriften über den Antragsinhalt eines Schuldners enthält, da eine dem § 104 KO entsprechende Regelung, wonach der Schuldner ein Verzeichnis der Gläubiger und Schuldner sowie eine Übersicht der Vermögensmasse einzureichen oder nachzureichen hatte, fehlt.[427]

Breuer zieht jedoch aus § 5 InsO den Schluss, dass das Insolvenzgericht alle Umstände von Amts wegen zu ermitteln hat, die das Verfahren betreffen und somit auch nach neuem Recht die Vorlage der Unterlagen entsprechend dem alten Recht fordern muss.[428]

Beim Insolvenzgrund der drohenden Zahlungsunfähigkeit fordert *Breuer* darüber hinaus die Beurteilung der zukünftigen Zahlungsfähigkeit auf Basis eines Finanz- und Liquiditätsplanes vorzunehmen, der die Bestände an liquiden Mitteln sowie Planeinzahlungen und Planauszahlungen berücksichtigt, wobei auf die Differenz zwischen dem Anfangsbestand an Zahlungsmitteln und geplanten Einzahlungen einerseits und den geplanten Auszahlungen andererseits je Periode abzustellen sei.[429]

Bei seinen Ausführungen zur Entscheidung des Gerichts über den Insolvenzantrag findet sich bei *Breuer* keine konsequente Fortführung seiner eben dargestellten Ansicht. So ist dort zwar festgehalten, dass das Insolvenzgericht den Insolvenzantrag mangels Vorliegens eines Eröffnungstatbestandes zurückweisen kann,[430] erörtert wird nachfolgend jedoch nur § 14 Abs. 1 InsO, wonach der Antrag eines Gläubigers zulässig sei, wenn er ein rechtliches Interesse an der Eröffnung des Insolvenzverfahrens hat und seine Forderung sowie den Eröffnungsgrund glaubhaft macht.[431]

Ein Hinweis, wie mit dem Antrag eines Schuldners zu verfahren ist, findet sich an dieser Stelle jedoch nicht.

---

425 Vallender, Auskunftspflicht, ZIP 1996, 532
426 Vallender, Auskunftspflicht, ZIP 1996, 532
427 Breuer, Regelinsolvenzverfahren, S. 1, 2
428 Breuer, Regelinsolvenzverfahren, S. 1, 2
429 Breuer, Regelinsolvenzverfahren, S. 1, 5
430 Breuer, Regelinsolvenzverfahren, S. 1, 6
431 Breuer, Regelinsolvenzverfahren, S. 1, 6

6. Ansicht von Pape

Pape hält grundsätzlich fest, dass nicht mehr im Gesetz geregelt ist, welche Angaben der Schuldner bei einem Insolvenzantrag zu machen hat und welche Anlagen er seinem Antrag beizufügen hat, da eine dem § 104 KO entsprechende Regelung im neuen Recht der InsO fehlt.[432]

Pape zieht hieraus jedoch gleichwohl unter Berufung auf *Hess/Pape* und *Haarmeyer/Wutzke/Foerster* den Schluss, dass der Schuldner dem Antrag dennoch die notwendigen Unterlagen beilegen muss, aus denen sich das Vorliegen eines Insolvenzgrundes ergibt.[433]

Nach *Pape* kann die fehlende Regelung der Frage, welche Unterlagen einem Insolvenzantrag beizufügen sind, nicht dahingehend verstanden werden, dass eine Prüfung des Insolvenzgrundes bei einem Schuldnerantrag nicht mehr zu erfolgen hat.[434] Nach *Pape* muss die Vorlage der Unterlagen vielmehr durch den Schuldner im Rahmen der ihm nach § 20 InsO obliegenden Verpflichtung im Eröffnungsverfahren erfolgen.[435]

Nach *Pape* ist trotz der insoweit im Regelungswerk der InsO fehlenden Vorschrift auch bei einem Schuldnerantrag davon auszugehen, dass dem Antrag ein Verzeichnis der Gläubiger und Schuldner sowie eine Übersicht der Vermögensmasse beizufügen oder zumindest nachzureichen sind.

Pape folgend ist zwar bei einem Schuldnerantrag eine Glaubhaftmachung des Insolvenzgrundes nicht erforderlich, was jedoch nach der dort vertretenen Ansicht das Gericht nicht von der Verpflichtung entbinden soll, auch dann die Eröffnungsvoraussetzungen sorgfältig zu prüfen. Dies soll nach *Pape* vor allem auch dann gelten, wenn der Antrag eines Schuldners auf den Insolvenzgrund der drohenden Zahlungsunfähigkeit gestützt wird. In diesem Fall soll nach *Pape* ggf. eine eidesstattliche Versicherung dahingehend gefordert werden, dass der Schuldner bei noch verbleibenden Zweifeln die Eröffnungsvoraussetzungen an Eides Statt versichert.[436]

Weitere Differenzierungen zwischen einem auf drohende Zahlungsunfähigkeit gestützten Schuldnerantrag und einem auf (eingetretene) Zahlungsunfähigkeit gestützten Schuldnerantrag und den jeweils mit diesen Anträgen vorzulegenden Unterlagen nimmt *Pape* jedoch nicht vor.

7. Ansicht von Burger/Schellberg

Burger/Schellberg verweisen zunächst darauf, dass die Eröffnung des Insolvenzverfahrens voraussetzt, dass der Antragssteller das Vorliegen eines Insolvenzgrundes glaubhaft macht,

432 Kübler/Prütting-*Pape*, Komm. zur InsO, § 13 Rn. 11
433 Kübler/Prütting-*Pape*, Komm. zur InsO, § 13 Rn. 11
434 Kübler/Prütting-*Pape*, Komm. zur InsO, § 13 Rn. 11
435 Kübler/Prütting-*Pape*, Komm. zur InsO, § 13 Rn. 11
436 Kübler/Prütting-*Pape*, Komm. zur InsO, § 13 Rn. 11

§ 14 Abs. 1 InsO. Insoweit wird von *Burger/Schellberg* keine Differenzierung zwischen einem Antrag eines Schuldners und dem eines Gläubigers vorgenommen. Die Auskunftspflicht des Schuldners soll nach § 20 InsO bedeuten, dass er vom Insolvenzgericht zur Vorlage eines entsprechenden Liquiditätsplans aufgefordert werden kann.[437]

Burger/Schellberg verweisen in diesem Zusammenhang darauf, dass der Tatbestand der drohenden Zahlungsunfähigkeit nach § 18 InsO auf die so genannte Innenlösung beschränkt ist, d.h. nur der Schuldner seinen Antrag auf Grundlage der drohenden Zahlungsunfähigkeit stellen kann.[438]

Nach *Burger/Schellberg* ist die drohende Zahlungsunfähigkeit gegenüber dem Insolvenzgericht glaubhaft zu machen und setzt im Allgemeinen die Vorlage eines liquiditätsorientierten Plans voraus.[439]

Eine Begründung, worauf sich die Glaubhaftmachung auch beim Eigenantrag stützen soll, liefern *Burger/Schellberg* nicht.

8. Ansicht von Häsemeyer

Nach *Häsemeyer* erfordert die Feststellung, ob drohende Zahlungsunfähigkeit vorliegt, eine sorgfältige Gesamtprognose aller mit Sicherheit zu erwartenden Verbindlichkeiten, die mit den jeweils zu erwartenden Einkünften, Liquidationserlösen, Rückflüssen aus Rücklagen etc. verglichen werden müssen.[440] Dies muss nach *Häsemeyer* erfolgen, da bei einem auf drohende Zahlungsunfähigkeit gestützten Schuldnerantrag nicht nur Interessen des Antragsteller-Schuldners auf dem Spiel stehen, sondern auch die Interessen der Insolvenzgläubiger.[441]

Weiter wird diese Ansicht jedoch durch *Häsemeyer* nicht begründet. Ausführungen, welche Unterlagen durch den Schuldner bei einem auf drohende Zahlungsunfähigkeit gestützten Insolvenzantrag vorzulegend sind, finden sich bei *Häsemeyer* nicht.

9. Ansicht des IDW[442]

Nach der Darstellung des IDW erfolgt die Prüfung, ob Zahlungsunfähigkeit droht, auf der Grundlage eines Finanzstatus und eines darauf aufbauenden Finanzplans.[443] Nach der vom IDW vertretenen Ansicht liegt drohende Zahlungsunfähigkeit dann vor, wenn sich aus dem Finanzplan ergibt, dass in Zukunft wesentliche, nicht behebbare Liquiditätsunterdeckungen auftreten werden.[444]

Nach dem IDW sollen im Finanzplan das verfügbare Finanzpotential des Unternehmens sowie dessen Verbindlichkeiten zunächst erfasst und nach dem Grad der Liquidität bzw. der

437 Burger/Schellberg, Auslösetatbestände, BB 1995, 261, 265
438 Burger/Schellberg, Auslösetatbestände, BB 1995, 261, 265
439 Burger/Schellberg, Auslösetatbestände, BB 1995, 261, 265
440 Häsemeyer, Insolvenzrecht, S. 140
441 Häsemeyer, Insolvenzrecht, S. 140, 141
442 Institut der Wirtschaftsprüfer (IDW), Online unter: http://www.idw.de; das Institut der Wirtschaftsprüfer ist ein eingetragener Verein und vereint Wirtschaftsprüfer und Wirtschaftsprüfungsgesellschaften Deutschlands auf freiwilliger Basis (vgl. § 1 der Satzung)
443 IDW, Empfehlungen zur Prüfung, S. 250, 251
444 IDW, Empfehlungen zur Prüfung, S. 250, 251

Fälligkeit dargestellt werden.[445] Dieser Status soll aus dem Rechnungswesen abgeleitet werden.[446] Die so gewonnenen Daten sind sodann, der Ansicht des IDW folgend, um Informationen um evtl. vorhandene Finanzierungsreserven zu ergänzen.[447] Diese Finanzierungsreserven werden nach dem IDW beispielhaft als Möglichkeiten der Kapitalaufnahme, Veräußerung von Aktiva oder Umschichtung von kurzfristigen Verbindlichkeiten in längerfristige Verbindlichkeiten dargestellt.[448]

Nach Darstellung des IDW sind die im Finanzstatus ausgewiesenen Finanzpositionen in einem auf den Finanzstatus folgenden Schritt durch Darstellung der zu erwartenden Zahlungen in einem ausreichend detaillierten Finanzplan fortzuentwickeln; nach Ansicht des IDW sind dabei auch die zahlungswirksamen Konsequenzen aus den künftigen Geschäftsaktivitäten zu berücksichtigen.[449] Der IDW führt hierzu weiter aus, dass der erforderliche Detaillierungsgrad des Finanzplans, d.h. seine Orientierung nach Quartals-, Monats-, Wochen- oder Tageseinzahlungen und -auszahlungen von der tatsächlichen Liquiditätsanspannung und der Länge des zu überblickenden Zeitraumes abhinge.[450] Weiter wird hierzu durch den IDW ausgeführt, dass sich dieser in die Prüfung einzubeziehende Planungshorizont bei der drohenden Zahlungsunfähigkeit durch die Fälligkeit der letzten bestehenden Verbindlichkeit begrenzen ließe; in der Praxis würde jedoch der Zeitraum auf das Ende des laufenden und des kommenden Geschäftsjahres begrenzt sein, da darüber hinaus, so der IDW, Höhe und Zeitpunkt der Zahlungen nicht mehr hinreichend bestimmbar seien.[451]

10. Ansicht von Müller

Müller legt dar, dass die Feststellung der drohenden Zahlungsunfähigkeit eine Prognose über die künftige Liquiditätsentwicklung erfordere. Er stellt gleichzeitig auch fest, dass für eine längere Zeitspanne als zwei Jahre sich Zahlungsströme kaum seriös und rechtssicher vorhersagen lassen und sich die Prognose daher auf einen Zweijahreszeitraum maximal beziehen soll.[452]

Nach *Müller* muss die drohende Zahlungsunfähigkeit vom Schuldner nachvollziehbar dargelegt werden.[453] *Müller* hält fest, dass hierzu in aller Regel die Vorlage eines Liquiditätsplans erforderlich sei, aus dem zum einen die erforderlichen Finanzmittel sowie termingenau die zu erwartenden Ein- und Auszahlungen sich innerhalb des Prognosezeitraums ergeben.[454] *Müller* stellt fest, dass das Gericht vom Schuldner die Vorlage eines solchen Plans verlangen kann, die darin angegebenen Daten zumindest auf Plausibilität überprüfen soll und ggf. in problematischen Fällen einen Sachverständigen hinzuzuziehen hat.[455]

445 IDW, Empfehlungen zur Prüfung, S. 250, 251
446 IDW, Empfehlungen zur Prüfung, S. 250, 251
447 IDW, Empfehlungen zur Prüfung, S. 250, 251
448 IDW, Empfehlungen zur Prüfung, S. 250, 251
449 IDW, Empfehlungen zur Prüfung, S. 250, 251
450 IDW, Empfehlungen zur Prüfung, S. 250, 251
451 IDW, Empfehlungen zur Prüfung, S. 250, 251
452 Jaeger-*Müller*, InsO, § 18 Rn. 7
453 Jaeger-*Müller*, InsO, § 18 Rn. 15
454 Jaeger-*Müller*, InsO, § 18 Rn. 15
455 Jaeger-*Müller*, InsO, § 18 Rn. 15

11. Ansicht von Kind

Kind stellt fest, dass die Prüfung der Zahlungsverpflichtungen im Rahmen der Prüfung des Eröffnungsgrundes der drohenden Zahlungsunfähigkeit nur anhand eines Finanzstatus und eines darauf aufbauenden Liquiditätsplanes vorgenommen werden kann.[456] In diesen Berechnungen sind nach Ansicht von *Kind* die erwarteten Zahlungsströme in ihrem zeitlichen Ablauf darzustellen.[457]

12. Ansicht von Kirchhof

Kirchhof stellt dar, dass die drohende Zahlungsunfähigkeit regelmäßig nur auf Grundlage eines Liquiditätsplans festgestellt werden könnte. Dieser Liquiditätsplan soll zu einer vorausschauenden Prognose führen, im dem die gesamte Entwicklung der Finanzlage des Schuldners bis zu einem zugrunde gelegten Zeitpunkt einbezogen werden soll.[458] Er legt weiter dar, dass die Vorlage eines solchen Plans vom Insolvenzgericht verlangt werden kann wg. § 20 InsO und das Insolvenzgericht wg. § 16 InsO diesen Plan auch zumindest auf Plausibilität zu überprüfen hat.[459]

13. Ansicht von Schmerbach

Auch *Schmerbach* hält die Erstellung eines Finanzplans sowie eines Liquiditätsplans für erforderlich.[460] Insoweit wird ebenfalls darauf hingewiesen, dass der Schuldner vom Gericht aufgefordert werden kann, einen entsprechenden Liquiditätsplan einzureichen.[461]

14. Ansicht von Drukarczyk

Auch *Drukarczyk* weist darauf hin, dass ein Finanzplan zu erstellen sei[462] und stellt auch – aus seiner Sicht – vor, wie ein Finanzplan gestaltet werden soll.[463] Gegenüber den vorhergehenden Darstellungen verweist *Drukarczyk* darauf, dass keine eindimensionale Darstellung des künftigen Geschehens ausreiche, sondern es vielmehr einer mehrwertigen Darstellung des künftigen Geschehens bedürfe, da Wahrscheinlichkeiten dargestellt werden müssen.[464] M.a.W. der Schuldner genügt nach *Drukarczyk* bei einem Eigenantrag wg. drohender Zahlungsunfähigkeit den Anforderungen des § 18 InsO nur dann, wenn er nicht nur einen Finanzplan aufstellt, sondern dieser auch eine mehrwertige Analyse enthält, die verschiedene Szenarien zum tatsächlichen Drohen der künftigen Zahlungsunfähigkeit enthält und die Wahrscheinlichkeiten des jeweiligen Eintritts der Szenarien dargestellt wird.

---

456 Braun-*Kind*, InsO, § 18 Rn. 11, 12
457 Braun-*Kind*, InsO, § 18 Rn. 11, 12
458 HK-*Kirchhof*, § 18, Rn. 14
459 HK-*Kirchhof*, § 18, Rn. 14
460 Wimmer-*Schmerbach*, InsO, § 18 Rn. 9
461 Wimmer-*Schmerbach*, InsO, § 18 Rn. 12
462 MüKo-*Drukarczyk*, § 18 Rn. 13
463 MüKo-*Drukarczyk*, § 18 Rn. 22
464 MüKo-*Drukarczyk*, § 18 Rn. 25

15. Ansicht von v. Onciul

Auch v. *Onciul* ist der Ansicht, dass auch der auf drohende Zahlungsunfähigkeit gestützte Eigenantrag des Schuldners unter dem Vorbehalt eines Eröffnungsgrundes stehe[465] und die Auskunftspflicht des Schuldners nach § 20 InsO auch für den Eigenantrag gelte, der auf den Insolvenzgrund der drohenden Zahlungsunfähigkeit gestützt wird.[466] Das Insolvenzgericht könne insoweit vom Schuldner einen Finanzplan verlangen, der Aufschluss darüber gibt, ob Zahlungsunfähigkeit drohe.[467] V. *Onciul* legt unter Berufung aus *Smid* dar, dass ein auf drohende Zahlungsunfähigkeit gestützter Eigenantrag dann zurückgewiesen werden könne, wenn der Schuldner das Insolvenzgericht bei entsprechenden Ermittlungen nicht unterstützt.[468]

16. Ansicht von Smid

Nach *Smid* handelt es sich bei dem Insolvenzgrund der drohenden Zahlungsunfähigkeit um einen neuen Grund für die Eröffnung des Verfahrens.[469] Ihm folgend handelt es sich bei § 18 InsO um einen „unechten" Insolvenzgrund, der eingeführt wurde, um solchen Unternehmen, die sich in ihrer Fortexistenz bedroht sehen, den Zugang zu einem unter gerichtlicher Aufsicht stehenden Sanierungsverfahren in den Fällen zu ermöglichen, in denen der künftige Eintritt der Unternehmenskrise absehbar, diese aber noch nicht eingetreten ist.[470]

Smid stellt zunächst dar, dass vom Gesetzgeber ursprünglich vorgesehen war, dass der Schuldner, der seinen Eröffnungsantrag auf drohende Zahlungsunfähigkeit stützt, nach der Begründung zu § 24 RegE InsO vom Gericht aufgefordert werden konnte, einen Liquiditätsplan einzureichen.[471] *Smid* weist jedoch auch darauf hin, dass diese Regelung keinen Eingang in das Gesetz gefunden hat und somit für einen auf drohende Zahlungsunfähigkeit gestützten Antrag eines Schuldners die allgemeinen Voraussetzungen gelten.[472]

Smid argumentiert weiter, dass auch aus sonstigen Gründen auf die ausdrückliche Vorlage eines solchen Liquiditätsplanes verzichtet werden kann. Zum einen muss, so *Smid*, der Schuldner ohnehin im Rahmen seiner ihm nach § 20 InsO obliegenden Auskunftspflicht seine wirtschaftlichen Verhältnisse offenbaren, zum anderen wird so *Smid* ein Schuldner bei noch nicht eingetretener materieller Insolvenz i.S.d. §§ 17–19 InsO ein Unternehmen eher den Weg der stillen außergerichtlichen Liquidation suchen, deren negative Publizität neben den hierbei entstehenden Kosten, geringer als bei einem gerichtlichen Insolvenzverfahren ist.[473] Nach *Smid* wird der Schuldner im Rahmen einer Unternehmensinsolvenz seinen Insolvenzantrag mit der Vorlage eines Insolvenzplanes nach § 218 InsO bzw. mit einem Antrag auf Eigenverwaltung verbinden; auch ist im Rahmen des darstellenden Teils des Insolvenzplanes nach § 220 InsO ein Liquiditätsplan vorzulegen.[474]

---

465 v. Onciul, Die rechtzeitige Auslösung, S. 112
466 v. Onciul, Die rechtzeitige Auslösung, S. 113
467 v. Onciul, Die rechtzeitige Auslösung, S. 113
468 v. Onciul, Die rechtzeitige Auslösung, S. 113
469 Smid-*Smid*, InsO, § 18 Rn. 1
470 Smid-*Smid*, InsO, § 18 Rn. 1
471 Smid-*Smid*, InsO, § 18 Rn. 12
472 Smid-*Smid*, InsO, § 18 Rn. 12
473 Smid-*Smid*, InsO, § 18 Rn. 12
474 Smid-*Smid*, InsO, § 18 Rn. 12

17. Ansicht von Heim

Nach *Heim* kann die drohende Zahlungsunfähigkeit, die den Schuldner zum Eigenantrag berechtigt, ebenfalls nur auf Grundlage eines Finanzplanes festgestellt werden.[475] Nach *Heim* werden durch die neue Insolvenzordnung daher Unternehmensleitungen gezwungen, einen Finanzplan aufzustellen.[476]

Definiert wird der Finanzplan nach Heim als Instrument, mit dem Unternehmen ihre zukünftigen Erträge und Aufwendungen sowie die daraus resultierenden Einnahmen und Ausgaben planen können.[477] Der Finanzplan zeigt nach Heim an, welche Auswirkungen Zinsänderungen, Nachfrageänderungen, Produktivitätsänderungen oder Änderungen in der Kostenstruktur auf den Erfolg und auf die Liquidität des Unternehmens haben.[478]

18. Stellungnahme

Mit Ausnahme der Ansicht von *Smid* besteht in der Literatur Einigkeit darüber, dass auch im Falle eines auf § 18 InsO gestützten Eröffnungsantrags das Vorliegen des Eröffnungsgrundes „schlüssig" vorzutragen sei.

Vordergründig spricht hierfür, dass im Allgemeinen im gerichtlichen Verfahren ein Antragsteller sein Begehren nicht ohne schlüssigen Vortrag der hierfür statuierten gesetzlichen Voraussetzung geltend machen kann.

Andererseits ist nicht auf den ersten Blick zu erkennen, welchem Bedürfnis durch die Statuierung der Anforderung eines schlüssigen Vortrags der Voraussetzung drohender Zahlungsunfähigkeit beim Eigenantrag des Schuldners Rechnung getragen werden soll. Denn der schlüssige Vortrag des Schuldners hätte nur im Hinblick auf eine entsprechende Überprüfung im Rahmen insolvenzgerichtlicher Amtsermittlung einen Sinn.

III. Prüfungspflicht durch das Insolvenzgericht hinsichtlich des Vorliegens eines Eröffnungsgrundes

Die h.M. in der Literatur vertritt die Ansicht, dass bei Eröffnung des Insolvenzverfahrens auch bei einem Schuldnerantrag das Gericht anhand vom Schuldner vorzulegender Unterlagen[479] bzw. über einzuholende Auskünfte beim Schuldner[480] das Vorliegen eines Eröffnungsgrundes prüfen muss.[481] Teilweise wird die Vorlage eines

---

475 Heim, Finanzplanung, DStR 1999, 387, 388
476 Heim, Finanzplanung, DStR 1999, 387, 388
477 Heim, Finanzplanung, DStR 1999, 387, 388
478 Heim, Finanzplanung, DStR 1999, 387, 388
479 Breuer, Regelinsolvenzverfahren, S. 1, 6; Kübler/Prütting-*Pape*, Komm. zur InsO, § 13 Rn. 11; Burger/Schellberg, Auslösetatbestände, BB 1995, 261, 265; Häsemeyer, Insolvenzrecht, S. 140, 141; IDW, Empfehlungen zur Prüfung, S. 250, 251
480 Hess/Weiss, InsO, § 16 Rn. 6; MüKo-*Schmahl*, InsO, § 16 Rn. 6; HK-*Kirchhof*, InsO, § 16 Rn. 10
481 MüKo-*Schmahl*, InsO, § 16 Rn. 6

Finanzplanes vom Schuldner verlangt.[482] Begründet wird diese Ansicht damit, dass missbräuchlichen Anträgen von Schuldnern entgegnet werden müsse: in der Schweiz, in Österreich, in Dänemark, in Schweden und in den USA müsse der Schuldner bei einem Eigenantrag keinen Nachweis des Vorliegens eines Insolvenzgrundes erbringen. In Einzelfällen (Schweiz und USA) sei es zu Missbrauchsfällen gekommen.[483] Durch eine missbräuchliche Antragstellung des Schuldners könne in Gläubigerrechte aus Art. 14 GG eingegriffen werden.[484] Die Prüfung, ob tatsächlich ein Eröffnungsgrund vorliegt, müsse daher auch in den Fällen erfolgen, in denen der Eigenantrag des Schuldners auf drohende Zahlungsunfähigkeit i.S.d. § 18 InsO gestützt wird.[485]

Die Frage, die sich an dieser Stelle stellt, ist die, ob nicht durch diese überbordenden Vortrags- und Prüfungspflichten hinsichtlich des Vorliegens der drohenden Zahlungsunfähigkeit sowohl dem Schuldner als auch dem Insolvenzgericht Aufgaben aufoktroyiert werden, die sich im näheren Licht betrachtet als überflüssig darstellen könnten.

Die Erstellung eines Finanzplanes kostet den Schuldner je nach betriebenem Aufwand und dem Maß, wie er zur Eigenerstellung in der Lage ist, Geld, welches in einem dann auf dieser Basis zu beantragenden und ggf. zu eröffnenden Verfahren nicht mehr zur Befriedigung der Gläubiger zur Verfügung stehen kann. Die Anforderungen, die *Drukarczyk* mit der von ihm geforderten mehrwertigen Darstellung der drohenden Zahlungsunfähigkeit stellt,[486] sind sehr beratungsaufwändig und werden in ihren monetären Folgen manchen Schuldner überfordern. Ggf. könnte auch die Bezahlung der eingehenden Begutachtung des Schuldnervermögens und dessen künftiger Entwicklung im Rahmen eines Liquiditätsplans oder eines Finanzplans den Anfechtungsvorschriften unterliegen, wenn die Zahlung kurz vor der Beantragung des Insolvenzverfahrens innerhalb der nach den §§ 129 ff InsO relevanten Fristen erfolgt, kein Bargeschäft vorliegt und sich aus der Begutachtung heraus ergibt, dass bereits ein materieller Insolvenzgrund beim Schuldner eingetreten ist.

IV. Prüfungsaufwand durch das Insolvenzgericht beim Eigenantrag des Schuldners / vergleichende Betrachtung mit dem gerichtlichen Mahnverfahren

Die Vortrags- und Darlegungslast des Schuldners bei einem Eigenantrag muss auch vor dem Hintergrund des tatsächlichen Aufwandes, den ein Insolvenzgericht betreiben muss, betrachtet werden.

---

482 MüKo-*Drukarczyk*, § 18 Rn. 13
483 Uhlenbruck, Der Insolvenzgrund im Verbraucherinsolvenzverfahren, NZI 2000, S. 15, 16
484 Uhlenbruck, Der Insolvenzgrund im Verbraucherinsolvenzverfahren, NZI 2000, S. 15, 16
485 Uhlenbruck, Der Insolvenzgrund im Verbraucherinsolvenzverfahren, NZI 2000, S. 15, 16
486 MüKo-*Drukarczyk*, § 18 Rn. 25

1. Kürzung der Justizausgaben durch die Länderhaushalte

Die Justizhaushalte der Bundesländer werden nachhaltig gekürzt (z.B. wird das Bayerische Oberste Landesgericht abgeschafft[487]). Personalstellen werden abgebaut, die zur Verfügung gestellten Sachmittel werden gekürzt. Über die Privatisierung von Justizbereichen (z.B. Gerichtsvollzieher, Notariate) wird verschärft nachgedacht.[488] Gleichzeitig nimmt die Zahl der Insolvenzverfahren über die Jahre betrachtet zu. Die derzeitige wirtschaftliche Entwicklung trägt dazu bei, dass die Zahl der Insolvenzen keineswegs zurückgehen wird, sondern – auf jeden Fall bei den Privatinsolvenzen – zahlenmäßig zunehmen wird.[489]

2. Entlastung der Insolvenzgerichte durch verminderte Prüfungspflichten bei einem Eigenantrag des Schuldners, gestützt auf drohende Zahlungsunfähigkeit?

Vor diesem Hintergrund könnte es vertretbar erscheinen, eine Entlastung der Insolvenzgerichte dahingehend zu erörtern, dass diese bei einem Eigenantrag des Schuldners nicht mehr prüfen müssen, ob tatsächlich ein Insolvenzgrund vorliegt, sondern diesen bei einem Eigenantrag des Schuldners bei dem Vorliegen weiterer Voraussetzungen als gegeben annehmen. Damit wäre ggf. die Prüfung des Eröffnungsgrundes, die möglicherweise eine Bestellung eines vorläufigen Insolvenzverwalters / Gutachters voraussetzt, entbehrlich.

3. Folgerungen für den Prüfungsaufwand / Schutz der Beteiligten durch die Prüfungen des Insolvenzgerichts zum Eröffnungsgrund

Der Prüfungsaufwand eines Insolvenzgerichts würde hierdurch in jedem Fall geringer. Die Frage ist, ob zum einen der Schuldner vor einem Insolvenzverfahren, das er selbst anstrebt, geschützt werden soll, wenn die Voraussetzungen hierfür nicht vorliegen und ob ein Gläubiger bzw. die Gläubigergesamtheit durch ein – dem Grunde nach nicht berechtigtes – Insolvenzverfahren – einen Schaden erleiden kann.

---

487 Gerichtsauflösungsgesetz – BayObLGAuflG vom 25.10.2004, GVBl Bayern, S. 400

488 So z.B. der Baden-Württembergische Ministerpräsident Oettinger MdL in seiner Regierungserklärung v. 27.04.2005 recht nachdrücklich zur Frage der Privatisierung der Gerichtsvollzieher und der Notariate.

489 Lt. Statistischem Bundesamt lagen im Jahr 2004 die Unternehmensinsolvenzen 0,3 % unter den Vorjahreswerten, die Zahl der Verbraucherinsolvenzen hat um über 46 % zugenommen. Nur Online verfügbar: http://www.destatis.de/presse/deutsch/pm2005/p0960132.htm

4. Ausgestaltung des Mahnverfahrens als möglicher Ansatzpunkt für einen Vergleich der beiden Verfahren

Ein – der grundsätzlichen Problemstellung nach – vergleichbarer Schritt wurde durch das Gesetz zur Vereinfachung und Beschleunigung gerichtlicher Verfahren gemacht. Das Mahnverfahren verzichtet seit 1976[490] (Gesetz zur Vereinfachung und Beschleunigung gerichtlicher Verfahren) auf die Prüfung der Schlüssigkeit des geltend gemachten Anspruchs. Lediglich im Rahmen der EDV-unterstützten Prüfung der Kosten der Rechtsverfolgung wird noch mit Schlüssigkeiten operiert, in dem die Kosten der Rechtsverfolgung einer Schlüssigkeitsprüfung unterzogen werden.[491] Im Mahnbescheid selbst wird auf die unterlassene Schlüssigkeitsprüfung hingewiesen, § 692 Abs. 1 Nr. 2 ZPO: „Das Gericht hat nicht geprüft, ob dem Antragsteller der geltend gemachte Anspruch zusteht."

Da das Mahnverfahren im Gegensatz zum sonstigen Streitverfahren nach der ZPO sich auf die Geltendmachung eines Geldanspruches beschränkt, ergibt sich insoweit eine Vergleichbarkeit zum Insolvenzverfahren, da der Schuldner sich durch einen Antrag beim Insolvenzgericht auch auf einen inhaltlich beschränkten Verfahrensvorgang, namentlich die Eröffnung eines Insolvenzverfahrens beschränkt.

Dies könnte entsprechend auf das Insolvenzverfahren übertragen werden, in dem der Schuldner lediglich die Eröffnung eines Insolvenzverfahrens ohne Angabe von Gründen beantragt. Eine Schlüssigkeitsprüfung könnte folglich entfallen.

Diese These soll im Folgenden einer Überprüfung unterzogen werden.

5. Parallele zwischen dem Insolvenzeröffnungsverfahren und dem Mahnverfahren?

Zwischen dem Insolvenzeröffnungsverfahren und dem summarischen Mahnverfahren eine Parallele zu ziehen, scheint zunächst nicht wirklich zu überzeugen. Denn beide Verfahren zielen auf unterschiedliche Aufgaben. Während das Mahnverfahren auf die Produktion eines Titels zielt,[492] soll im Insolvenzeröffnungsverfahren allein eine Statusentscheidung gefällt werden, aufgrund derer der Schuldner einer allseitigen Haftung unterworfen wird.[493] Dies macht aber zugleich deutlich, dass im Mahnverfahren wesentlich „mehr" bewirkt wird, als mit dem Erlass des Eröffnungsbeschlusses. Denn anders als der Eröffnungsbeschluss tritt der Mahn- bzw. Vollstreckungsbescheid an die Stelle eines streitentscheidenden Urteils.[494]

---

490 BGBl. I S. 3281 ff

491 Im Rahmen der maschinellen Erstellung der Mahnbescheide werden die geltend gemachten Rechtsverfolgungskosten hinsichtlich der Höhe mit der geltend gemachten Forderung verglichen. Wenn die Kosten der Rechtsverfolgung weit über die Gebühren nach dem Rechtsanwaltsvergütungsgesetz liegen, dann erfolgt automatisiert ein entsprechender Hinweis.

492 Vgl. § 794 Abs. 1 Nr. 4 ZPO

493 Hierzu ausführlich: Hess/Kranemann/Pink, InsO '99, Rn. 301 ff

494 Braun, Rechtskraft, S. 69; MüKo-*Braun*, ZPO, § 585 Rn. 10 m.w.N.

Anders als der Prozessgegner, der im Mahnverfahren ggf. durch Erlass eines Vollstreckungsbescheides der Zwangsvollstreckung ausgesetzt wird, wird die Rechtsstellung der Gläubiger nach Erlass eines Eröffnungsbeschlusses nur insoweit beeinträchtigt, wie dies zum Schutz der Gläubigergemeinschaft vor benachteiligenden Handlungen erforderlich ist, vgl. §§ 129 ff InsO.[495] Die Anfechtungstatbestände gelten jedoch (von Ausnahmen abgesehen) nur bei einem materiellen Eröffnungsgrund, nicht jedoch bei lediglich vorliegender drohender Zahlungsunfähigkeit (siehe hierzu auch unter W.).

Allerdings betrifft die Eröffnung des Insolvenzverfahrens über das Vermögen eines Schuldners die Rechtstellung seiner Partner im Rechtsverkehr in vielfältiger sonstiger Weise. Der Schuldner verliert die Bindung an den Erfüllungszwang aus beiderseits noch nicht erfüllten Verträgen, bestimmte Dauerschuldverhältnisse, namentlich Arbeitsverträge, können leichter als außerhalb des Insolvenzverfahrens gelöst werden und mit der Verwertung von Sicherungsgut im Insolvenzverfahren kann, ohne dass Vorfälligkeitsentschädigungen durchsetzbar wären, in laufende Darlehensbeziehungen des Schuldners zu seinen Kreditgebern eingegriffen werden. Dies wird noch ausführlicher zu beleuchten sein (siehe unter O. und P.).

All diese Maßnahmen aber unterstehen im eröffneten Insolvenzverfahren dem Regime der Gläubiger.[496] Den materiellen Eingriffsmöglichkeiten steht die Herrschaft der Gläubiger im Insolvenzverfahren gegenüber.[497] Aus dem Gedanken eines Gläubigerschutzes lässt sich daher abstrakt das Erfordernis eines schlüssigen Vortrages drohender Zahlungsunfähigkeit nicht ableiten.

V. Zwischenergebnis zu den vorzulegenden Unterlagen

Eine ausdrückliche Regelung welche Unterlagen bei einem Eigenantrag des Schuldners gestützt auf drohende Zahlungsunfähigkeit vorzulegen sind, findet sich im Gesetz nicht (siehe unter K. II. 18.).

Vielmehr ist, da eine entsprechende Regelung nicht in der InsO getroffen wurde, davon auszugehen, dass der Gesetzgeber den Schuldner grundsätzlich von der Vorlage von Unterlagen befreien wollte. Dies ergibt sich zum einen daraus, dass auch der Gesetzgeber selbst im RegE, der bereits oben dargestellt wurde, lediglich vorsieht, dass der Insolvenzrichter vom Schuldner die Vorlage geeigneter Unterlagen verlangen kann.[498]

Zum anderen ergibt sich dies auch daraus, dass beim Eigenantrag, gestützt auf den Insolvenzgrund der drohenden Zahlungsunfähigkeit nach § 18 InsO eine Glaub-

495 Hess/Kranemann/Pink, InsO '99, Rn. 61 f
496 Pape/Uhlenbruck, Insolvenzrecht, Rn. 128, 129
497 Pape/Uhlenbruck, Insolvenzrecht, Rn. 128, 129
498 RegE, abgedruckt in Kübler/Prütting, Insolvenzrecht, S. 178

haftmachung des Insolvenzgrundes gerade nicht verlangt wird.[499] Vorschriften, die eine entsprechende Glaubhaftmachung von Voraussetzungen verlangen, finden sich in der InsO, insbesondere auch im Rahmen des § 212 InsO, wonach eine Einstellung des Verfahrens möglich ist, wenn der Schuldner glaubhaft macht, dass kein Eröffnungsgrund mehr vorliegt und der Eröffnungsgrund dauerhaft beseitigt ist.[500] Der Gesetzgeber hat somit Situationen erkannt und gesetzliche Reaktionen hierauf festgelegt, in denen eine Glaubhaftmachung auch durch den Schuldner vorzunehmen ist, bei § 18 InsO hat er dieses jedoch ausdrücklich nicht gefordert. Eine bewusste Regelungslücke liegt hier demnach nicht vor.

Auch diese Erörterung hat keine Ergebnisse dazu gebracht, was der Schuldner bei Antragstellung tatsächlich vortragen muss.

Nachfolgend werden daher Überlegungen zum Prüfungsumfang des Gerichts zum Vorliegen eines Konkurs-/Insolvenzgrundes angestellt.

L. Überlegungen zum Prüfungsumfang durch das durch das Insolvenzgericht zum Insolvenzgrund / Eröffnungsgrund

I. Vorbemerkung

Ein Insolvenzverfahren beginnt mit einem Antrag des Schuldners oder eines Gläubigers, § 13 InsO. Dies gilt auch im Grundsatz für das Verbraucherinsolvenzverfahren, das jedoch speziellen Regeln unterfällt, die aber für die vorliegende Darstellung ausgeblendet werden sollen.

Der Antrag auf Eröffnung des Insolvenzverfahrens leitet das Eröffnungsverfahren (§§ 11 ff InsO) ein. Das Gericht prüft im Eröffnungsverfahren u.a. ob genügend Masse vorhanden ist, um die Verfahrenskosten zu decken, § 26 InsO[501] und ggf. – dies wäre noch zu klären – ob ein Eröffnungsgrund vorliegt. Die weiter bestehende Möglichkeit der Verfahrenskostenstundung nach § 4a InsO kann für die vorliegende Betrachtung ausgeblendet werden, da vorliegend die lediglich drohende Zahlungsunfähigkeit untersucht werden soll und insoweit die Voraussetzungen des § 4a InsO nicht vorliegen können.

Vorstehend (siehe unter B. III.) wurde dargestellt, dass die Prüfung des Vorliegens eines Insolvenzgrundes beim Antrag eines Gläubigers auf jeden Fall erfolgen muss, anders könnte es sich bei einem Eigenantrag des Schuldners verhalten.

Festzuhalten ist vorab, dass das Gericht zunächst die Zulassung des Insolvenzantrages zu prüfen hat. Mit der sich hieran anknüpfenden abschließenden Entscheidung

499 Hintzen, Insolvenzantrag, S. 18
500 OLG Celle, ZInsO 2001, 558, 559
501 MüKo-*Haarmeyer*, InsO, § 26 Rn. 14

des Insolvenzgerichts endet das Eröffnungsverfahren. Entweder das Gericht eröffnet das Verfahren oder es weist den Antrag mangels Masse oder ggf. mangels des Vorliegens der sonstigen ggf. zu prüfenden Voraussetzungen ab.

In den §§ 20 ff InsO sieht die Insolvenzordnung ein Eröffnungsverfahren vor, welches aufgrund eines zulässigen Insolvenzantrages beginnt, sofern keine sofortige Entscheidung über die Verfahrenseröffnung erfolgt, weil die Feststellung des Eröffnungsgrundes und der Kostendeckung Zeit braucht.

II. Amtsermittlungspflicht für das Insolvenzgericht, § 5 InsO

1. Vorbemerkung

Zu unterscheiden ist zunächst, wer die Sammlung und Beibringung des Tatsachenstoffes für das Verfahren zu erbringen hat. Zu unterscheiden ist hierbei zwischen der Dispositionsmaxime und dem Untersuchungsgrundsatz/Amtsermittlungsgrundsatz.

Verhandlungsmaxime bedeutet, dass es Aufgabe der jeweiligen Parteien ist, den Tatsachenstoff in ein Verfahren einzuführen (Beibringungsgrundsatz); den Gegensatz zur Verhandlungsmaxime bildet die Inquisitionsmaxime (Untersuchungsmaxime/Amtsermittlungsgrundsatz).[502]

Es scheint, dass das Insolvenzverfahren nach der InsO zunächst im Hinblick auf die Subsidiaritätsregelung des § 4 InsO, der auf die Bestimmungen der Zivilprozessordnung verweist, grundsätzlich den Verfahren der so genannten streitigen Gerichtsbarkeit zugeordnet ist. § 4 InsO enthält eine Regelung, die der des bisherigen Rechts entspricht.[503] Auch nach dem bisherigen Recht war eine Subsidiaritätsregelung gegeben, so § 72 KO für die Konkursordnung und §§ 1 Abs. 3, 115 VglO für die Vergleichsordnung. Die Gesamtvollstreckungsordnung hatte in § 1 Abs. 3 GesO eine dem bisherigen und auch dem nunmehr geltenden Recht entsprechende Regelung getroffen.

Auch § 5 InsO hat die §§ 75 KO und § 116 VglO sowie § 2 Abs. 2 Satz 2 und 3 GesO zum Vorbild; auf das vormals geltende Recht verweist der Gesetzgeber ausdrücklich.[504]

2. Regelung der allgemeinen Verfahrensgrundsätze durch die InsO?

Eine präzise Regelung der allgemeinen Verfahrensgrundsätze ist jedoch in den Vorschriften der InsO nicht enthalten. § 5 InsO bestimmt lediglich, dass alle Umstände,

502 Prütting, Verfahrensgrundsätze, Rn. 43; Jauernig, Zivilprozessrecht, § 28 III.
503 Smid-*Smid*, InsO, § 4 Rn. 1; MüKo-*Ganter*, InsO, § 4 Rn. 1; HK-*Kirchhof*, InsO, § 4 Rn. 1; Braun-*Kießner*, InsO, § 4 Rn. 1; Jaeger-*Gerhardt*, InsO, § 4 Rn. 1
504 RegE, abgedruckt in Kübler/Prütting, Insolvenzrecht, S. 157

die das Verfahren betreffen, von Amts wegen zu ermitteln sind; § 4 InsO stellt nach Ansicht des Gesetzgebers klar, dass subsidiär zivilprozessuale Grundsätze heranzuziehen sind.[505]

Im Folgenden soll daher zunächst dargestellt werden, in welchem Stadium des Insolvenzverfahrens und bei welchen Feststellungen des Insolvenzgerichtes der Amtsermittlungsgrundsatz bzw. die zivilprozessuale Dispositionsmaxime greifen.

3. Grundsätzliche Geltung des Amtsermittlungsgrundsatzes im Eröffnungsstadium des Verfahrens beim Konkurs-, Vergleichsantrag

Der Gesetzgeber hat seit Bestehen der Konkursordnung dieses Verfahren in Anlehnung an die zur Zivilprozessordnung getroffenen Regelungen ausgestaltet, § 72 KO, § 115 VglO, § 1 Abs. 3 GesO und nach neuem Recht § 4 InsO. § 4 InsO ist somit keine Neukodifikation, sondern greift bereits Bekanntes auf. Der Gesetzgeber geht selbst in der Begründung zu § 4 InsO davon aus, dass er nur bereits das überkommene Recht übernimmt.[506]

Das Insolvenzverfahren und auch das Konkursverfahren nach bisherigem Recht sind mit einem Verfahren nach der ZPO nur bedingt vergleichbar. Insbesondere das Amtsermittlungsverfahren nach § 5 InsO, bzw. nach altem Recht § 75 KO, § 116 VglO ist dem Verfahren nach der ZPO grundsätzlich fremd.[507] Gleichwohl sollen subsidiär die Vorschriften des ZPO-Verfahrens im Insolvenzverfahren gelten. Dies scheint zunächst ein Widerspruch zu sein. Diesen Widerspruch gilt es näher zu betrachten.

4. Hierzu vertretene Ansichten

Ein Großteil der insolvenzrechtlichen Literatur ist der Ansicht, dass sich das Insolvenzrecht dem großen Bereich der streitigen Gerichtsbarkeit zuordnen lässt.[508] Es wird jedoch gleichzeitig darauf hingewiesen, dass es bei einer Einordnung innerhalb des streitigen Verfahrens gegenüber dem Erkenntnis- und Vollstreckungsverfahren auch zu viele Besonderheiten aufweist, als dass man zivilprozessuale Grundsätze pauschal übernehmen könne.[509] Gleichzeitig wird auch gesehen, dass der Charakter des Insolvenzverfahrens, insoweit in Unterscheidung zum zivilpro-

---

505 RegE, abgedruckt in Kübler/Prütting, Insolvenzrecht S. 157 mit einem Verweis auf § 72 KO, § 115 VglO und § 1 Abs. 3 VglO

506 RegE, abgedruckt in Kübler/Prütting, Insolvenzrecht, S. 157

507 Lediglich § 616 ZPO weicht im Scheidungsverfahren von den Grundsätzen der Dispositionsmaxime der ZPO ab und weitet die möglichen Untersuchungsmöglichkeiten für das erkennende Gericht aus.

508 Kübler/Prütting-*Prütting*, Kommentar zur InsO, § 5 Rn. 4; Hess/Weis/Wienberg, InsO, vor § 2 Rn. 8 ff; Uhlenbruck-*Uhlenbruck*, InsO, § 4 Rn. 1; etwas differenzierter Nerlich/Römermann-*Becker*, InsO, § 4 Rn. 28

509 Kübler/Prütting-*Prütting*, Kommentar zur InsO, § 5 Rn. 4

zessualen Verfahren, auch durch Elemente der Aufsicht und der Fürsorge mitgeprägt ist.[510]

5. Ansicht von *Smid*

Differenzierter wird die Einordnung von *Smid* vorgenommen.

Nach *Smid* handelt es sich bei dem Insolvenzverfahren um ein nichtstreitiges Verfahren; nach *Smid* sind die Vorschriften der ZPO soweit bei der Bestimmung des Verfahrens im Rahmen der Insolvenz anzuwenden, wie sie in ein rechtsfürsorgerisches Verfahren passen.[511] Der Ansicht von *Smid* folgt auch das Bundesverfassungsgericht in der sog. „Verwalterauswahlentscheidung" v. 03.08.2004 und stellt fest, dass ein Insolvenzgericht im Eröffnungsverfahren nicht in einer für Zivilgerichte typischen Funktion als Instanz der unbeteiligten Streitentscheidung, sondern administrativ handelt.[512] Auch der BGH unterstellt, dass es sich bei den Entscheidungen des Insolvenzgerichts, zumindest im Eröffnungsverfahren, um typische Handlungen der vollziehenden Gewalt handelt, die der Gesetzgeber lediglich aus rechtsstaatlichen Gründen nicht der Exekutive überlassen hat.[513]

Wie im Folgenden noch darzustellen sein wird, hätte jedoch auch ein streitiges Verfahren nach ZPO-Maßstäben einen gewissen rechtsfürsorgerischen Charakter, sodass die Entscheidung, ob es sich bei dem Insolvenzverfahren um ein Verfahren der streitigen oder nichtstreitigen Gerichtsbarkeit handelt, für die Beurteilung der Antragstellung möglicherweise dahingestellt bleiben kann.

Zumindest lässt sich an dieser Stelle festhalten, dass das Insolvenzverfahren einem FGG-Verfahren vergleichbare Elemente in sich trägt, da § 75 KO bzw. § 5 InsO nach neuem Recht mit dem Amtsermittlungsgrundsatz für das Insolvenzgericht eine Regelung trifft bzw. getroffen hat, die einem streitigen Verfahren fremd ist.[514]

6. Betreibung der Eröffnung eines Insolvenzverfahrens und Fortführung des Verfahrens nur auf entsprechenden Antrag / durch entsprechende Handlung

Nicht nur bei der Einleitung eines Insolvenzverfahrens, sondern bei der Einleitung eines jedweden gerichtlichen Verfahrens stellt sich die Frage, wer und auf welche Weise die Verfahrenseinleitung veranlassen und wer und auf welche Weise das Verfahren weiter betreiben darf.

510 Kübler/Prütting-*Prütting*, Kommentar zur InsO, § 5 Rn. 46
511 Smid-*Smid*, InsO, § 4 Rn. 4
512 BVerfG in ZIP 2004, 1649
513 BGH in ZIP 2004, 915
514 Smid-*Smid*, InsO, § 5 Rn. 6

Wenn es alleine die Angelegenheit der das Verfahren betreibenden Parteien ist, ein Verfahren durch einen entsprechenden Antrag einzuleiten und über den jeweiligen Verfahrensgegenstand zu bestimmen und auch dementsprechend das Verfahren durch einen übereinstimmenden Willensakt zu beenden, so unterliegt dieses Verfahren der Dispositionsmaxime.[515] Ein Gegenstück hierzu stellt das Offizialprinzip dar: Hier unterliegt weder der Verfahrensgegenstand, noch die Verfahreneinleitung, noch die Verfahrensbeendigung der Disposition der Parteien. Die typischen Ausprägungen des Offizialprinzips findet man nahezu durchgängig im Rahmen des Strafprozessrechtes[516] und auch zumindest in Ausprägungen im Rahmen des Rechts der freiwilligen Gerichtsbarkeit.[517]

Die Einleitung des Insolvenzverfahrens erfordert einen Antrag; vorher wird das Insolvenzgericht nicht tätig, § 13 Abs. 1 InsO.[518] Der Antrag auf Eröffnung des Verfahrens in der Einleitungsphase des Verfahrens kann zurückgenommen werden, solange das Insolvenzverfahren noch nicht eröffnet ist bzw. der Antrag auf Eröffnung noch nicht rechtskräftig zurückgewiesen wurde, § 13 Abs. 2 InsO.[519]

Bis zu diesem Zeitpunkt gilt daher auch im Insolvenzverfahren hinsichtlich der Antragstellung die Dispositionsmaxime, ungeachtet welcher der oben dargestellten Theorien zur verfahrensrechtlichen Einordnung des Insolvenzverfahrens man den Vorzug gibt, da der Antragsteller insoweit im Grundsatz den Gegenstand des Verfahrens, d.h. die entscheidende Frage, ob ein Verfahren überhaupt betrieben wird, bestimmt.

III. Prüfung der Antragsberechtigung / des Eröffnungsgrundes

Antragsberechtigt waren nach § 103 Abs. 2 KO und sind auch nach neuem Recht nach § 13 Abs. 1 Satz 2 InsO der Schuldner und die Gläubiger. Nach § 2 Abs. 2 S. 2 VglO war nur der Schuldner zum Eröffnungsantrag eines Vergleichsverfahrens berechtigt, wie heute bei § 18 Abs. 2 InsO. Dies wird ebenfalls noch zu untersuchen sein.

1. Gläubigerantrag nach bisherigem Recht

Der von einem Gläubiger gestellte Antrag auf Eröffnung des Insolvenzverfahrens erforderte eine Vorprüfung der Zulässigkeit des Antrags.[520] Der Antrag des Gläubi-

515 Jauernig, Zivilprozessrecht, § 24 III.
516 Karlsruher Kommentar, StPO, Vorbem. I zu § 244
517 Bumiller/Winkler, FGG, § 12 Anm. 1
518 Smid-*Smid*, InsO, § 13 Rn. 1; Uhlenbruck-*Hirte/Uhlenbruck*, InsO, § 13 Rn. 1; Braun-*Kind*, InsO, § 13 Rn. 1; HK-*Kirchhof*, InsO, § 13 Rn. 1; MüKo-*Schmahl*, InsO, § 13 Rn. 3
519 Smid-*Smid*, InsO, § 13 Rn. 1; Uhlenbruck-*Hirte/Uhlenbruck*, InsO, § 13 Rn. 1; Braun-*Kind*, InsO, § 13 Rn. 1; HK-*Kirchhof*, InsO, § 13 Rn. 1; MüKo-*Schmahl*, InsO, § 13 Rn. 3
520 Hess, KO, § 105 Rn. 1

gers war nur zuzulassen, wenn der Gläubiger sowohl seine dem Konkursantrag zugrunde liegende Forderung als auch den Konkursgrund, Zahlungsunfähigkeit oder Überschuldung, vgl. § 102 KO, glaubhaft machte, § 105 KO.[521]

2. Grundsätze zur Glaubhaftmachung der Konkursgründe

a) Mittel der Glaubhaftmachung

Gemäß § 72 KO fanden die Vorschriften der ZPO auf das Konkursverfahren entsprechende Anwendung, soweit in der Konkursordnung selbst keine andere Regelung getroffen wurde. Die Glaubhaftmachung einer tatsächlichen Behauptung bestimmte sich somit nach § 294 ZPO.[522] Der Gläubiger konnte sich somit bei der Eröffnung des Konkursverfahrens sämtlicher präsenter Beweismittel bedienen und auch zur Versicherung an Eides Statt zugelassen werden.[523] Die Glaubhaftmachung erstreckte sich, wie oben bereits erwähnt, auf die Gläubigerforderung und auch auf die Antragsberechtigung. Nur die in § 103 Abs. 2 KO genannten Gläubiger, d.h. diejenigen i.S.d. § 59 Abs. 1 Nr. 3 KO, hatten eine solche Konkursforderung.

In dem vorgenannten Sinne glaubhaft gemacht werden musste auch die Tatsache, dass die so geltend gemachte Forderung auch gegenüber dem Antragsgegner besteht. Dies bedeutete allerdings nicht, dass die Antragslegitimation des Gläubigers i.S.d § 103 Abs. 2 KO nachzuweisen war, weil ansonsten die Glaubhaftmachung nach § 105 Abs. 1 KO i.V.m. § 294 ZPO in den meisten Fällen unterlaufen worden wäre, da insoweit strengere Anforderungen gestellt würden.[524] Vielmehr genügte es, wenn glaubhaft gemacht wurde, dass die Forderung gegenüber dem Antragsgegner im Konkursverfahren und auch eine Antragslegitimation des betreibenden Gläubigers in dem vorgenannten Sinne bestehen. Der Gläubiger musste somit seine Forderung und den Konkursgrund glaubhaft machen.[525]

Mittel, mit denen eine Forderung nach überkommenem Recht glaubhaft gemacht werden konnte, waren z. B. Buchungsbelege, Schuldscheine, Wechsel, Urteile, Rechnungen über Warenlieferungen und sonstige Unterlagen, aus denen sich für die geltend gemachte Forderung der Entstehungsgrund ergab.[526] Ebenfalls zur Glaubhaftmachung war die eidesstattliche Versicherung zugelassen, wobei darauf hinzuweisen ist, dass es sich hierbei um die schwächste Form der Glaubhaftmachung handelt.[527]

Es genügte allerdings zur Glaubhaftmachung in dem vorgenannten Sinne die überwiegende Wahrscheinlichkeit, dass die geltend gemachte Behauptung zutrifft; dies

---

521 Vgl. OLG Köln in ZIP 1988, 664; Hess, KO, § 105 Rn. 11 m.w.N.
522 Kuhn/Uhlenbruck, KO, § 72 Rn. 3 d
523 So auch Uhlenbruck, anwaltliche Beratung, S. 59
524 So auch Uhlenbruck, anwaltliche Beratung, S. 59
525 Kuhn/Uhlenbruck, KO § 105 Rn. 1, 3 a
526 Kuhn/Uhlenbruck, KO § 105 Rn. 3 a
527 Kuhn/Uhlenbruck, KO § 105 Rn. 3 a

wurde angenommen, wenn der Schuldner eine eidesstattliche Versicherung hierzu abgegeben hatte.

b) *Rechtliche Folge der unzureichenden Glaubhaftmachung*

Fehlte es an der Glaubhaftmachung der Forderung oder des Konkursgrundes durch den Gläubiger, so war der Antrag als unzulässig abzuweisen. Das Gericht hatte in diesen Fällen bei einem Gläubigerantrag nicht etwa gemäß § 75 KO von Amts wegen zu ermitteln, ob der Konkursgrund vorlag.[528]

c) *Glaubhaftmachung des eigentlichen Konkursgrundes*

(1) Glaubhaftmachung der Zahlungsunfähigkeit

Zur Definition der Zahlungsunfähigkeit i.S.d. KO kann auf die obigen Ausführungen verwiesen werden (siehe unter F. II). Zusammenfassend ist festzustellen, dass Zahlungsunfähigkeit im Sinne der KO das auf einem Mangel an flüssigen Zahlungsmitteln beruhende dauernde Unvermögen des Schuldners gewesen ist, seine sofort zu erfüllenden und ernstlich angemahnten Geldschulden noch im Wesentlichen zu berichtigen. Wie bereits oben dargestellt wurde, konnte sich der Antragsteller nach § 294 ZPO sämtlicher präsenter Beweismittel zur Glaubhaftmachung bedienen (siehe unter L. III.).

Beispielsweise reichte zur Glaubhaftmachung des Konkursgrundes der Zahlungsunfähigkeit aus, wenn eine Bescheinigung des Gerichtsvollziehers oder Vollstreckungsbeamten vorgelegt wurde, mit dem Inhalt, dass der Schuldner keine pfändbaren, interventionsfreien beweglichen Sachen besitzt, d.h. eine so genannte Fruchtlosigkeitsbescheinigung gemäß § 63 GVGA.[529]

Vielfach wurde von den Konkursgerichten ein Fruchtlosigkeitsattest zur Glaubhaftmachung verlangt, das nicht älter als 6 Monate war.[530] Diese Frist war allerdings angesichts der oft langen Vollstreckungsdauer als zu kurz bemessen, sodass mit *Kuhn/Uhlenbruck* wohl eher eine Ausdehnung dieser Frist auf 12 Monate anzunehmen war.[531]

(2) Offenbarungsversicherung des Schuldners als Mittel der Glaubhaftmachung

Soweit der Antragsgegner eine eidesstattliche Versicherung nach den §§ 899 ff. ZPO abgegeben hatte oder eine fruchtlose Pfändung im Laufe des letzten Jahres vor der Konkursantragsstellung erfolgte, so war grundsätzlich das Vorliegen eines Insolvenzgrundes indiziert. Diese Vorgänge waren damit als taugliches Mittel zur Glaubhaftmachung zuzulassen.[532] Allerdings musste der Antrag stellende Gläubiger von

---

528 Vgl. Jaeger/Weber, § 105 KO Rn. 1
529 Kuhn/Uhlenbruck, KO, § 105 Rn. 3 d
530 Kuhn/Uhlenbruck, KO, § 105 Rn. 3 d
531 Kuhn/Uhlenbruck, KO, § 105 Rn. 3 d
532 So auch Uhlenbruck, anwaltliche Beratung, S. 63

sich aus die entsprechenden Protokolle bzw. das Vermögensverzeichnis des Schuldners vorlegen. Sofern hier der betreibende Gläubiger alleine das entsprechende Aktenzeichen angab, genügte er seiner Pflicht zur Glaubhaftmachung nicht.[533]

(3) präsente Beweismittel

Eine Beweisaufnahme, die nicht sofort erfolgen konnte, war im Rahmen der Konkurseröffnung nach § 105 Abs. 1 KO unstatthaft, §§ 72 KO, § 294 Abs. 2 ZPO. Dies ergab sich auch aus dem Umstand, dass das Konkursverfahren ein Eilverfahren war. Das Konkursgericht selbst war nicht berechtigt, Beweise zu erheben. Daher waren auch nur präsente Beweismittel bei der Eröffnung des Konkursverfahrens zulässig. Bezugnahmen auf Beweismittel alleine reichten nicht aus.[534]

(4) Isoliertes Vorliegen einer Forderung

Eine Ausnahme hierbei galt allerdings dann, wenn die dem Insolvenzantrag zugrunde liegende Forderung die einzige war, die für den Fall ihres Bestehens den Konkursgrund ergeben würde, und diese Forderung vom Schuldner bestritten wurde.[535]

Sollte die Zahlungsunfähigkeit nur in dem Fall bewiesen werden, in dem die Forderung des Antragstellers bewiesen wurde, so war der Insolvenzantrag des Antragstellers zurückzuweisen und dieser auf den ordentlichen Rechtsweg zur Durchsetzung seiner Forderung zu verweisen.[536]

(5) Bestreiten der Zahlungsunfähigkeit durch den Schuldner

Bestritt der Schuldner bei Antrag eines Gläubigers seine Zahlungsunfähigkeit, so konnte die notwendige richterliche Überzeugung es läge ein Insolvenzgrund vor, der die Eröffnung des Insolvenzverfahrens rechtfertige, nur durch Verschaffung einer vollständigen und geordneten Vermögensübersicht erfolgen.[537]

Gemeinhin konnte der Richter insoweit auf die Beiziehung eines betriebswirtschaftlich geschulten Sachverständigen nicht verzichten,[538] da der Schuldner diese Auskünfte nicht geeignet aufbereitet erbringen konnte, wenn er nicht durch geeignete Personen wie Steuerberater, Wirtschaftsprüfer oder Rechtsanwälte im Insolvenzverfahren und bereits zuvor bei der Antragstellung beraten wurde. Auch in diesen Fällen konnte es sich jedoch oder auch gerade aus dem Grund, dass der Schuldner entsprechend beraten worden ist, für das Gericht anbieten, einen Sach-

---

533 So auch Uhlenbruck, anwaltliche Beratung, S. 63
534 So auch Uhlenbruck, anwaltliche Beratung, S. 64 m.w.N.
535 OLG Frankfurt in KTS 1973, 140; OLG Köln in ZIP 1988, 664, 665; Jaeger-*Weber*, KO, § 105 Rn. 2; Schmidt, Insolvenzgesetze, § 105 KO Anm. 2; Kuhn/Uhlenbruck, KO, § 105 Rn. 3 f
536 OLG Frankfurt in KTS 1973, 140; OLG Köln in ZIP 1988, 664, 665; Jaeger/*Weber*, KO, § 105 Rn. 2; Kilger/Schmidt, KO, § 105 Anm. 2; Kuhn/Uhlenbruck, KO, § 105 Rn. 3 f
537 Gottwald-Uhlenbruck, § 9 Rn. 12
538 BGH in KTS 1957, 12

verständigen zu beauftragen. Dies galt auch, wenn der Schuldner keine Erklärung zum Eröffnungsgrund abgegeben hatte oder das Vorliegen eines Eröffnungsgrundes bestritten hatte.

d) Glaubhaftmachung der Überschuldung

Zur Definition der Überschuldung kann auf obige Ausführungen (siehe unter F. II.) verwiesen werden, wobei zusammenfassend festzustellen ist, dass nach den gesetzlichen Vorschriften für Kapitalgesellschaften (§ 130 a HGB, § 64 GmbHG, § 92 AktG) Überschuldung vorlag, wenn das Vermögen der Gesellschaft die Schulden nicht mehr deckte.

Die Überschuldung i.S.d. KO ergab sich regelmäßig nur aus dem gesamten Rechnungswerk des Unternehmens des Schuldners.[539] Da in den meisten Fällen der Gläubiger nur einen marginalen Einblick in die Vermögensverhältnisse, wenn er überhaupt einen solchen bekommen konnte, hatte, war der Konkursgrund der Überschuldung für den Gläubigerantrag in den meisten Fällen vollkommen bedeutungslos.[540]

Soweit es sich allerdings um eine Gesellschaft (oder einen Nachlass o.ä.) handelt, bei dem die Überschuldung ein Insolvenzgrund ist, hatte das Gericht, selbst in den Fällen, in denen durch den Gläubiger die Zahlungsunfähigkeit glaubhaft gemacht wurde, die von Amts wegen zu erfolgenden Ermittlungen auch auf den Insolvenzgrund der Überschuldung auszudehnen, § 75 KO.

Durchaus möglich war daher in solchen Fällen, dass ein auf den Konkursgrund der Zahlungsunfähigkeit gestützter Antrag auf Eröffnung des Insolvenzverfahrens auch zu einer Konkurseröffnung wegen Überschuldung führte.[541]

Dies schließt auch das neue Recht nicht aus, wie u.a. die Entscheidung des AG Duisburg zu Babcock-Borsig zeigt. Obwohl im Eigenantrag der Insolvenzgrund der drohenden Zahlungsunfähigkeit genannt wurde, hat das Gericht aufgrund seiner Ermittlungen festgestellt, dass die Gesellschaft überschuldet war.[542] Dies wurde vom Gericht offenkundig gesehen, gleichwohl wurde die Eigenverwaltung trotz entgegenstehender Auffassung des Gerichts angeordnet, da eine faktische Präjudizierung durch den Ministerpräsidenten des Landes NRW Clement erfolgt sei, da dieser in der Presse ein „eigenverantwortliches" Insolvenzverfahren für die Schuldnerin gefordert habe.[543]

---

539 So auch Uhlenbruck, anwaltliche Beratung, S. 67 m.w.N.

540 So Kuhn/Uhlenbruck, KO § 105 Rn. 3d mit dem Hinweis, dass es hierzu regelmäßig ausreiche, wenn der Buchhalter des Schuldnerunternehmens an Eides Statt versichert, dass die Gesellschaft überschuldet ist. Offengelassen wird, warum der Buchhalter des Schuldnerunternehmens dies bei einem Gläubigerantrag tun soll.

541 So auch Uhlenbruck, anwaltliche Beratung, S. 67 m.w.N.

542 AG Duisburg in ZIP 2002, 1636 f

543 AG Duisburg in ZIP 2002, 1636 f = DZWIR 2002, 522; kritisch hierzu Smid, Eigenverwaltung, DZWIR 2002, 493 ff

IV. Schuldnerantrag nach altem Recht

1. vereinfachtes Zulassungsverfahren

Wenn ein Schuldner einen Konkursantrag stellte, so musste er, anders als der Gläubiger, der einen Konkursantrag stellte, das Vorliegen eines Insolvenzgrundes nicht glaubhaft machen.[544] Eine Prüfung der Zulässigkeit des Antrags des Schuldners fand nicht statt, arg. e. § 105 KO. Vom Gesetz selbst wurde davon ausgegangen, dass sich niemand ohne Grund in die Rolle eines Gemeinschuldners begibt.[545]

Das Gesetz sah allerdings in den Fällen eine Glaubhaftmachung vor, in denen der Schuldner als Antragssteller für ein Sondervermögen tätig wird und andere Antragsberechtigte vorhanden sind, beispielsweise in den Fällen der §§ 217 Abs. 2, 218 Abs. 2, 236 Abs. 3, 208 Abs. 2, 210 Abs. 2 KO; § 63 Abs. 2 GmbHG, § 100 Abs. 2 GenG. Wenn der Antrag in diesen Fällen nicht von allen Berechtigten gestellt wurde, so war die Zahlungsunfähigkeit oder die Überschuldung mit den Mitteln des § 294 ZPO glaubhaft zu machen. Zur Darstellung der dabei in Frage kommenden Beweismittel kann auf die obigen Ausführungen beim Gläubigerantrag verwiesen werden.

Gegen eine missbräuchliche Antragsstellung hatte der Gesetzgeber eine weitere Sicherung dadurch geschaffen, dass er das Gericht verpflichtete, Miterben, Mitvorstandsmitglieder, Mitgeschäftsführer oder Mitliquidatoren anzuhören, §§ 208 Abs. 2 Satz 2, 210 Abs. 3 Satz 1, 217 Abs. 2 Satz 2, 236 Abs. 3 Satz 3 KO, § 100 Abs. 2 GenG, § 63 Abs. 2 GmbHG. Ausdrückliche Vorsorge für einen „gläubigerschädigenden" Eigenantrag des Schuldners hatte der Gesetzgeber zur KO nicht getroffen.

2. Dem Antrag beizufügende Unterlagen

Der Gemeinschuldner, der die Eröffnung des Konkursverfahrens beantragte, musste gemäß § 104 KO ein Verzeichnis der Gläubiger und Schuldner sowie eine Übersicht der Vermögensmasse bei Stellung des Antrags einreichen[546] oder, wenn dies nicht tunlich war, ohne schuldhaftes Zögern nachliefern.[547]

a) *Übersicht über die Vermögensmasse*

Gemäß § 104 KO musste der Schuldner, der den Antrag auf Eröffnung des Konkursverfahrens stellte, nur eine Übersicht über die Vermögensmasse einreichen. Diese statusartige Übersicht musste so beschaffen sein, dass sie einen vollständigen Überblick über die Vermögenslage des Schuldners gewährte. Die Konkursordnung als solche enthielt keine weiteren Angaben, wie diese Übersicht auszusehen hatte.

---

544 Hess, KO, § 104 Rn. 1; Kuhn/Uhlenbruck, KO, § 104 Rn. 1
545 Baur/Stürner, Insolvenzrecht, Rn. 7.14; Scholz/Schmidt, GmbHG, § 63 Anm. 2; so schon Jaeger, KO 1936, § 102 Anm. 5
546 Hess, KO, § 104 Rn. 4
547 Hess, KO, § 104 Rn. 4

Die Zahlungsunfähigkeit ließ sich jedoch nicht alleine aus der Vermögensübersicht ableiten.[548]

Die gesetzliche Regelung war ebenso wie diejenige, die vom Gesetzgeber in § 5 VglO getroffen wurde, wenn man eine Prüfungspflicht des Konkursgerichtes betreffend den Konkursgrund unterstellt, unzulänglich: eine vom Antragssteller behauptete Zahlungsunfähigkeit konnte mit Hilfe einer Vermögensübersicht nicht festgestellt werden.[549]

Wenn der Schuldner als Antragssteller Zahlungsunfähigkeit nach altem Recht behauptete, war nicht nur ein Überschuldensstatus, sondern auch zugleich ein Liquiditätsstatus mit Finanzplan bzw. eine Kostenbeitragsdeckungsrechnung beizulegen.[550]

b) *Gläubiger- und Schuldnerverzeichnis*

Um den Konkursrichter nach dem bislang geltenden Recht in die Lage zu versetzen, das Vorliegen einer Überschuldung oder Zahlungsunfähigkeit zu prüfen, hatte der Schuldner gemäß § 104 KO ein Verzeichnis der Gläubiger und Schuldner einzureichen.[551] Die genaue Zusammensetzung dieses Verzeichnisses ergab sich aus §§ 4–6 VglO.[552] Nach Maßgabe dieser Vorschrift waren alle Gläubiger und Schuldner mit ladungsfähiger Anschrift aufzunehmen. Bei jeder Forderung und Verbindlichkeit waren der Betrag und der Schuldgrund anzugeben. War eine Forderung oder Schuld streitig, so war dies vom Schuldner ebenfalls darzulegen. Gläubiger, die nicht Konkursgläubiger waren, z.B. Gesellschaftsgläubiger, die eigenkapitalersetzende Darlehen gewährt und daher auch keinen Rückforderungsanspruch hatten, waren gesondert aufzuführen.

c) *Frist zur Einreichung der Unterlagen*

Das Gesetz selbst setzte dem Schuldner keine Frist zur Aufstellung der Vermögensübersicht und zur Einreichung des Gläubiger- und Schuldnerverzeichnisses. Grundsätzlich war jedoch nach bisherigem Recht zu verlangen, dass die entsprechenden Unterlagen mit dem Antrag eingereicht wurden, § 104 KO.[553] Im Regelfall betraute das Gericht bereits nach Eingang des Antrags auf Konkurseröffnung einen Gutachter mit der Feststellung des Konkursgrundes und der Ermittlung der Massezulänglichkeit.[554]

---

548 Kuhn/Uhlenbruck, KO, § 104 Rn. 2
549 Vgl. Kuhn/Uhlenbruck, KO, § 104 Rn. 2 m.w.N.
550 Kuhn/Uhlenbruck, KO, § 104 Rn. 2, 3
551 Kuhn/Uhlenbruck, KO, § 104 Rn. 2
552 Kuhn/Uhlenbruck, KO, § 104 Rn. 2
553 Kuhn/Uhlenbruck, KO, § 104 Rn. 6
554 Kuhn/Uhlenbruck, KO, § 104 Rn. 7

d) *Indizwirkung der Zahlungseinstellung*

Die Zahlungseinstellung dokumentierte nach § 102 Abs. 2 KO die Zahlungsunfähigkeit. Hintergrund der Zahlungseinstellung war eine Willensentschließung des Schuldners. Dieser äußerte durch die Zahlungseinstellung, dass er nunmehr nicht mehr in der Lage sein werde, sämtliche fällige Verbindlichkeiten zu erfüllen.[555]

3. Zusammenfassung zum Prüfungsumfang des Konkursgerichts

Zusammenfassend lässt sich somit festhalten, dass nach altem Recht eine Prüfung des Vorliegens eines Konkursgrundes bei der Antragstellung des Schuldners möglich und auch erforderlich war, da zum einen durch den Schuldner Unterlagen zusammen mit dem Antrag vorgelegt werden mussten, aus denen sich eine Prüfung des Eintritts eines Konkursgrundes ergab, zum anderen auch daraus, dass anknüpfend an den vom Konkursgericht vorgefundenen Konkurstatbestand entsprechende Maßnahmen durch das Konkursgericht in die Wege geleitet werden mussten.

V. Festlegung des Verfahrensgegenstandes im Insolvenzverfahren nach der InsO

Eine Festlegung des Verfahrensgegenstandes für das Insolvenzverfahren durch die am Insolvenzverfahren beteiligten Parteien kann nicht erfolgen. Nach §§ 35 ff InsO ist die Insolvenzmasse, d.h. der eigentliche Streitgegenstand, gesetzlich definiert – sie umfasst das gesamte Vermögen, das dem Schuldner zur Zeit der Eröffnung des Verfahrens gehört und das er während des Insolvenzverfahrens erwirbt.[556]

Damit ist dies einer Disposition der Parteien entzogen.

1. Parteibeibringungsmaxime im Sinne der ZPO

Im Zivilprozess gilt der Verhandlungs- oder Beibringungsgrundsatz; dieser prägt den Zivilprozess und unterscheidet ihn von allen anderen Prozessarten.[557] Nach dem Beibringungsgrundsatz ist es die Aufgabe der Parteien, diejenigen tatsächlichen Behauptungen aufzustellen und in den Prozess einzuführen, die sie der Entscheidung des Gerichts unterbreiten wollen und diese, im Falle des Bestreitens durch den Gegner, unter Beweis zu stellen.[558] Die Aufgabe des Gerichts hingegen ist es, geltendes Gesetz und Recht im Einzelfall zu verwirklichen, so auch Art. 20 Abs. 3

555 Kuhn/Uhlenbruck, KO, § 104 Rn. 2 f
556 Braun-*Bäuerle*, InsO, § 35 Rn. 3
557 BVerfG in NJW 79, 1925; BVerfG in NJW 84, 2203; BGH in BGHZ 38, 257; BGH in BGHZ 53, 246; BGH in MDR 63, 125; BGH in VersR 74, 160; BGH in NJW 1990, 3151; RG in RGZ 151, 93; RG in RGZ 156, 376; weitere Nachweise bei Schellhammer, Zivilprozess, Rn. 340 ff
558 Schellhammer, Zivilprozess, Rn. 340

GG, d.h. dem geltend gemachten Recht, so es denn bewiesen wird, zum Sieg zu verhelfen. Bei der Wahrnehmung dieser Aufgabe hat das erkennende Gericht darauf hinzuwirken, dass das aus seiner Sicht jeweils Notwendige seitens der Parteien getan und auch vorgetragen wird, um den Sachverhalt in rechtlicher und tatsächlicher Hinsicht richtig würdigen zu können. § 139 ZPO legt daher dem Gericht die Pflicht auf, auf die Beibringung des Tatsachen- und Beweismaterials hinzuwirken, welches im Rahmen der gestellten Anträge zur Rechtsfindung notwendig ist, „iura novit curia". Dies ändert nichts an der Unparteilichkeit, die das Gericht in jeder Lage des Verfahrens gegenüber jedem Prozessbeteiligten zu wahren hat und zu der es verpflichtet ist.[559] Hieran hat sich durch das ZPO-RG dem Grundsatze nach nichts geändert; die Erörterungen von Rechtsprechung und Lehre zu § 139 Abs. 1 ZPO behalten somit weiter Gültigkeit.[560] *Zöller* nimmt sogar durch das neue Recht eine Aufwertung der richterlichen Hinweis- und Aufklärungspflicht an.[561]

Nach *Zöller* wird das erkennende Gericht dieser Aufgabe nicht gerecht, wenn infolge einer mangelhaften Aufklärung und der dadurch bedingten Unterlassung der Parteien eine bestimmte, d.h. die richtige gerichtliche Entscheidung nicht ergeht.[562] Der Grundsatz der Verhandlungsmaxime, „da mihi factum, dabo tibi ius", ist in der ZPO nicht ausdrücklich geregelt, die Ausnahmen im Kindschafts- und Eheprozeß, §§ 616, 621 a, 640 Abs. 1, 640 d ZPO, belegen jedoch, dass der Verhandlungs- und Beibringungsgrundsatz in den sonstigen Vorschriften der ZPO als selbstverständlich vorausgesetzt wird.

Von Amts wegen zu berücksichtigen ist im Rahmen des § 139 ZPO u.a. das Vorliegen eines ausschließlichen Gerichtsstandes, die Zulässigkeit des Rechtsweges, der Mangel der Partei- und Prozessfähigkeit und u.a. die Statthaftigkeit eines Rechtsbehelfes.[563]

Die Prüfung von Amts wegen in den vorgenannten Fällen hat jedoch für das erkennende Gericht nicht zur Folge, dass in diesen Fällen das Gericht von Amts wegen selbst zu ermitteln hat, d.h. amtliche Untersuchungen und Nachforschungen anzustellen hat.[564]

In diesen Fällen hat das Gericht nur auf die Bedenken aufmerksam zu machen, die es angesichts des bisher vorgetragenen Sachverhaltes hegt, um hier den Parteien Gelegenheit zu geben, die erforderlichen Hinweise bzw. tatsächlichen Ausführungen zu liefern. Auch in den Fällen des Absatzes 2 hat sich das Gericht daran zu halten, nicht die Verhandlungsmaxime zugunsten der Untersuchungsmaxime zu durchbrechen; das Gericht hat sich in diesem Fall vielmehr an die zu § 139 Abs. 1 ZPO aufgezeigten Grenzen zu begeben. Die gerichtliche Aufklärung ist jedoch keine Amts-

559 BVerfG in BVerfGE 42, 78
560 Musielak-*Stadler*, ZPO, § 139 Rn. 2; Stein/Jonas-Leipold, § 139 Rn. 1, 2
561 Zöller-Greger, ZPO, § 139 Rn. 1
562 Zöller-*Greger*, ZPO, § 139 Rn. 4 ff
563 Zöller-*Greger*, ZPO, § 139 Rn. 15 ff
564 RG in RGZ 160, 47 und 348

ermittlung. Das erkennende Gericht muss vielmehr den Parteien nahe legen, die nach §§ 139, 278 Abs. 3 ZPO zu ermittelnden Tatsachen zu behaupten und unter Beweis zu stellen. Ob die Parteien dies tun, ist jeweils ihre Entscheidung und kann nicht durch eine eigene Sachverhaltsermittlung des Gerichtes ersetzt oder ergänzt werden.

Nach *Hartmann* trifft wg. § 139 Abs. 1 Satz 1 ZPO das jeweils erkennende Gericht eine direkte Pflicht, auf ergänzende Angaben der Beteiligten hinzuwirken, soweit ihm die bisherigen Angaben als ungenügend erscheinen.[565] Es darf nach dieser Ansicht also nicht vor einem solchen Versuch zu einer Entscheidung kommen, die zum Nachteil der Partei darauf gestützt wird, sie habe ungenügende tatsächliche Angaben gemacht. Dies gilt trotz der Pflicht der Partei, bereits von sich aus vollständige Angaben zu machen. Das Gericht muss nach der Ansicht von *Hartmann* jeweils mitdenken und auch beachten, dass die Partei oft verständlicherweise Einzelheiten anzugeben vergisst, die in Wahrheit entscheidungserheblich sind.[566]

Nach *Hartmann* muss das jeweils erkennende Gericht unter dem Gesichtspunkt der Sachdienlichkeit darauf hinwirken, dass jede Partei einen sachdienlichen Prozess- wie Sachantrag, sowie Haupt- und Hilfsantrag stellt.[567]

Das Gericht würde zwar gegen den Beibringungsgrundsatz verstoßen, wenn es von sich aus einen ganz anderen Antrag herbeiführte, als den, den die Partei im Kern erkennbar selbst stellen will oder schon gestellt hat. Das Gericht darf und soll aber einen zweckwidrigen oder gar unzulässigen Antrag nach Möglichkeit verbessern helfen.[568] Wenn mehrere Anträge gestellt werden, hat das Gericht zu klären, in welchem Verhältnisse diese zueinander stehen.[569]

Nach *Hartmann* darf und muss das Gericht in jeder Lage des Verfahrens darauf achten, dass der Tatsachenvortrag einer Partei ihren Anspruch oder dessen Abwehrbitte erfolgreich machen kann. Es darf aber nicht dazu übergehen, einer Partei einseitig dabei zu helfen, den Anspruch überhaupt erst schlüssig zu machen. Denn dadurch würde es die bisher erfolgreiche Position des gleichberechtigten Prozessgegners dieser Partei gefährden und damit gegen die eigene Pflicht zur Unparteilichkeit verstoßen.[570]

---

565 Baumbach-*Hartmann*, ZPO, § 139 Rn. 7
566 Baumbach-*Hartmann*, ZPO, § 139 Rn. 82
567 Baumbach-*Hartmann*, ZPO, § 139 Rn. 82
568 Baumbach-*Hartmann*, ZPO, § 139 Rn. 7
569 Baumbach-*Hartmann*, ZPO, § 139 Rn. 82
570 Baumbach-*Hartmann*, ZPO, § 139 Rn. 83

2. Möglichkeiten der Sachverhaltsermittlung durch das Konkursgericht/Insolvenzgericht

a) *Vorbemerkung*

Ziel der Ermittlungen des Konkursgerichts/Insolvenzgerichts im Insolvenzeröffnungsverfahren ist es, in einer kurzen zur Verfügung stehenden Zeit die Frage zu klären, ob ein Antrag auf Eröffnung des Insolvenzverfahrens zulässig ist, ob vorab bis zum Zeitpunkt der Verfahrenseröffnung vorläufige Maßnahmen zu treffen sind, um eine nachteilige Veränderung der Vermögenslage des Schuldners gegenüber den Gläubigern zu verhindern und zu prüfen, ob die finanziellen Voraussetzungen für die Verfahrenseröffnung vorhanden sind.

b) *Prüfungen des Konkursgerichts nach der KO*

Die Prüfung eines ordnungsgemäß eingereichten Konkursantrages erfolgte nach der alten Rechtsordnung der KO in einem zweistufigen Verfahren.[571] Zunächst prüfte das Konkursgericht die Zulässigkeit des Antrags. Danach wurde geprüft, ob das Konkursverfahren eröffnet werden konnte.[572]

Das Konkursgericht ermittelte die Tatsachengrundlagen der von ihm getroffenen Maßnahmen von Amts wegen. Da das Konkursgericht über keinen eigenen Apparat zur Erlangung dieser Informationen verfügte, war es gehalten, die Grundlage seiner Ermittlungen des Sachverhaltes auf sachverständige Gutachter bzw. den Sequester[573] und nach Eröffnung des Verfahrens auf die Berichte des Insolvenzverwalters zu stützen.

Das sehr zeit- und kostenintensive Verfahren des Strengbeweises im Sinne des Zivilrechtes war im Verfahren nach der KO grundsätzlich ausgeschlossen. Ausnahmen ergaben sich in den Fällen, in denen eine streitige Forderung den eigentlichen und einzigen Insolvenzgrund darstellte.[574]

c) *Sparsamkeit der Mittelverwendung durch das Konkursgericht/durch das Insolvenzgericht*

Aus der Stellung des Gerichts im Eröffnungsverfahren ergibt sich, dass das Gericht Aufgaben wahrnimmt, die materiell dem Bereich des verwaltenden Staatshandelns zuzurechnen sind (siehe unter L. II. 5.).

Die Rechtsprechung im engeren materiellen Sinn entscheidet im Allgemeinen ohne Rücksicht auf die Kosten, die zur Vorbereitung der Entscheidung aufzuwenden sind.[575] Materiell administratives Handeln der Verwaltung hat hingegen auf die

---

571 Hess, KO, § 105 Anm. I
572 Hess, KO, § 105 Anm. I
573 Hess, KO, § 75 Rn. 1, 2 a
574 Hess, KO, § 102 Rn. 13
575 Smid, Richterliche Rechtserkenntnis, S. 88 f

Kosten und die Folgeleistungen seiner Entscheidungen Rücksicht zu nehmen.[576] Dies gilt auch entsprechend für die administrative Rechtsprechung.

Bei dem Verfahren nach der Konkursordnung nach bisherigem Recht handelte es sich eher um ein Verfahren des verwaltenden Justizhandelns. Dies zeigt sich auch darin, dass im bislang geltenden Konkursrecht der Grundsatz der Amtsermittlung galt, der auch in § 5 InsO nach neuem Recht Anwendung findet. Dies wurde bereits untersucht (siehe unter F. und L.).

Hierbei ist insbesondere auf die Unterscheidung zwischen einfachen Konkursforderungen und Masseverbindlichkeiten einzugehen. Nach §§ 54 Nr. 1 InsO, § 58 Nr. 1 KO und § 13 Nr. 1 GesO sind die Kosten des Verfahrens vorab aus der Masse, d.h., von außen betrachtet, außerhalb des Konkurses/der Insolvenz zu befriedigen. Eine Vorgehensweise, bzw. auch ein Verfahren, welches für sich gesehen unnötige und exzessive Kosten verursacht, stellt sich vor diesem Hintergrund deshalb als falsch dar, da es der eigentlichen Aufgabe des Konkurs-/Insolvenzverfahrens, die Haftung des Vermögens des Gemeinschuldners zu gewährleisten schlecht oder gerade gar nicht erfüllt.

Die durch amtliche Ermittlungen entstehenden Kosten sind i.d.R. Massekosten nach § 58 Nr. 1 KO nach bisherigem Recht, bzw. § 54 InsO nach neuem Recht, sofern sie nicht dem Antragsteller zur Last fallen. Von einem Auslagenvorschuss kann die Erhebung notwendiger Ermittlungen nicht abhängig gemacht werden.[577] Dies entbindet aber das Gericht nicht von der Verpflichtung, unnötige Kosten zu verursachen.

VI. Entscheidungen des Insolvenzgerichtes nach neuem Recht

1. Zulassung des Antrages

Von Amts wegen im Rahmen seiner ihm nach § 5 InsO obliegenden Amtsermittlungspflicht prüft das Gericht zunächst die Voraussetzungen für die Zulassung des Insolvenzantrages, insbesondere die Antragsberechtigung des Antragstellers und – bei einem Gläubigerantrag – die Glaubhaftmachung eines Insolvenzgrundes.

Bei einer Antragstellung durch den Schuldner ist eine Glaubhaftmachung des Insolvenzgrundes nicht vorgesehen (vgl. K. II. 18.). Lediglich bei einem Schuldnerantrag gestützt auf den Insolvenzgrund der drohenden Zahlungsunfähigkeit ist die Berechtigung, einen Insolvenzantrag stellen zu dürfen, d.h. die Vertretungsbefugnis des Antragstellers zu prüfen, § 18 Abs. 3 InsO.

Danach hat das Insolvenzgericht die Begründetheit des Antrages zu prüfen und festzustellen, ob eine die Kosten des Verfahrens deckende Masse vorhanden ist.

---

576 Arndt, Praktikabilität und Effizienz, S. 86 f
577 Kuhn/Uhlenbruck, KO, § 75 Anm. 7; BGH in MDR 1976, 396

L. Überlegungen zum Prüfungsumfang durch das Insolvenzgericht

Hierbei hat das Insolvenzgericht zunächst den Wert der Insolvenzmasse festzustellen (vgl. Smid, InsO, Fn. 373). Die tatsächliche Insolvenzmasse, D.h. das Vermögen des Schuldners unterliegt nach § 80 InsO dem Insolvenzbeschlag.

2. Abweisung des Insolvenzantrages:

Das Insolvenzgericht weist den Antrag als unzulässig zurück, wenn die Prozessvoraussetzungen nicht gegeben sind.

Eine Abweisung als unbegründet erfolgt, wenn entweder – bei einem Gläubigerantrag – ein Insolvenzgrund nicht vorliegt oder eine die Kosten des Verfahrens deckende Masse nicht vorhanden ist.

a) Abweisung als unbegründet

Das Insolvenzgericht weist den Antrag auf Eröffnung des Insolvenzverfahrens ab, wenn – bei einem Gläubigerantrag – ein Insolvenzgrund nicht vorliegt. Das Gleiche gilt, wenn das Gericht – ggf. nach Einschaltung eines Gutachters – den Insolvenzgrund nicht mit der für die Eröffnung des Verfahrens erforderlichen Sicherheit feststellen kann.

b) Abweisung mangels Masse

Das Insolvenzgericht weist den Antrag auf Eröffnung des Insolvenzverfahrens nach § 26 Abs. 1 Satz 1 InsO ab, wenn das Vermögen des Schuldners voraussichtlich nicht ausreichen wird, um die Kosten des Verfahrens zu decken. Die Kosten des Verfahrens sind nach § 54 InsO die Gerichtskosten sowie die Vergütung und Auslagen des vorläufigen Insolvenzverwalters, des Insolvenzverwalters und der Mitglieder des Gläubigerausschusses.

Nach § 26 Abs. 1 Satz 2 InsO unterbleibt die Abweisung, wenn ein ausreichender Geldbetrag vorgeschossen wird (Massekostenvorschuss). Zur Vorschussleistung berechtigt sind die Insolvenzgläubiger, auch soweit sie absonderungsberechtigt sind, sowie der Schuldner.

Die Leistung eines Massekostenvorschusses kann für einen Gläubiger sinnvoll sein, wenn eine ernsthafte Möglichkeit besteht, die Insolvenzmasse durch die Geltendmachung von Ansprüchen gegen Dritte zu erhöhen.

Nach § 26 Abs. 3 Satz 1 InsO kann der Vorschussleistende die Erstattung des vorgeschossenen Betrages von jeder Person verlangen, die entgegen den Vorschriften des Gesellschaftsrechts den Eröffnungsantrag pflichtwidrig und schuldhaft nicht gestellt hat. Die Pflichtwidrigkeit und das Verschulden der zur Antragstellung Verpflichteten werden vermutet.

3. Zeitpunkt der Entscheidung des Gerichts über den Antrag

Für die Entscheidung des Insolvenzgerichts, die das Eröffnungsverfahren abschließt, ist erforderlich, dass das Insolvenzgericht in diesem Zeitpunkt, neben den sonstigen Voraussetzungen, vom Vorliegen eines Eröffnungsgrundes überzeugt ist, denn nur dann darf das Verfahren eröffnet werden.[578]

Dabei gliedert sich das Eröffnungs- und das Prüfungsverfahren in zwei Phasen, die es sorgfältig voneinander getrennt zu halten gilt, da sie ganz unterschiedliche Voraussetzungen und Entscheidungsgrundlagen in sich vereinigen.

Dem eigentlichen Eröffnungsverfahren ist ein Zulassungsverfahren vorgeschaltet, das sich, im Interesse einer effektiven Wahrnehmung der Ressourcen des Gerichts und zur Wahrnehmung der Interessen aller Beteiligten, auf die folgenden Punkte beschränkt:

- Zulässigkeit der gewählten Verfahrensart
- Ordnungsgemäße, formal richtige Antragstellung
- Insolvenzfähigkeit des Antragstellers beim Eigenantrag bzw. bei einem Fremdantrag des Antragsgegners
- Antragsberechtigung
- Nachweis der örtlichen Zuständigkeit des Insolvenzgerichtes
- Rechtsschutzinteresse
- Glaubhaftmachung der Forderung beim Fremdantrag
- Glaubhaftmachung des Insolvenzgrundes beim Fremdantrag bzw. beim Antrag nach § 15 Abs. 2 Satz 1 InsO
- Beibringung der notwendigen Unterlagen zur Glaubhaftmachung[579]

VII. Ausgestaltung der Auskunftspflichten des Schuldners anhand der vorzulegenden Unterlagen

Festzuhalten ist, dass nach § 75 KO das Konkursgericht nach altem Recht der KO die Möglichkeit hatte, die zur Aufklärung aller das Verfahren betreffenden Umstände erforderlichen Ermittlungen anzuordnen.

Für das Konkurseröffnungsverfahren hatte dies für das Konkursgericht die Bedeutung, dass den Konkursrichter nach bisherigem Recht die Amtspflicht getroffen hat, diejenigen Tatsachen zu erforschen, die für die Eröffnung des Verfahrens erforderlich sind, § 105 Abs. 2 KO.[580]

Nach der üblichen Vorgehensweise nach bisherigem Recht zur KO wurde vielfach so verfahren, dass das Gericht dem Schuldner nach Zulassung des Antrags durch das

578 Haarmeyer/Wutzke/Foerster, InsO und EGInsO, S. 108, Braun-*Kind*, InsO, § 17 Rn. 23; für das überkommene Recht: Jaeger, KO_1936, § 102 Anm. 5
579 Siehe u.a. die Darstellung bei Hess/Krahnemann/Pink, InsO '99, S. 10
580 LG Köln in KTS 1964, 248; BGH in KTS 1957, 12

Konkursgericht aufgegeben hatte, eine vollständige und geordnete Vermögensübersicht vorzulegen;[581] für diese dem Schuldner obliegende Aufgabe bedienten sich die Gerichte vielfach eines an den Schuldner verschickten Fragebogens.[582]

Mit der Übersendung des Anhörungsbogens an den Schuldner und des Konkursantrages, falls der Schuldner nicht selbst den Antrag auf Eröffnung des Verfahrens gestellt hatte, genügte das Konkursgericht den Anforderungen des § 105 Abs. 2 KO an die Anhörungspflicht.[583]

Nur wenn der Schuldner es unterließ, den Anhörungsbogen vollständig ausgefüllt an das Konkursgericht zurückzusenden, griff der Amtsermittlungsgrundsatz des § 75 KO für das Konkursgericht entsprechend ein.[584]

VIII. Hilfspersonen des Konkursgerichts nach altem Recht

Seit Jahren üblich war die Vorgehensweise der Konkursgerichte – zumindest bei Unternehmensinsolvenzen – einen Sequester einzusetzen. Die Sequestration und damit auch die Einsetzung eines Sequesters fand im nunmehr überkommenen Recht nach der KO keine Stütze.

Das der Einsetzung des Sequesters im Konkursverfahren zugrunde liegende Rechtsverständnis wurde aus § 938 ZPO, einer außerhalb des Insolvenzrechts liegenden Vorschrift hergeleitet. Unter der Sequestration im Sinne der vorgenannten Vorschrift verstand man die Sicherstellung und die Verwaltung einer Sache oder eines Vermögens.[585] In der Regel diente die Sequestration des Schuldnervermögens auch dadurch zur Vorbereitung des Eröffnungsbeschlusses durch das Insolvenzgericht, dass der Sequester regelmäßig ein Gutachten über das insolvente Unternehmen zu erstellen hatte.

IX. Regelung der Hilfspersonen des Insolvenzgerichts nach der InsO

Auch im nunmehr geltenden Insolvenzrecht hat die vorläufige Verwaltung der Masse, dies stellt die Nachfolge der Sequestration nach altem Recht dar, drei Aufgaben:

- Sicherungsfunktion: die Masse vor tatsächlichen schmälernden Handlungen des Schuldners zu sichern

581 BGH in KTS 1957, 12
582 Vallender, Auskunftspflicht, ZIP 1996, 529, 530
583 Vallender, Auskunftspflicht, ZIP 1996, 529, 530
584 Vallender, Auskunftspflicht, ZIP 1996, 529, 530
585 Zöller/Vollkommer, ZPO § 938 Rn. 7

- Aufklärungs- und Gutachterfunktion: Vorbereitung der Entscheidung des Insolvenzgerichtes durch ein Gutachten, diese Aufgabe kann nach § 22 Abs. 1 Nr. 3 i.V.m. Abs. 2 InsO auch zunächst isoliert vergeben werden,
- Erhaltungsfunktion: Erhaltung der Masse durch angemessene Maßnahmen

Der bisherige Sequester wird nach neuem Recht als vorläufiger Insolvenzverwalter bezeichnet. Seine Aufgabenstellung wird nicht mehr entsprechend den Vorschriften der ZPO hergeleitet, sondern hat nunmehr eine gesetzliche Grundlage gefunden. Der Aufgabenbereich des Sequesters bzw. vorläufigen Insolvenzverwalters ist entsprechend in den §§ 21 ff InsO ausgestaltet worden.[586]

X. Auskunftsperson Schuldner

1. Altes Recht

Wenn das Konkursgericht nach bisherigem Recht an den Schuldner herangetreten ist, um von ihm Auskünfte, insbesondere, um eine Stellungnahme des Schuldners zum Konkursantrag zu erhalten, war der Schuldner aufgrund der Amtspflicht des Konkursgerichtes, sich Gewissheit über das Vorliegen eines Konkursgrundes zu verschaffen, zur Erteilung dieser Auskünfte verpflichtet.[587]

Die Verpflichtung des Schuldners nach Eröffnung des Konkursverfahrens über alle das Konkursverfahren betreffenden Verhältnisse Auskunft zu erteilen, bestimmte sich nach bisherigem Recht nach § 100 KO.

Im Konkurseröffnungsverfahren beschränkte sich diese Pflicht des Schuldners auf die Angaben, die das Gericht zur Feststellung des Eröffnungsgrundes benötigte.[588]

In der zur Konkurs- und Vergleichsordnung vorhandenen Literatur wurde die Frage, ob sich die Auskunftspflicht des Schuldners auch auf solche Handlungen bezieht, die für ihn eine Strafbarkeit begründen, nicht einheitlich beantwortet.[589] Dies kann jedoch für die vorliegende Darstellung dahingestellt bleiben, da der Gesetzgeber für die ab dem 01.01.1999 geltende Insolvenzordnung die Streitfrage zugunsten der herrschenden Meinung unter Berücksichtigung der Rechtsprechung des Bundesverfassungsgerichtes[590] entschieden hat.

586 Hierzu eingehend: Thiemann, Masseverwaltung, passim
587 Vallender, Auskunftspflicht, ZIP 1996, 529, 530 m.w.N.
588 Vallender, Auskunftspflicht, ZIP 1996, 529, 530
589 Bejahend: Kilger/Karsten Schmidt, KO, § 75 1b; Hess, KO, § 75 Rz. 5. Bedenken hierzu: Kuhn/Uhlenbruck, KO, § 75 Rz. 6b
590 BVerfG in ZIP 1981, 361

2. Neues Recht

Nach den §§ 20, 97 Abs. 1 InsO hat der Schuldner im Konkurseröffnungsverfahren auch solche Tatsachen zu offenbaren, die geeignet sind, gegen ihn die Verfolgung wegen einer Straftat vorzunehmen. Eine Auskunft, die der Schuldner aufgrund dieser Vorschrift erteilen muss, darf jedoch unter Berücksichtigung der Rechtsprechung des Bundesverfassungsgerichtes[591] nur gegen den Schuldner verwendet werden, wenn er hierzu in einem gegen ihn gerichteten Strafverfahren seine Zustimmung erteilt.

Die Auskunftspflicht des Schuldners im Eröffnungsverfahren ergibt sich aus § 20 i.V.m. §§ 97, 98, 101 Abs. 1, S. 1 und S. 2, Abs. 2 InsO.

Ob allerdings der Schuldner auch bei einem Eigenantrag mit gleichzeitig beantragter Eigenverwaltung und einem dem Eröffnungsantrag beigefügten Insolvenzplan noch gesondert vortragen muss, ist eine noch zu klärende Frage, auf die noch einzugehen ist (siehe unter V.).

XI. Darlegung eines Insolvenzgrundes

Wenn tatsächlich ein Vortrag zur Vermögenssituation des Schuldners für einen Eröffnungsantrag gestützt auf den Insolvenzgrund der drohenden Zahlungsunfähigkeit für erforderlich gehalten wird, könnte es ausreichend sein, wenn der Schuldner lediglich schlüssig vorträgt, dass ein solcher bei ihm vorliegt.

XII. Der Eigenantrag des Schuldners nach neuem Recht

1. Antragsberechtigung bei einem Antragsbefugten

Stellt ein Schuldner selbst Antrag auf Eröffnung des Insolvenzverfahrens, so hat er zunächst seine Antragsberechtigung darzulegen. Dies entfällt in den Fällen, in denen nur eine antragsberechtigte Person vorhanden ist.

2. Antragsberechtigung bei mehreren Antragsbefugten

§ 18 Abs. 3 InsO fordert bei einem Insolvenzantrag, der auf den Insolvenzgrund der drohenden Zahlungsunfähigkeit gestützt wird, dass der Antrag von allen persönlich haftenden Gesellschaftern oder allen Abwicklern gestellt wird. Ansonsten ist nach § 18 Abs. 3 InsO der Insolvenzgrund der drohenden Zahlungsunfähigkeit nur dann Insolvenzgrund, wenn der oder die Antragsteller zur Vertretung der juristischen Person oder der Gesellschaft berechtigt sind.

591 BVerfG in ZIP 1981, 361

Nach der entsprechenden Begründung des RegE wurde § 18 Abs. 3 InsO in dieser Weise gefasst, um eine dem § 209 Abs. 1 Satz 3 KO entsprechende Regelung zu treffen.[592]

Der Rechtsausschuss des Deutschen Bundestages sah hier eine entsprechende Abweichung vor, die letztlich auch als Grundlage für die Insolvenzordnung diente. Er begründet dies damit, dass in einer Situation, in der noch keine Antragspflichten bestehen, voreilige, nicht ausreichend abgestimmte Anträge vermieden werden sollen.[593] Daher soll nicht jedes Mitglied des Vertretungsorgans, jeder persönlich haftende Gesellschafter oder jeder Abwickler alleine antragsbefugt sein, wenn der Insolvenzantrag auf den Insolvenzgrund der drohenden Zahlungsunfähigkeit gestützt wird.[594] Nach der entsprechend geäußerten Auffassung des Rechtsausschusses wurde diese Eingrenzung notwendig, da so ein missbräuchlicher Umgang mit dem neuen Insolvenzgrund der drohenden Zahlungsunfähigkeit vermieden werden soll.[595]

Erwähnenswert ist, dass der Gesetzgeber diese Missbrauchsgefahr jedoch nur im Verhältnis der verschiedenen Vertreter des Schuldners gesehen hat, nicht jedoch im Verhältnis zu den Gläubigern.

§ 18 Abs. 3 InsO ist weiter auch in dem Zusammenhang zu sehen, dass die Antragspflichten der gesetzlichen Vertretungsorgane einer juristischen Person durch den Gesetzentwurf selbst nicht geändert worden sind. Der Insolvenzgrund der drohenden Zahlungsunfähigkeit ist in den Vorschriften, die die Antragsverpflichtungen der Vertretungsberechtigten Organe beim Vorliegen eines Insolvenzgrundes regeln, gerade nicht enthalten. Der RegE zur Insolvenzordnung begründet dies damit, dass insoweit die Möglichkeiten einer außergerichtlichen Sanierung nicht beeinträchtigt werden.[596]

Nur mit diesen Voraussetzungen, die zuvor dargestellt wurden, ist Raum für eine Regelung, wie sie in § 18 Abs. 3 InsO getroffen wurde. Es wäre dem einzelnen Mitglied des vertretungsberechtigten Organs nicht zuzumuten, eine Mehrheitsentscheidung aller vertretungsberechtigten Mitglieder des Vertretungsorganes herbeizuführen, wenn er zwar selbst einer strafbewehrten Verpflichtung im Sinne d. § 64 GmbHG oder einer der gleichlautenden Vorschriften aus dem AktG unterworfen wäre, andererseits jedoch keine abschließende Berechtigung der Vertretung nach außen hätte.

Entgegen § 15 InsO steht somit dem einzelnen Vertretungsberechtigten für den Fall, dass er den Insolvenzantrag auf den Insolvenzgrund der drohenden Zahlungsunfähigkeit stützt, kein Antragsrecht zu.

---

592 RegE, abgedruckt in Kübler/Prütting, Insolvenzrecht, S. 177
593 RegE, abgedruckt in Kübler/Prütting, Insolvenzrecht, S. 177
594 RegE, abgedruckt in Kübler/Prütting, Insolvenzrecht, S. 177
595 RegE, abgedruckt in Kübler/Prütting, Insolvenzrecht, S. 178
596 RegE, abgedruckt in Kübler/Prütting, Insolvenzrecht, S. 177

§ 18 Abs. 3 InsO setzt also für einen Antrag auf Eröffnung des Insolvenzverfahrens gestützt auf den Insolvenzgrund der drohenden Zahlungsunfähigkeit voraus, dass Vertretungsberechtigung nach außen vorliegen muss.

Nach *Smid* soll durch diese Einschränkung vermieden werden, dass vor dem Eintritt der materiellen Insolvenz interne Streitigkeiten mit den Instrumentarien des Insolvenzrechts ausgetragen werden.[597] *Smid* weist darauf hin, dass in diesen Fällen daher nicht das Fehlen eines allgemeinen Rechtsschutzbedürfnisses oder eines Rechtsmissbrauches des Antragsstellers geprüft werden muss, um solche Anträge als unzulässig zurückzuweisen.[598]

M. Vergleichbarkeit des Verfahrens gestützt auf den Insolvenzgrund der drohenden Zahlungsunfähigkeit unter Berücksichtigung der Besonderheiten des Vergleichsverfahrens

Die gesetzliche Regelung der InsO und auch der VglO sehen vor, dass ein Verfahren eröffnet werden kann, wenn Zahlungsunfähigkeit oder Überschuldung vorliegen. Die InsO eröffnet zusätzlich die Möglichkeit für den Schuldner, bei lediglich drohender Zahlungsunfähigkeit einen Eigenantrag zu stellen. Auch die VglO sah lediglich eine Eröffnung aufgrund eines Eigenantrages des Schuldners vor, § 2 Abs. 1 Satz 2 VglO.

Nach § 18 Abs. 2 InsO kann nur der Schuldner den Antrag auf Eröffnung des Insolvenzverfahrens auf den Insolvenzgrund der drohenden Zahlungsunfähigkeit stützen. Ein Verfahren nach der InsO wird eröffnet, wenn der Schuldner zahlungsunfähig, überschuldet oder beim Eigenantrag drohend zahlungsunfähig i.S.d. § 18 InsO ist. Eine dieser Vorschrift entsprechende Regelung fand sich im bislang geltenden Recht in § 2 Abs. 2 S. 2 VglO. Auch hiernach war es nur dem Schuldner möglich, einen Antrag auf Eröffnung des Vergleichsverfahrens zu stellen.

I. Zielsetzung einheitliches Verfahren

Eine der Zielsetzungen des Gesetzgebers der InsO ist es, ein einheitliches Insolvenzverfahren zu schaffen.[599]

Die Aufspaltung des bis zum 01.01.1999 geltenden Verfahrens in ein Konkurs- und ein Vergleichsverfahren ist nach der Darstellung der Kommission für Insolvenzrecht nur durch die Entstehungsgeschichte der beiden Gesetze zu erklären.[600]

---

597 Smid-*Smid*, InsO, § 18 Rn. 13
598 Smid-*Smid*, InsO, § 18 Rn. 13
599 RegE, abgedruckt in Kübler/Prütting, Insolvenzrecht, S. 104
600 Erster Bericht der Kommission für Insolvenzrecht, 1985, S. 90

Diese nunmehr überkommene Unterscheidung wurde aus diesem Grunde nach Ansicht des Gesetzgebers der InsO auch nicht konsequent durchgeführt. Die Konkursordnung enthielt beispielsweise Regelungen für einen das Konkursverfahren beendenden Zwangsvergleich, §§ 173 ff KO, die Vergleichsordnung hingegen Regelungen für ein dem Vergleichsverfahren folgendes Konkursverfahren, §§ 102 ff VglO.[601]

Nach der Ansicht des Gesetzgebers stand das Nebeneinander von unterschiedlichen Regelungen – zumindest in wirtschaftlicher Hinsicht gleichgelagerter Sachverhalte – für die Kompliziertheit des Verfahrens. Diese Überschneidungen führten nach Ansicht des Gesetzgebers zu ungerechtfertigten Differenzierungen gleichgestalteter Sachverhalte je nach der gewählten Verfahrensart, da die Ziele der Verfahren nach der KO und der VglO unterschiedlich waren.[602]

Ob dies tatsächlich so gewesen ist, ist fraglich. Zumindest hat dieses Verfahren jahrzehntelang reibungslos funktioniert.

Hinzu kam mit den im Jahr 1990 für das Gebiet der damaligen DDR in Kraft getretenen Regelungen der GesO ein weiteres Verfahren, welches ebenfalls einen wirtschaftlich vergleichbaren Sachverhalt regelt.[603]

Die Ziele eines Insolvenzverfahrens, Liquidation oder (übertragende) Sanierung, lassen sich nach Auffassung des Gesetzgebers in zwei getrennten Verfahren, der Vergleichsordnung, die auf eine Sanierung des schuldnerischen Unternehmens abgestimmt ist und der Konkursordnung, die auf eine Liquidation des schuldnerischen Unternehmens abgestimmt ist, nicht mit einer sich den verändernden Umständen anpassenden Elastizität verfolgen.[604]

Durch die Stellung des Antrags auf Eröffnung des Vergleichsverfahrens oder des Konkursverfahrens wurde nach dem bis zum 31.12.1998 geltenden Recht nach Auffassung des Gesetzgebers die Weichenstellung vorgenommen, welche der beiden Verfahrensarten für die Verwertung des schuldnerischen Vermögens zur Verfügung stehen soll. Diese starre Festlegung der Verfahrensart und damit auch der zur Verfügung stehenden verfahrensrechtlichen Vorschriften erfolgt jedoch zu einem Zeitpunkt, in dem nicht immer klar entschieden werden kann, welche der beiden Verfahrensarten die sinnvollere Verfahrensart ist.[605]

Seit geraumer Zeit wurden daher in der insolvenzrechtlichen Literatur Reformvorschläge diskutiert, die ein einheitliches Insolvenzverfahren propagierten.[606] Diese Vorschläge wurden in der Reformgesetzgebung zum Konkurs- und Vergleichsrecht

601 RegE, abgedruckt in Kübler/Prütting, Insolvenzrecht, S. 104
602 RegE, abgedruckt in Kübler/Prütting, Insolvenzrecht, S. 93, 104
603 Smid, GesO, Einleitung I. 3. c
604 RegE, abgedruckt in Kübler/Prütting, Insolvenzrecht, S. 105
605 RegE, abgedruckt in Kübler/Prütting, Insolvenzrecht, S. 104, 105
606 Erster Bericht der Kommission für Insolvenzrecht, 1985, S. 91

von der Kommission für Insolvenzrecht bereits im ersten Kommissions-Bericht aufgegriffen.[607]

So wurde bereits unter Punkt

> *„1.1 Einheitliches Insolvenzverfahren, 1.1.1 Gliederung des Insolvenzverfahrens, (1)"*

ausgeführt:

> *„Es ist ein einheitliches Insolvenzverfahren einzuführen, in dem ...".*[608]

und damit die Einheitlichkeit des Verfahrens nach dem neuen Insolvenzrecht vorweggenommen.

II. Schaffung eines einheitlichen Insolvenzverfahrens durch den Gesetzgeber

In dem weiteren Gesetzgebungsverfahren wurde diese Einheitlichkeit des Insolvenzverfahrens weiter beibehalten. Auch die InsO sieht eine Einheitlichkeit des Insolvenzverfahrens vor, vgl. Art. 2 Nr. 1 und Nr. 2, Art. 104 EGInsO, welches einheitlich bei Vorliegen eines Eröffnungsgrundes zu eröffnen ist, wobei bei der Beurteilung der Eröffnungsgründe unterschieden wird, ob ein Gläubiger oder der Schuldner selbst die Eröffnung des Verfahrens beantragt.

Damit wurden die Vorschläge, die bereits in den ersten Bericht der Kommission für Insolvenzrecht eingearbeitet worden waren, in das nunmehr geltende Recht eingearbeitet.

Nach den Vorschlägen im ersten Bericht der Kommission für Insolvenzrecht sollte ein einheitliches „Gesamtinsolvenzverfahren" geschaffen werden, das bei Vorliegen eines Insolvenzgrundes zu eröffnen ist und welches die Reorganisation des schuldnerischen Unternehmens ermöglichen sollte, wenn das schuldnerische Unternehmen erhalten werden kann und andernfalls die Zerschlagung des schuldnerischen Unternehmens ermöglichen sollte, wenn eine Sanierung/Reorganisation des schuldnerischen Unternehmens nicht Erfolg versprechend erscheint.[609]

Grundsätzlich ist in diesem Zusammenhang festzuhalten, dass die Reorganisation eines Unternehmens anzustreben ist, wenn hinreichende Aussichten dahingehend bestehen, das Unternehmen zu erhalten. Wenn hierzu keine hinreichenden Aussichten bestehen oder ein bereits unternommener Reorganisationsversuch fehlschlägt oder von vornherein zum Scheitern verurteilt ist, so muss innerhalb eines einheitlichen Verfahrens von der Reorganisation zur Liquidation, wie sie nach bisherigem Recht nach der Konkursordnung vorgesehen war, übergegangen werden, um auf diesem Weg eine bestmögliche Verwertung des Schuldnervermögens zu erreichen.

Mit einem einheitlichen Verfahren wird jedoch auch die Möglichkeit geschaffen, von einem zunächst eingeleiteten Liquidationsverfahren, dem bislang vorgesehenen Konkursverfahren entsprechend, auf das Verfahrensziel der Reorganisation des Schuldnerunternehmens umzustellen, wenn sich bei den anzustellenden Ermittlungen des vorläufigen Insolvenz-

---

607 Erster Bericht der Kommission für Insolvenzrecht, 1985, S. 91
608 Erster Bericht der Kommission für Insolvenzrecht, 1985, S. 91
609 Erster Bericht der Kommission für Insolvenzrecht, 1985, S. 91

verwalters oder des Insolvenzgerichts herausstellen sollte, dass sich das schuldnerische Unternehmen objektiv als sanierungswürdig, d.h. reorganisationsfähig darstellt. Dies soll nach den Ausführungen des ersten Berichts der Kommission für Insolvenzrecht durch die Durchlässigkeit des Insolvenzverfahrens gewährleistet werden.[610]

III. Beseitigung der Zweigleisigkeit des Verfahrens / frühzeitigere Eröffnung eines mehroptionalen Verfahrens

1. Zweiteilung des Verfahrens in Vergleichsordnung und Konkursordnung

Nach dem Willen des Gesetzgebers soll durch die Abschaffung der Zweigleisigkeit eine förmliche richterliche Weichenstellung für die Liquidation oder Reorganisation vermieden werden; das Verfahren soll vielmehr flexibel und es den Beteiligten überlassen bleiben, die Wahl des für sie am günstigsten erscheinenden Verfahrensziels vorzunehmen.[611]

2. Probleme der Zweiteilung des Verfahrens

Nach der bisherigen Rechtslage wurde der Gemeinschuldner im Falle einer insolvenzrechtlich relevanten Krise des Unternehmens vor die Wahl gestellt, Vergleichs- oder Konkursantrag zu stellen. Diese Entscheidung wurde dem Unternehmer in einer Phase aufgebürdet, in der er diese Frage nicht abschließend beantworten konnte. Das neue Insolvenzrecht zwingt nunmehr den antragstellenden Schuldner nicht mehr dazu, diese Entscheidung bei Stellung des Insolvenzantrages zu treffen. Es bleibt ihm vielmehr unbenommen, selbst Antrag auf Eröffnung des Insolvenzverfahrens zu stellen, ohne zu dieser Frage überhaupt Stellung nehmen zu müssen. Damit soll nach dem Willen des Gesetzgebers die Funktionsfähigkeit des Insolvenzverfahrens wieder hergestellt werden.[612]

IV. Besonderheiten des Vergleichsverfahrens

1. Vorliegen eines Eröffnungsgrundes

Auch bei der Eröffnung des Vergleichsverfahrens musste ein Vergleichsgrund, d.h. ein Insolvenzgrund vorliegen.[613] Dies wurde durch die Literatur kritisiert mit dem Hinweis, dass es erstrebenswert sei, den um die Erhaltung seines gefährdeten Betriebs besorgten Schuldner nicht zu veranlassen, mit der Stellung des Vergleichsantrages zuzuwarten, bis die ersten

---

610 Erster Bericht der Kommission für Insolvenzrecht, 1985, S. 91
611 RegE, abgedruckt in Kübler/Prütting, Insolvenzrecht, S. 104
612 RegE, abgedruckt in Kübler/Prütting, Insolvenzrecht, S. 104
613 Gottwald-Uhlenbruck, § 72 vor Rn. 12

Zwangsvollstreckungen unmittelbar bevorstehen.[614] Wie bereits zuvor beim Konkursverfahren konnte dies die Zahlungsunfähigkeit des Schuldners, aber auch in den vorbezeichneten Fällen die Überschuldung sein, § 2 Abs. 1 S. 3 VglO. Wie zuvor genügte auch hier nicht eine bloße Zahlungsstockung bzw. Zahlungsschwierigkeiten, da die oben ausgeführten Erwägungen und Definitionen der Zahlungsunfähigkeit und der Überschuldung nach altem Recht grundsätzlich nach § 2 Abs. 1 S. 3 VglO auch auf das Verfahren nach der Vergleichsordnung Anwendung finden.

In diesem Zusammenhang ist weiter die Besonderheit zu beachten, dass das gerichtliche Vergleichsverfahren nur auf einen Antrag des Schuldners hin eröffnet wurde, § 2 Abs. 1 S. 2 VglO. Das gerichtliche Vergleichsverfahren stellte daher auch nicht wie das Konkursverfahren ein kontradiktorisches Verfahren dar, welches auch auf Antrag eines Gläubigers bei Zahlungsunfähigkeit oder Überschuldung des Schuldners eröffnet werden konnte.

Nach der insoweit h.M. handelte es sich bei dem gerichtlichen Vergleichsverfahren um einen Vertrag zwischen dem Schuldner und den an dem Verfahren beteiligten Gläubigern, der als zusätzliche Voraussetzung zu einem nur den Grundsätzen der Privatautonomie unterworfenen Vertrag der zusätzlichen Zustimmung durch das Gericht, i.E. des Konkursgerichtes bedarf.[615]

Im Vergleichsverfahren war eine bestimmte Quote durch den Schuldner bei Antragstellung nachzuweisen, § 7 Abs. 1 S. 2 VglO, der Mindestsatz hierbei betrug 35 % der geltend gemachten Forderungen, sollten diese innerhalb einer Zahlungsfrist bis zu einem Jahr nach der Bestätigung des angestrebten Vergleiches erfolgen und 40 %, wenn die Voraussetzungen des § 7 Abs. 2 VglO erfüllt sind. Die InsO sieht hierfür ein Planverfahren nach den §§ 217 InsO vor; der Schuldner muss in diesem Planverfahren keine Quote zur Befriedigung der Gläubiger mehr vorsehen.

2. Niedrigere Voraussetzung an die Eröffnung eines Vergleichsverfahrens

Es ist anzunehmen, dass kein Schuldner diesen Weg gewählt hat, um ein Unternehmen loszuwerden bzw. sich von längerfristigen vertraglichen Verpflichtungen bzw. Verbindungen zu seinen Gläubigern zu lösen, obwohl er ein im Grunde florierendes Unternehmen sein eigen nennt.

Hinzu kommt, dass durch die Stellung des Vergleichsantrages der Schuldner eine kreditschädigende Publizität durch die öffentliche Bekanntmachung nach § 22 Abs. 1 VglO sowie den Eintrag im Handelsregister nach § 23 Abs. 1 VglO erfuhr.[616]

Des Weiteren ist in diesem Zusammenhang anzuführen, dass auch der Gesetzgeber selbst bislang davon ausging, dass sich niemand ohne Grund in die Rolle eines Gemeinschuldners begibt.[617]

Es ist daher nicht auszuschließen, dass an die Prüfung der Vergleichsgründe Überschuldung und Zahlungsunfähigkeit niedrigere Voraussetzungen zu knüpfen waren als an die Prüfung der Konkursgründe Überschuldung und Zahlungsunfähigkeit, wenn ein Gläubi-

614 Bley, VglO, § 2 Rn. 21
615 Vgl. Gottwald-Uhlenbruck, § 69 IV m.w.N.
616 Künne, außergerichtliches Vergleichsverfahren, S. XXXII f
617 Baur/Stürner, Insolvenzrecht, Rn. 7.14; Scholz/Schmidt, GmbHG, § 63 Anm. 2

ger Konkursantrag stellt. Der Vergleichsgrund musste zum Zeitpunkt der Eröffnung des Verfahrens vorliegen.[618]

V. Ergebnis zu den Antragsgründen nach überkommenem Recht / Vergleichbarkeit zu den Antragsgründen nach neuem Recht

Auch die Untersuchung der Antragsgründe nach überkommenem Recht hat zu keinen neuen Erkenntnissen geführt.

Hieraus konnte lediglich die Erkenntnis gewonnen werden, dass der Eröffnungsgrund zum Zeitpunkt der Entscheidung des Insolvenzgerichts über die Eröffnung vorliegen muss. Dies könnte für die Erörterung des neuen Insolvenzgrundes der drohenden Zahlungsunfähigkeit noch ein interessanter Anhaltspunkt sein.

Es soll daher nachfolgend nochmals untersucht werden, welche Folgerungen hieraus für die Antragstellung eines Schuldners gezogen werden können, der seinen Insolvenzantrag auf den Insolvenzgrund der drohenden Zahlungsunfähigkeit stützt.

N. Folgerungen für die Antragstellung

I. Nochmals: Neuer Eröffnungsgrund: drohende Zahlungsunfähigkeit

Ein Hauptziel der Insolvenzrechtsreform ist die Beseitigung der weitgehenden Funktionsunfähigkeit des überkommenen Insolvenzrechts (Konkurs- und Vergleichsrecht) in einer sozialen Marktwirtschaft.[619] Dies (d.h. die Beseitigung der weitgehenden Funktionsunfähigkeit) soll nach Ansicht des Reformgesetzgebers unter anderem dadurch ermöglicht werden, dass die Zahl der Abweisungen mangels Masse drastisch reduziert wird.[620] Nicht die Abweisung mangels Masse, sondern die Eröffnung des Verfahrens soll zukünftig die Regel sein.[621] Damit soll die Möglichkeit geschaffen werden, möglichst viele Verfahren eröffnen und durchführen zu können, um damit weitestgehend alle Insolvenzfälle in einem geordneten Verfahren abwickeln zu können und auf diesem Weg die Zielsetzung „Funktionsfähigkeit des neuen Insolvenzrechtes" zu erreichen.[622] Der neue Insolvenzgrund der drohenden Zahlungsunfähigkeit, der dem Schuldner für diesen Fall

618 Bley, VglO, § 2 Rn. 23
619 RegE, abgedruckt in Kübler/Prütting, Insolvenzrecht, S. 94, 95
620 RegE, abgedruckt in Kübler/Prütting, Insolvenzrecht, S. 90, 101, 102
621 Obermüller/Hess, InsO, Rn. 14; RegE, abgedruckt in Kübler/Prütting, Insolvenzrecht, S. 90, 101, 102
622 RegE, abgedruckt in Kübler/Prütting, Insolvenzrecht, S. 101, 102; Uhlenbruck, Regierungsentwurf, KTS 1992, S. 499, 503

ein alleiniges Antragsrecht gibt, soll hierzu seinen Teil nach dem erklärten Willen des Gesetzgebers beitragen, in dem eine frühere Antragstellung durch den Schuldner erfolgt.[623]

II. Ziel des Gesetzgebers: Früherer Eigenantrag des Schuldners

Vor dem Hintergrund der Ziele der Insolvenzordnung könnte vertreten werden, dass der Schuldner der einen frühen Eigenantrag auf Eröffnung des Insolvenzverfahrens stellt, sich konform zu den Zielsetzungen der InsO verhält, da hierdurch mehr verfügbare Masse vorhanden und so gewährleistet ist, dass die Eröffnung des Verfahrens sichergestellt ist, mithin das Plansoll der durch den Gesetzgeber der InsO vorgegebenen Ziele erfüllt wird.

Alleine hieraus lässt sich jedoch nicht schließen, dass die Prüfung des Eröffnungsgrundes durch das Insolvenzgericht vollständig unterbleiben kann.

Zur weiteren Untersuchung der eingangs gestellten Frage ist die Historie der Insolvenzordnung zu beleuchten.

III. Historie der Insolvenzordnung

Mit der Verabschiedung der InsO wurde eine der großen Kodifikationen des 19. Jahrhunderts, die Konkursordnung (KO), eines der vier Reichsjustizgesetze[624] deren Einführung auf das Jahr 1877[625] datiert, gemeinsam mit der Vergleichsordnung (VglO) von 1935[626] durch eine vollständige Neukodifikation abgelöst.[627]

In den Motiven zur Konkursordnung wurde – bezogen auf einen Gläubigerantrag – ausgeführt, dass der Schuldner nicht ohne Grund seinen Gläubigern ausgeliefert werden soll.[628]

Die Protokolle (der Kommission) zu den Motiven der Konkursordnung führen weiter aus, dass der Richter den Eigenantrag des Schuldners auf Eröffnung des Konkursverfahrens ablehnen können soll, wenn erwiesenermaßen keine Zahlungsunfähigkeit beim Schuldner vorliegt und der Antrag eine bloße Schikane durch den Schuldner darstellt oder er sich Einzelzwangsvollstreckungsmaßnahmen entziehen will.[629]

---

623 RegE, abgedruckt in Kübler/Prütting, Insolvenzrecht, S. 101, 102
624 Smid-*Smid*, InsO, S. 1
625 RGBl. S. 351; Neufassung vom 20. Mai 1898, RGBl. S. 369
626 RGBl. I S. 321
627 Nach § 335 InsO i.V.m. Art. 2 EGInsO traten die Vergleichsordnung und die Konkursordnung mit Wirkung zum 01.01.1999 außer Kraft; seither gilt für alle nach diesem Zeitpunkt beantragten Verfahren das Recht der InsO
628 Hahn, Materialien, S. 291
629 Hahn, Materialien, S. 576

Der hierzu abgegebene Diskussionsbeitrag (eines Regierungsbeamten) lautete wie folgt:

> *Die Vorschrift (, d.h. der Entwurf des § 96 KO) besage durchaus nicht, dass der Richter dem Antrage (des Schuldners auf Eröffnung) in jedem Fall stattgeben müsse, wenn er die Ueberzeugung habe, daß der Schuldner nicht zahlungsunfähig sei, den Antrag vielmehr aus Schikane gegen seine Gläubiger oder um sich drohenden Einzelpfändungen zu entziehen, oder um einen günstigen Zwangsvergleich herbeizuführen, gestellt habe. Dies ergebe sich aus § 94 KO."*[630]

Erwidert wurde hierauf durch einen Abgeordneten des Reichstages, dass

> *„Die Fassung des Abs. 1 von § 96 schließe die Auffassung nicht aus, daß der Richter gezwungen sei, auf jeden, auch auf einen materiell unbegründeten Antrag des Schuldners den Konkurs zu eröffnen."*[631]

Im ersten Durchgang der Abstimmung über die Konkursordnung durch Gesetzgeber wurde die Streichung des Absatz 1 beschlossen.[632]

Die Streichung wurde auch im zweiten Durchgang aufrechterhalten.[633]

Der ursprüngliche Entwurf zu § 96 KO war wie folgt gefasst:

> *„Beantragt der Gemeinschuldner die Eröffnung des Verfahrens, so bedarf es nicht eines Nachweises der Zahlungsunfähigkeit.*
>
> *Der Gemeinschuldner hat ein Verzeichniß der Gläubiger und Schuldner, sowie eine Uebersicht der Vermögensmasse bei Stellung des Antrags einzureichen oder, wenn dies nicht thunlich ist, ohne Verzug nachzuliefern."*[634]

Tatsächlich Gesetz geworden, ist die folgende Fassung:

> *„Beantragt der Gemeinschuldner die Eröffnung des Verfahrens, so hat er ein Verzeichniß der Gläubiger und Schuldner, sowie eine Uebersicht der Vermögensmasse bei Stellung des Antrags einzureichen oder, wenn dies nicht thunlich ist, ohne Verzug nachzuliefern.*[635]

Ob ein solches Verhalten des Schuldners nach dem Recht der KO, das eine lebenslange Nachhaftung vorsah, § 164 Abs. 1 KO, überhaupt eine denkbare Verhaltensweise sein oder ob durch einen solchen Antrag eines Schuldners die Gesamtheit der Gläubiger geschädigt werden konnte, wurde in den Protokollen zu den Motiven zur Konkursordnung offen gelassen.[636] Vielmehr stellen die Motive zur KO folgenden Leitsatz auf:

> *„Die Konkurseröffnung soll ihrem Zwecke nach immer für die Gesammtheit der Gläubiger eine Wohlthat sein."*[637]

---

630 Hahn, Materialien, S. 576
631 Hahn, Materialien, S. 577
632 Hahn, Materialien, S. 578
633 Hahn, Materialien, S. 658
634 Hahn, Materialien, S. 16
635 Hahn, Materialien, S. 785
636 Hahn, Materialien, S. 576
637 Hahn, Materialien, S. 297

N. Folgerungen für die Antragstellung

Ausgeführt wird in den Motiven stichpunktartig, dass es für einen Gläubiger, der einen Konkursgrund bei Antragstellung glaubhaft zu machen hat, genügen soll, wenn der Schuldner eine gerichtliche oder außergerichtliche Insolvenzerklärung abgegeben hat.[638]

§ 94 KO ist im Entwurf und in der Endfassung gleich geblieben. Der Wortlaut lautet jeweils wie folgt:

> *Die Eröffnung des Konkursverfahrens setzt die Zahlungsunfähigkeit des Gemeinschuldners voraus.*
>
> *Zahlungsunfähigkeit ist insbesondere anzunehmen, wenn Zahlungseinstellung erfolgt ist.*[639]

IV. Reihenfolge der Konkursgründe nach der Intention des Gesetzgebers zur KO

Der Gesetzgeber der KO ging davon aus, dass die Überschuldung zumindest bei einer Aktiengesellschaft, d.h. bei einer juristischen Person, i.d.R. früher eintritt als die Zahlungsunfähigkeit. In der Begründung zu §§ 193, 194 KO[640] führt der Gesetzgeber aus:

> *„Außer dem Eintreten der Zahlungsunfähigkeit oder Zahlungseinstellung eine Aktiengesellschaft soll nach § 193 Absatz 1 der Konkurs auch dann eröffnet werden können, wenn das Vermögen der Gesellschaft nicht mehr so viel beträgt, daß dasselbe die Schulden deckt. Während ein Schuldner sonst mit seinem zukünftigen Vermögen den Gläubigern verhaftet bleibt, während Ehre und Kreditbedürftigkeit ihm verbieten, die Gläubiger in größere Verluste zu ziehen, sind die Gläubiger einer Aktiengesellschaft ausschließlich auf das Vermögen des Kapitalvereins angewiesen. Die Rücksicht auf die einzelnen Gesellschafter, welche bei anderen Gesellschaften erheblich ins Gewicht fällt, greift bei der Aktiengesellschaft nicht Platz. Kredit und Bestand derselben beruht auf dem Bestand ihres Vermögens. Bei eingetretener Ueberschuldung dürfen die Gläubiger daher nicht darauf verwiesen werden, abzuwarten, bis auch eine Zahlungsunfähigkeit der Gesellschaft ausbricht.*[641]

---

638 Hahn, Materialien, S. 295

639 Zum Entwurf: Hahn, Materialien, S. 16; zur Endfassung: Hahn, Materialien, S. 785

640 **§ 193 KO**

Ueber das Vermögen einer Aktiengesellschaft findet das Konkursverfahren außer dem Fall der Zahlungsunfähigkeit in dem Falle der Ueberschuldung statt.

Nach Auflösung eine Aktiengesellschaft ist die Eröffnung des Verfahrens so lange zulässig, als die Vertheilung des Vermögens nicht vollzogen ist.

§ 194 KO

Zu dem Antrage auf Eröffnung des Verfahrens ist außer den Konkursgläubigern jedes Mitglied des Vorstandes und jeder Liquidator berechtigt.

Wird der Antrag nicht von allen Mitgliedern des Vorstandes oder allen Liquidatoren gestellt, so ist die Zahlungsunfähigkeit oder die Überschuldung glaubhaft zu machen. Das Gericht hat die übrigen Mitglieder oder Liquidatoren nach Maßgabe des § 97 Absatz 2 und 3 zu hören.

641 Begründung des Gesetzgebers zur KO, abgedruckt bei Hahn, Materialien, S. 390

V. Entscheidungen des Insolvenzrichters zur Verfahrenseröffnung

Die Frage ist, ob ein Richter erst Beweis über das Vorliegen eines Insolvenzgrundes bei einem Schuldnerantrag erhebt, oder ob er nicht sofort das Verfahren eröffnet, um nicht Regreßforderungen der Gläubiger zu generieren. Für die Konkursordnung wurde von Folgendem ausgegangen: Wenn der Schuldner schlüssig einen Insolvenzgrund behauptete, so musste der Richter zunächst Maßnahmen einleiten.[642]

Auch die 1935 eingeführte Vergleichsordnung hat die Eröffnungsgründe der Konkursordnung übernommen, § 2 Abs. 1 VglO. Auch für die Eröffnung des Vergleichsverfahrens genügt es, wenn der Eröffnungsgrund zum Zeitpunkt der gerichtlichen Entscheidung vorliegt.[643]

Aus dem rechtshistorischen Hintergrund der InsO konnten somit keine Erkenntnisse zur Vortragspflicht des Schuldners nach neuem Recht gewonnen werden.

Es sollen daher nachstehend die Folgen eines Insolvenzantrages dargestellt werden. Vor diesem Hintergrund lässt sich auch überprüfen, ob überhaupt ein Bedürfnis bestehen kann, die Prüfung eines Eröffnungsgrundes für einen Eigenantrag eines Schuldners zu fordern.

O. Folgen eines Insolvenzverfahrens

I. Vorteile eines Insolvenzverfahrens für den Schuldner

Für den Schuldner bietet die Einleitung eines gerichtlichen Insolvenzverfahrens die Möglichkeit, sich von lästigen Verträgen zu lösen, § 103 InsO. Des Weiteren kann die Einstellung von Zwangsvollstreckungen im Rahmen von Sicherungsmaßnahmen nach § 21 Abs. 2 Satz 3 InsO zunächst Vorteile für den Schuldner bringen. Zu den Vorteilen des Insolvenzverfahrens für den Schuldner zählt die kurzfristige Liquiditätsentlastung, da auf fällige Verbindlichkeiten keine Zahlungen mehr geleistet werden müssen. Des Weiteren kann ein erfolgreicher Insolvenzantrag u.a. Sozialbelastungen kalkulierbar machen, § 123 InsO. Für die Arbeitnehmer des Schuldners ergeben sich kürzere Kündigungsfristen, § 113 InsO. Die Vollstreckungssperren der §§ 88, 89 InsO können durch den Schuldner genutzt werden. Des Weiteren können die Gläubiger ihre Forderungen nur noch im eröffneten Verfahren nach den Vorschriften der InsO geltend machen, § 87 InsO.

---

642 Sarvey, KO, § 96 Rn. 2
643 Bley, VglO, § 2 Rn. 23

Ferner zählen für den Schuldner als Vorteile:

- Die Herausgabesperre im eröffneten Verfahren, §§ 165, 166 InsO, 30d Abs. 1 ZVG.
- Das Vorlagerecht eines Insolvenzplanes bei Antragstellung, § 218 Abs. 1 InsO.
- Die Option der Eigenverwaltung, § 270 InsO.
- Die Chance der Restschuldbefreiung, §§ 286 ff InsO.
- Die Offenhaltung aller Verwertungsoptionen nach Verfahrenseröffnung, u.a. § 159 InsO.
- Die Möglichkeit vor abschließender Entscheidung des Gerichts den Antrag wieder zurückzunehmen, § 13 Abs. 2 InsO

Bei drohender Zahlungsunfähigkeit (wenn nur diese tatsächlich vorliegt) entgeht der Schuldner außerdem den Wirkungen all der Anfechtungsregeln, die die Kenntnis der Zahlungsunfähigkeit – nicht aber der drohenden Zahlungsunfähigkeit – bei Schuldner und/oder Gläubiger voraussetzen, vgl. §§ 129 ff InsO.

II. Negative Folgen eines Insolvenzantrags für den Schuldner

Die Bestellung eines vorläufigen Insolvenzverwalters bzw. auch die Eröffnung des Insolvenzverfahrens werden nach Maßgabe des § 23 InsO bzw. § 30 InsO bekannt gemacht. Entgegen früherem Recht[644] verliert der Schuldner heute durch die Stellung eines Insolvenzantrages automatisch weder Bürger- noch Ehrenrechte; auch der Pranger für Schuldner ist abgeschafft.[645] Gleichwohl kann der Schuldner jede Kreditwürdigkeit und Glaubwürdigkeit im Geschäftsleben verlieren.

Es kann vielmehr davon ausgegangen werden, dass am Unternehmensgeschehen des Schuldners interessierte Gläubiger, u.a. das zuständige Finanzamt, die örtlichen Krankenkassen und v.a. die kreditgebende Bank, Lieferanten und (Groß-)Abnehmer eines Unternehmens (und auch ggf. einer schon vorher auffällig gewordenen Einzelperson) dessen insolvenzrechtliche Auffälligkeiten, d.h. die Bekanntmachung entsprechender Beschlüsse eines Insolvenzgerichts sehr aufmerksam verfolgen und ggf. gegensteuernde Maßnahmen einleiten werden.

Auch die Empfänger von Leistungen des Schuldners werden seine Entwicklung aufmerksam verfolgen, da sie durch eine Insolvenz des Schuldners möglicherweise Gewährleistungsansprüche verlieren können.

Spätestens mit der Bekanntgabe der (vorläufigen) Insolvenzverwaltung ist daher eine vormals nur vom Schuldner angenommene drohende Zahlungsunfähigkeit zur manifestierten Zahlungsunfähigkeit geworden, da zu erwarten ist, dass der Schuldner ab diesem Zeitpunkt nicht mehr kreditwürdig sein wird. Auch nach der

---

644 Hierzu Jaeger, KO_1902, § 25 Anm. 34: Der Schuldner verlor u.a. das aktive und passive Wahlrecht für den Reichstag und wurde vom „Börsenbesuch“ ausgeschlossen.

645 Unter Jakob I. König von England (1603–1625) galt noch der Pranger bei Zahlungsunfähigkeit; war die Zahlungsunfähigkeit auf einen Betrug zurückzuführen, konnte der Schuldner hingerichtet werden.

InsO wird es als ausreichend angesehen, wenn der Eröffnungsgrund im Zeitpunkt der gerichtlichen Entscheidung über das Verfahren vorliegt.[646] Hierauf wird noch einzugehen sein.

Weiter wird durch einen eingesetzten (vorläufigen) Verwalter dem Schuldner die Möglichkeit zur Weiterführung seines Unternehmens genommen. Auch eine entsprechende Möglichkeit für den Schuldner, Einfluss auf die Geschäftsentwicklung zu nehmen, kommt auf diese Weise abhanden, selbst wenn der Schuldner nach einem entsprechenden Antrag vor Verfahrenseröffnung, § 27 Abs. 1 Satz 2 InsO, zur Eigenverwaltung zugelassen wird, §§ 27, 270 InsO. Es besteht hier die Gefahr, dass die Gläubigerversammlung den Geschäftsbetrieb des Schuldners einstellt, bzw. eine Veräußerung des schuldnerischen Vermögens beschließt, ggf. nach Wegfall der Eigenverwaltung nach § 272 InsO, wenn hierfür die Voraussetzungen gegeben sind.

Eine jüngere Entscheidung des BGH hat noch im Rahmen des Geltungsbereichs der KO festgehalten, dass ein wichtiger Grund zur fristlosen Kündigung eines Darlehens in der unmittelbar drohenden Gefahr der Zahlungsunfähigkeit des Darlehensnehmers liegen kann (unter Hinweis auf Nr. 19 Abs. 3 Satz 2 AGB-Banken).[647]

III. Programmierter Selbstmord des Schuldners?

Eine Antragstellung des Schuldners, ohne dass die Voraussetzungen des § 18 InsO tatsächlich vorliegen, ist daher sowohl in tatsächlicher Hinsicht als auch aus unternehmerischer Hinsicht als wirtschaftlicher Selbstmord zu betrachten, sodass davon ausgegangen werden kann, dass sich niemand ohne Grund in die Rolle des Schuldners nach dem InsO-Verfahren begeben wird.[648]

Die Folgen eines ungesteuerten Antrags auf Eröffnung des Insolvenzverfahrens sind für den Schuldner nicht abschließend planbar, da Entscheidungsfindungen stattfinden, an denen er nicht oder nur teilweise beteiligt ist und auf die er gemeinhin keinen Einfluss nehmen kann. Ein ungeplanter Antrag auf Eröffnung eines Insolvenzverfahrens ist daher für den Schuldner nicht sinnvoll und kann per se die Gesamtheit der Gläubiger nicht schädigen.

Die Gläubiger entscheiden über den Fortgang und die weitere Entwicklung des schuldnerischen Unternehmens/Vermögens im Berichtstermin, auf welche Weise das schuldnerische Vermögen zur Erfüllung der Gläubigeransprüche verwertet werden soll, §§ 29, 156 InsO. Auch unter diesem Gesichtspunkt wird kein Schuldner sein Vermögen Dritten zur Verwertung stellen, um etwa lästige langfristige Verbindlichkeiten durch ein Insolvenzverfahren zu beseitigen.

---

646 HK-*Kirchhof*, InsO, § 16 Rn. 9; Braun-*Kind*, InsO, § 16 Rn. 14; MüKo-*Schmahl*, InsO, § 16 Rn. 38; Wimmer-*Schmerbach*, InsO, § 16 Rn. 6
647 BGH v. 20. Mai 2003 Az.: XI ZR 50/02
648 Jaeger-*Müller*, InsO, § 18 Rn. 24; Stahlschmidt, Methoden, JZ 2002, 89, 91

Diese Publizität ist geeignet, dem Schuldner die Teilnahme am geschäftlichen Leben zu erschweren. Es ist zu erwarten, dass der Schuldner jegliche Waren und Dienstleistungen, die Bonität erfordern, nicht mehr erhält. Beispielhaft ist hier an Mobiltelefonverträge, Telefonfestanschlüsse und weitere für Verbraucher und auch Gewerbetreibende selbstverständliche Angelegenheiten des täglichen Lebens zu denken. Ein Insolvenzverfahren lediglich dazu zu nutzen, sich von lästigen, langfristigen Verträgen zu lösen oder ggf. um Sozialplanansprüche zu begrenzen, erscheint daher eher eine mit nicht weiter kalkulierbarem Risiko versehene Ausnahme zu sein.

Zum anderen ist durch die Antragstellung alleine schon zu befürchten, dass z.B. Banken, die vom Insolvenzantrag eines Schuldners überrascht werden, ihr Kreditengagement beim Schuldner beenden und laufende Kreditlinien fällig stellen, da sie durch den Insolvenzantrag befürchten, dass das Engagement durch den Schuldner nicht rückgeführt werden kann und er dann auch faktisch tatsächlich zahlungsunfähig wird.

Nochmals: Die Zahlungsunfähigkeit muss im Zeitpunkt der Eröffnungsentscheidung vorliegen. Hierzu ist auf den Eröffnungsbeschluss abzustellen. Wird der Eröffnungsbeschluss mit der Beschwerde angegriffen, kommt es auf den Zeitpunkt der letzten Entscheidung des Gerichts an.[649] Dies hätte der Schuldner mit einem unmotivierten und unvorbereiteten Antrag auf Eröffnung eines Insolvenzverfahrens in jedem Fall erreicht, selbst wenn er diesen nur mit dem Vorliegen drohender Zahlungsunfähigkeit i.S.d. § 18 InsO begründet hätte. Dies wird auch von *Flöther/Smid/Wehdeking* gesehen: dort wird dargelegt, dass der Schuldner jedenfalls im Hinblick auf die bis zur Antragstellung nicht erfüllten Verbindlichkeiten rechtlich zahlungsunfähig wird.[650]

IV. Drohende Zahlungsunfähigkeit als Chimäre?

Nach den bisherigen Überlegungen scheint sich ein außerordentlich unbefriedigendes Zwischenergebnis abzuzeichnen. Die Eigenantragstellung des Schuldners gestützt auf drohende Zahlungsunfähigkeit zeichnet sich vordergründig als Chimäre ab. Schlagwortartig mag man dies so formulieren, dass – unabhängig davon, ob der Schuldner materiell insolvent sei – oder noch nicht – seine Eigenantragstellung jedenfalls die materielle Insolvenz zur Folge habe.

Fischer stellt zwar überzeugend dar, dass eine Bank einen Girokontovertrag bei einem Insolvenzantrag nach Nr. 19 Abs. 3 ihrer AGB möglicherweise nicht kündigen darf.[651] Wenn sie es aber doch tut, was gemeinhin ohne Vorbereitung des Verfahrens und vorherige Information der Bank zu erwarten ist, ist aus dem drohend

649 HK-Kirchhof, § 16 Rn. 14; Braun-Kind, § 16 Rn. 14
650 Flöther/Smid/Wehdeking, Eigenverwaltung in der Insolvenz, S. 31
651 Fischer, Verbraucherinsolvenz, ZinsO 2003, 203

zahlungsunfähigen Schuldner sehr schnell ein tatsächlich zahlungsunfähiger Schuldner geworden, der möglicherweise einen Regressanspruch gegen seine Hausbank hat, den sein Insolvenzverwalter dann (nach eingetretener Zahlungsunfähigkeit) geltend machen kann.

Für ein Verbraucherinsolvenzverfahren gilt Vergleichbares: Nach einer erfolglosen Schuldenbereinigung (nur dann kommt ein Verbraucherinsolvenzverfahren in Frage, § 305 Abs. 1 Nr. 1 InsO) ist sicherlich auch aus dem zahlungsfähigsten Schuldner ein zumindest drohend zahlungsunfähiger Schuldner geworden, da er mit einer Schuldenbereinigung seine Hauptgläubiger für seine neue Vermögenssituation sensibilisiert hat. Insoweit ist auch die Diskussion, ob ein Schuldner auch ohne das Vorliegen eines Eröffnungsgrundes ein Schuldenbereinigungsverfahren durchführen kann, eine Scheindiskussion.[652]

V. Eigenantrag des Schuldners ohne Rücksicht auf Verluste?

In der Tat: Der ohne Rücksicht auf entstehende Verluste gestellte Eigenantrag des Schuldners wird – in aller Regel – Reaktionen seiner Gläubiger nach sich ziehen, die in ihrem Gefolge die Zahlungsunfähigkeit des Schuldners mit sich führen. Das spricht indes nicht gegen die Eigenständigkeit des Tatbestandes der drohenden Zahlungsunfähigkeit, sondern verweist allein darauf, dass ein vom Schuldner bei drohender Zahlungsunfähigkeit initiiertes Insolvenzverfahren als Reorganisations- und Sanierungsverfahren ausschließlich dann einen Sinn hat, wenn der Schuldner sich zuvor mit seinen Gläubigern abgestimmt hat und damit – absprachegemäß – entsprechende Reaktionen ausbleiben.

Dies gilt im Übrigen auch für den Eigenantrag, den der Schuldner mit einem Antrag auf Anordnung der Eigenverwaltung verbindet. So ist im Schrifttum darauf aufmerksam gemacht worden, dass der Antrag gem. § 270 InsO voraussetzt, dass der Schuldner aufgrund entsprechender Stellungnahmen einer Mehrheit von Gläubigern dem Insolvenzgericht gegenüber dartun kann, dass die Mehrheit der Gläubiger die Anordnung der Eigenverwaltung befürwortet und daher nicht zu befürchten ist, dass die Anordnung im Berichtstermin aufgehoben wird.[653]

Die Frage des Vorliegens eines Eröffnungsgrundes ist im Zeitpunkt der Eröffnung des Verfahrens zu prüfen.[654] Vor dem dargestellten Hintergrund ist bei Eröffnung des Verfahrens aus der drohenden Zahlungsunfähigkeit des Schuldners eine einge-

---

652 Zum Meinungsstand: Uhlenbruck, Der Insolvenzgrund im Verbraucherinsolvenzverfahren, NZI 2000, 15 ff; Braun-Kind, InsO, § 16 Rn. 3 ff weisen darauf hin, dass nur das Vorliegen materieller Insolvenz (!) einen Eingriff in die Gläubigerposition und somit in die Eigentümerposition nach Art. 14 GG rechtfertigen kann; so auch die Darstellung bei Wimmer-*Schmerbach*, InsO, § 16 Rn. 8, der dies im Ergebnis offen lässt mit dem Hinweis, dass sich im Rahmen des § 309 Abs. 1 Satz 2 Nr. 2 InsO ein entsprechender Missbrauch vermeiden lasse.

653 Braun-*Riggert*, InsO, § 270 Rn. 5; MüKo-*Wittig*, InsO, § 279 Rn. 36

654 HK-Kirchhof, § 16 Rn. 14; Braun-Kind, § 16 Rn. 14

tretene Zahlungsunfähigkeit geworden, sofern er nicht vorher die Verständigung mit den Gläubigern gesucht hat und sie über die Möglichkeit der „drohenden" Einleitung eines Insolvenzverfahrens unterrichtet hat.

Den dargestellten Folgen vergleichbar war das bis zum 31.12.1998 geltenden Recht in § 2 Abs. 1 S. 2 VglO. Auch hier war es nach dem bis zum 01.01.1999 geltenden Vergleichsrecht nur dem Schuldner möglich, Antrag auf Eröffnung des Vergleichsverfahrens zu stellen. Auch hiernach war es ausreichend, wenn der Schuldner bei Antragstellung nur ernste Zahlungsschwierigkeiten hatte, die eingetretene Zahlungsunfähigkeit aber erst als Folge des Vergleichsantrages auftrat.[655]

Dieses Zwischenergebnis soll nachfolgend wertend aus dem Blickwinkel der Gläubiger im Insolvenzverfahren betrachtet werden, um festzustellen, ob hieraus weitere Schlussfolgerungen zu ziehen sind.

VI. Auswirkungen für den Gläubiger

Für die Gläubiger bedeutet die Eröffnung eines Insolvenzverfahrens zunächst Folgendes:

- Ihr Verwertungsrecht, insbesondere das Recht zur Einziehung abgetretener Außenstände des Schuldners, geht verloren,
- es fallen mindestens in Höhe von 4 % des Wertes der beweglichen Sicherheiten Verfahrensbeiträge an, die den Gläubigern belastet werden; im Verwertungsfall kommen hierzu weitere 5 % und ggf. die anfallende Umsatzsteuer,
- bei der Verwertung von Grundstücken kann der Insolvenzverwalter eine zügige Verwertung verhindern und aufgrund dieses Drohszenarios ggf. zusätzliche Verfahrensbeiträge verlangen,
- ggf. wird der Insolvenzverwalter, sofern die Voraussetzungen hierfür vorliegen, die letzten Zahlungen/Verrechnungen anfechten.

Für den Gläubiger hat die Eröffnung eines Insolvenzverfahrens weiter die Folge, dass – eine Kündigung des Insolvenzverwalters unterstellt – eine vormals geführte oder vereinbarte langjährige Vertragsbindung mit dem Schuldner beendet werden kann.

Des Weiteren droht einem Gläubiger durch die Eröffnung eines Insolvenzverfahrens der (Teil-)Verlust von Forderungen, da nunmehr andere Forderungen, u.a. die Kosten des Insolvenzverfahrens, vorrangig getilgt werden.

---

655 Bley, VglO, § 2 Rn. 23

VII. Folgen auch bei eingetretener Zahlungsunfähigkeit / Überschuldung

Diese eben genannten Folgen treten aber auch vollständig dann ein, wenn der Schuldner erst nach Eintreten einer echten Insolvenzsituation (Zahlungsunfähigkeit oder Überschuldung) einen Eigenantrag stellt. In diesem Fall sind ebenfalls die Kosten des Insolvenzverfahrens vorrangig und stehen nicht für die gemeinsame Befriedigung der Gläubiger zur Verfügung. In jedem Fall steht bei eingetretener Zahlungsunfähigkeit weniger zur Verteilung an, als wenn der Schuldnerantrag bereits zu einem früheren Stadium erfolgt wäre.

VIII. Auswirkungen der Restschuldbefreiung

Selbst wenn dem Schuldner aufgrund eines Antrags nach § 18 InsO Restschuldbefreiung gewährt wird, steht der Gläubiger nicht schlechter als bei einem Antrag nach § 17 InsO wegen eingetretener Zahlungsunfähigkeit. Mit Sicherheit kann davon ausgegangen werden kann, dass ein Schuldner, der (zu Recht oder gegebenenfalls zu unrecht, weil die Voraussetzungen noch nicht vorliegen) einen Antrag auf Eröffnung des Verfahrens wg. drohender Zahlungsunfähigkeit stellt, über mehr finanzielle Mittel im Vergleich zu sich selbst verfügt, als wenn er bis zur eingetretenen Zahlungsunfähigkeit zuwarten würde.

Zutreffend ist die Ansicht, dass Art. 14 und Art. 12 GG bei der Eröffnung eines Insolvenzverfahrens für die durch das Verfahren betroffenen Gläubiger berührt sind. Bei der Eröffnung eines Insolvenzverfahrens ohne Eröffnungsgrund sind die Gläubiger jedoch nicht mehr, aber auch nicht weniger berührt, als bei einem „normalen Insolvenzverfahren" des Schuldners, gestützt auf den Insolvenzgrund der drohenden Zahlungsunfähigkeit. Insoweit geht der vielfach geäußerte Verweis auf Art. 14 und Art. 12 GG ggf. ins Leere.

P. Steuerbarkeit eines Verfahrens für den Schuldner

I. Verlust der Verwaltungs- und Verfügungsbefugnis

In der Regel verliert der Schuldner durch einen eingesetzten (vorläufigen) Verwalter die Verwaltungs- und Verfügungsbefugnis über sein Vermögen, § 80 InsO. Eine Ausnahme hierzu stellt die Eigenverwaltung dar, die nachstehend noch dargestellt werden soll.

Die Folgen eines ungesteuerten Antrags auf Eröffnung des Insolvenzverfahrens sind für den Schuldner nicht abschließend planbar, da Entscheidungsfindungen stattfinden, an denen er nicht oder nur teilweise beteiligt ist und auf die er gemeinhin keinen Einfluss nehmen kann. Ein ungesteuerter Antrag auf Eröffnung eines

Insolvenzverfahrens ist daher für den Schuldner nicht sinnvoll und kann per se zumindest die Gesamtheit der Gläubiger nicht schädigen. Darüber hinaus ist der Neuerwerb des Schuldners nach § 35 InsO mit vom Insolvenzverfahren erfasst, eine – auch künftige – Gesamtverwertung des Vermögens des Schuldners ohne Steuerung durch ihn ist daher für ihn nicht sinnvoll. Der Schuldner vernichtet durch einen Antrag, der nicht notwendig ist, lediglich seine wirtschaftliche Existenz, ohne dass er hierfür einen Gegenwert erhält. Eine Motivationslage für den Schuldner so zu verfahren, ist daher nicht erkennbar.

Die Einleitung eines Insolvenzverfahrens kann daher für einen Schuldner (ungeachtet bestehender Antragspflichten) nur dann Sinn machen, wenn er nicht durch die Antragstellung die Verwaltungs- und Verfügungsmacht über sein Vermögen aus den Händen gibt, § 80 InsO, sondern vielmehr versucht, steuernd auf das Verfahren einzuwirken.

II. Motivationslage: strafbewehrte Insolvenzantragsverpflichtung

Anbieten würde sich ein solches Verfahren, d.h. ein ungesteuerter Insolvenzantrag für den Schuldner lediglich dann, wenn er einer strafbewehrten Insolvenzantragsverpflichtung[656] entgehen will. In diesem Fall ist jedoch – wenn der Schuldner seine Situation richtig beurteilt – bereits von einer materiellen Insolvenz auszugehen, in der Regel liegt dann zumindest ein althergebrachter Insolvenzgrund, nämlich die Zahlungsunfähigkeit oder die Überschuldung vor, sodass der neue Eröffnungsgrund der drohenden Zahlungsunfähigkeit i.S.d. § 18 InsO nicht mehr einschlägig sein kann.

III. Sinnhaftigkeit eines vorzeitigen Eigenantrages

Sinn macht ein vorzeitiger Eigenantrag für den Schuldner daher nur dann, wenn er tatsächlich steuernd auf das Insolvenzverfahren einwirken kann. Nur bei einer Steuerbarkeit des Verfahrens durch den Schuldner sind auch Missbrauchsmöglichkeiten denkbar, die sicherlich vermieden werden müssen. Zu beachten ist jedoch auch, dass ein unredlicher Schuldner in einer frühzeitigen Verfahrenseröffnung keinen Vorteil sehen kann, wenn er nur die Enttarnung seiner kriminellen Machenschaften zu erwarten hat.[657]

Andere Motivationen für den Schuldner, ein Insolvenzverfahren zu betreiben, sind denkbar, z.B., um sich von unliebsamen Verträgen zu lösen, hängen aber nicht mit konkreten Frage, welcher Insolvenzgrund tatsächlich vorliegt, zusammen.

---

656 Z.B. §§ 64, 84 GmbHG oder die gleichlautenden Vorschriften §§ 92, 401 AktG bzw. auch §§ 99, 148 GenG

657 Nerlich/Römermann-*Mönning*, InsO, § 18 Rn. 50

Bereits eingangs wurden die Möglichkeiten der Eigenverwaltung und des Insolvenzplans für den Schuldner erwähnt, die Anreize für den Schuldner bieten könnten, einen frühzeitigen Antrag auf Eröffnung eines Insolvenzverfahrens zu stellen.

IV. Eigenverwaltung

1. Antrag auf Eigenverwaltung / Ansicht des Gesetzgebers

Nach § 270 InsO kann der Schuldner einen Antrag auf Eigenverwaltung stellen. Grundgedanke des Gesetzgebers bei der Eigenverwaltung war, dass bei Zulassung des Antrags der Schuldner verfügungsbefugt bleibt und ihm lediglich ein Sachwalter zur Seite gestellt wird.

Der Gesetzgeber selbst geht davon aus, dass es zweckmäßig sei,

> *„für den Regelfall des Insolvenzverfahrens anzuordnen, dass nicht der Schuldner die Verfügungs- und Verwaltungsbefugnisse über die Insolvenzmasse ausübt, sondern ein unabhängiger Insolvenzverwalter. Eine Person, die den Eintritt der Insolvenz nicht hat vermeiden können, wird meist nicht dazu geeignet sein, die Insolvenzmasse optimal zu verwerten und bei der Durchführung des Insolvenzverfahrens die Interessen der Gläubiger über die eigenen Interessen zu stellen.“*[658]

Der Gesetzgeber führt weiter aus, dass es aber durchaus

> *„Vorteile haben kann, den Schuldner im Grundsatz verfügungs- und verwaltungsbefugt zu lassen und ihn lediglich unter die Aufsicht eines Verwalters zu stellen“,*

um hierdurch die Einarbeitungszeit, die nach Ansicht des Gesetzgebers jeder Verwalter braucht, zu vermeiden.[659]

2. Voraussetzung für den Antrag auf Eigenverwaltung

Nach § 270 Abs. 2 InsO ist Voraussetzung für die Anordnung der Eigenverwaltung, „dass nach den Umständen zu erwarten ist, dass die Anordnung nicht zu einer Verzögerung des Verfahrens oder zu sonstigen Nachteilen für die Gläubiger führen wird“, § 270 Abs. 2 Nr. 3. Nur wenn der Schuldner vor der Eröffnung des Insolvenzverfahrens den Antrag gestellt hat, kann die Eigenverwaltung unter Aufsicht eines Sachwalters angeordnet werden.[660] Der Antrag ist durch den Schuldner bis zur Eröffnung des Verfahrens zu stellen.

Die Möglichkeit der Eigenverwaltung, die nach § 271 InsO durch die Gläubigerversammlung beantragt werden kann, bringt für die Betrachtung des Eröffnungsverfahrens keine neuen Erkenntnisse und soll daher ausgeblendet werden. Nach § 270 Abs. 2 Nr. 2 InsO ist die Eigenverwaltung auch möglich, wenn ein Gläubiger den Antrag auf Eröffnung des Ver-

---

658 RegE, abgedruckt in Kübler/Prütting, Insolvenzrecht, S. 511
659 RegE, abgedruckt in Kübler/Prütting, Insolvenzrecht, S. 511
660 Smid-*Smid*, InsO, § 270 Anm. 4

fahrens gestellt hat und dem Antrag des Schuldners auf Eigenverwaltung zugestimmt hat; dieser Gesichtspunkt soll aber ebenfalls ausgeblendet bleiben, da der Antrag auf Eröffnung des Insolvenzverfahrens gestützt auf den neuen Insolvenzgrund der drohenden Zahlungsunfähigkeit nur vom Schuldner gestellt werden kann.

Der Schuldner verlangt mit der Anordnung der Eigenverwaltung etwas Besonderes, d.h. er verlangt eine ihm günstige Abweichung von den normalen insolvenzrechtlichen Vorschriften.[661] Auch der Gesetzgeber ging davon aus, dass die Eigenverwaltung eine auf besondere Fälle beschränkte Ausnahme bleibt. In den Vorbemerkungen zu § 331 RegE (entspricht § 270 InsO) wird ausgeführt:

> *Es erscheint zweckmäßig, für den Regelfall des Insolvenzverfahrens anzuordnen, dass nicht der Schuldner die Verfügungs- und Verwaltungsbefugnisse über die Insolvenzmasse ausübt, sondern ein unabhängiger Insolvenzverwalter.*[662]

Die weitere amtliche Begründung des Gesetzgebers zu § 331 RegE, dass

> *in der Regel davon ausgegangen werden kann, dass der Schuldner, der selbst das Insolvenzverfahren beantragt (...) in der Regel geeignet sein wird, bis zur Entscheidung der ersten Gläubigerversammlung die Eigenverwaltung zu führen.*[663]

erscheint insoweit inkonsequent, soll aber, da es um die Betrachtung der Eigenverwaltung im Zusammenhang mit dem neuen Eröffnungsgrund der drohenden Zahlungsunfähigkeit geht, ausgeblendet werden,[664] da nach § 18 InsO nur der Schuldner einen Antrag gestützt auf den neuen Insolvenzgrund der drohenden Zahlungsunfähigkeit stellen kann.

3. Vorlage eines Konzepts durch den Schuldner für die Weiterführung des Unternehmens

Sinn macht die Eigenverwaltung durch einen Schuldner nur dann, wenn er seinen Gläubigern ein Konzept vorstellt, wie die Abwicklung oder Weiterführung des Unternehmens unter Berücksichtigung der Interessen der Gläubiger erfolgen kann. Die Eigenverwaltung zur Abwicklung und vollständigen Verwertung des Schuldnervermögens erscheint zwar rechtlich möglich, ist aber tatsächlich eher abwegig. Hier würde tatsächlich der Bock zum Gärtner gemacht.[665] Diese Vorgehensweise würde auch der amtlichen Begründung zum Sinn der Eigenverwaltung widersprechen, die die Eigenverwaltung als sinnvoll erachtet, wenn die „Kenntnisse und Erfahrungen der bisherigen Geschäftsleitung" genutzt werden können.[666] Auch der

661 MüKo-*Wittig*, InsO, § 270 Rn. 34; Hess/Weiss-*Wienberg*, InsO, § 270 Rn. 39
662 BT-Drs. 12/2443, 222; RegE, abgedruckt in Kübler/Prütting, Insolvenzrecht, S. 512
663 BT-Drs. 12/2443, 223; RegE, abgedruckt in Kübler/Prütting, Insolvenzrecht, S. 512
664 Smid-*Smid*, InsO, § 270 Anm. 10 führt zutreffend an, dass die Eigenverwaltung auf die Fälle der frühzeitigen Antragstellung (d.h. nicht bei eingetretener Zahlungsunfähigkeit oder Überschuldung) durch den Schuldner beschränkt werden soll.
665 Grub, Eigenverwaltung des Pleitiers, WM 1994, 880 f
666 BT-Drs. 12/2443, 223

Gesetzgeber sieht die Einrichtung der Eigenverwaltung nur für Fortführungsfälle als zielführend an.[667]

4. Möglichkeit der Aufhebung der Eigenverwaltung

Nach § 272 InsO kann die Anordnung der Eigenverwaltung aufgehoben werden, wenn dies von der Gläubigerversammlung beschlossen wird oder wenn die Voraussetzungen des § 270 Abs. 2 Nr. 3 InsO weggefallen sind, d.h., wenn nach den Umständen zu erwarten ist, dass die Anordnung zu einer Verzögerung des Verfahrens oder zu sonstigen Nachteilen für die Gläubiger führen wird.

Der Schuldner, der den Antrag auf Eigenverwaltung stellt, hat nur dann Erfolg, zur Eigenverwaltung zugelassen zu werden und diese auch auf Dauer des Verfahrens durchzuführen, wenn er sich im Vorfeld mit den beteiligten Gläubigern abstimmt und diese die Eigenverwaltung befürworten und keine Gläubigergefährdung sehen. Durch diese vorinsolvenzliche Abstimmung ist sichergestellt, dass der Schuldner keine insolvenzfremden Zwecke mit seinem Antrag verfolgen kann. Aus diesem Grund ist in diesen Fällen auch unter Berücksichtigung der Rechte der Gläubiger aus Art. 14 GG eine Prüfung des Vorliegens eines Insolvenzgrundes entbehrlich.

Bei eingetretener materieller Insolvenz (Zahlungsunfähigkeit oder Überschuldung) ist die Gläubigergefährdung nur schwer zu entkräften. Die Durchsetzbarkeit eines Antrags auf Eigenverwaltung ist fast nicht denkbar. Auch bei lediglich drohender Zahlungsunfähigkeit ist die Durchsetzung der Eigenverwaltung für den Schuldner denkbar schwierig. Nach dem Wortlaut des § 270 Abs. 2 Nr. 3 InsO ist es für eine Ablehnung der Eigenverwaltung durch ein Insolvenzgericht nicht erforderlich, dass Anhaltspunkte für eine Verzögerung des Verfahrens oder sonstige Nachteile für die Gläubiger zu erwarten sind. Vielmehr ist ungekehrt Voraussetzung für die Anordnung der Eigenverwaltung, dass derartige Umstände nicht vorliegen. Die Darlegungslast liegt insoweit beim Antragsteller.[668]

5. Vorbereitungsmaßnahmen: u.a. vorherige Abstimmung mit den Gläubigern und dem Insolvenzgericht

Als Vorbereitungsmaßnahmen für die Eigenverwaltung durch den Schuldner unerlässlich wird die vorherige Abstimmung der Eigenverwaltung mit den wesentlich beteiligten Gläubigern, die Einholung deren schriftlicher Zustimmung, die Darlegung von Sanierungsmaßnahmen und die persönliche Erörterung mit dem Insolvenzgericht sein. Die Erörterung mit dem Insolvenzgericht bietet sich auch aus dem

667 BT-Drs. 12/2443, 223

668 Braun-Riggert, InsO, § 270 InsO Rn. 8; Smid, Smid, InsO, § 270 Rn. 11: trotz des Amtsermittlungsgrundsatzes nach § 5 InsO trifft den Schuldner insoweit die Darlegungslast

Grund an, da sich das Gericht bei einer fehlerhaften Entscheidung zur Eigenverwaltung einer Haftung aussetzt: dieser Punkt kann nur durch entsprechende Überzeugungsarbeit ausgeräumt werden.

V. Erforderlicher Vortrag / erforderliches Abstimmungsverhalten des Schuldners vor Antragstellung

1. Eigenverwaltung als Abweichung vom Regelverfahren

Wie bereits erwähnt wurde, will der Schuldner mit der Eigenverwaltung eine Abweichung vom Regelinsolvenzverfahren. Nach althergebrachten Verfahrensgrundsätzen, dass derjenige etwas nachweisen muss, der eine Abweichung vom einem standardisierten Verfahren haben möchte, hat daher der Schuldner die Voraussetzungen für das Verfahren mit Eigenverwaltung nachzuweisen und glaubhaft zu machen.[669] Der Schuldner muss nachweisen, warum gerade in seinem Verfahren weder eine Verzögerung des Verfahrens eintritt, noch sonstige Nachteile durch die Eigenverwaltung für die Gläubiger zu besorgen sind.

2. Erfordernis der vorherigen Abstimmung

Smid vertritt hierzu die Ansicht, dass der Schuldner die Eigenverwaltung befürwortende Stellungnahmen seiner Banken und Lieferanten sowie des Betriebsrats und analog § 218 Abs. 3 InsO ggf. des Sprecherausschusses der leitenden Angestellten beizubringen hat.[670]

Diese Ansicht ist zutreffend. Der Schuldner, der den Antrag auf Eigenverwaltung stellt, hat nur dann Erfolg, zur Eigenverwaltung zugelassen zu werden und diese auch auf Dauer des Verfahrens durchzuführen, wenn er sich im Vorfeld mit den beteiligten Gläubigern abstimmt und diese die Eigenverwaltung befürworten und keine Gläubigergefährdung sehen. Durch diese vorinsolvenzliche Abstimmung ist auch sichergestellt, dass der Schuldner keine sanierungsfremden Zwecke mit seinem Antrag verfolgen kann.

Das Sanierungskonzept, das der Schuldner seinen Gläubigern vorstellt mit dem Ziel die Eigenverwaltung mit Zustimmung der Gläubiger durchzusetzen, wird jedoch von diesen nur dann akzeptiert werden, wenn der Schuldner nicht nur eine schlüssige und glaubhafte Darstellung der künftigen Entwicklung seiner finanziellen Lage präsentieren wird, sondern auch künftige Befriedigung der Gläubiger sicherstellen kann. Alleine Behauptungen des Schuldners werden den Gläubigern hierfür nicht genügen. Vielmehr ist der Schuldner gehalten, neben den Vermögensstatusunterlagen, wie Bilanz, Gewinn- und Verlustrechnung, Listen von Gläubigern und

669 Smid-*Smid*, InsO, § 270 Anm. 10; Braun-*Riggert*, InsO, § 270 Rn. 6, 8
670 Smid-*Smid*, InsO, § 270 Anm. 11

Schuldnern, Verzeichnisse des Anlage- und Umlaufvermögens, auch Sanierungskonzepte und ggf. externe Gutachten zum Wert seines Unternehmens und einzelner Assets vorzulegen.

3. Vortrag des Schuldners in der Gläubigerversammlung

Nach § 281 InsO hat der Schuldner – nach Prüfung durch den Sachwalter – den Bericht in der Gläubigerversammlung vorzutragen, der sonst die Aufgabe des Insolvenzverwalters ist.[671] In diesem Bericht muss der Schuldner auch über seine wirtschaftliche Lage und Ursachen berichten; d.h., er muss sich auch zu der Frage der insolvenzrechtlich relevanten Krise äußern. Sinn macht es für ihn daher nicht, eine Eröffnung des Verfahrens ohne Not (d.h. ohne das Vorliegen des Eröffnungsgrundes) zu beantragen und hierüber dann in der Gläubigerversammlung zu berichten.

VI. Insolvenzplan

Eine weitere Möglichkeit für den Schuldner steuernd in das Verfahren einzugreifen ist die Vorlage eines Insolvenzplans. Nur aufgrund eines Insolvenzplans könnte eine Gläubigerungleichbehandlung, die einen Eingriff in die Rechte von Gläubigern nach Art. 14 darstellen könnte, vorliegen.

Der Gesetzgeber sieht im dem neuen Rechtsinstitut des Insolvenzplans ein Kernstück der Reform des Insolvenzrechts. Angeführt wird, dass sich das Rechtsinstitut des Insolvenzplans von den überholten Vorstellungen des Vergleichsrechts löst und den Beteiligten die Möglichkeit gibt, Insolvenzen auf der Grundlage der Gläubigerautonomie flexibel und wirtschaftlich abzuwickeln.[672]

Das gesetzliche Gerüst, das die Insolvenzordnung für ein Sanierungskonzept des Schuldners vorgibt, ist der Insolvenzplan. Ein sich außerhalb des Planverfahrens bewegendes Sanierungsmodell durch den Schuldner ist denkbar, würde jedoch auch durch den Schuldner als außergerichtliches Vergleichsverfahren sinnvollerweise durchgeführt und soll an dieser Stelle ausgeblendet werden.

In § 217 InsO findet sich die Definition des Insolvenzplanes. Danach ist auf Grundlage eines Insolvenzplans eine Sanierung des schuldnerischen Unternehmens in Abweichung von den gesetzlichen Regelungen möglich.

Sinnvoll ist aber auch die Vorlage eines Insolvenzplans nur dann, wenn der Schuldner im Rahmen einer Unternehmensinsolvenz seinen Insolvenzantrag mit der Vorlage eines Insolvenzplanes nach § 218 InsO bzw. mit einem Antrag auf Eigenverwaltung verbindet.[673]

---

671 MüKo-*Wittig*, InsO, § 281 Rn. 19
672 RegE, abgedruckt in Kübler/Prütting, Insolvenzrecht, S. 445
673 Nach Smid, Grundzüge des Insolvenzrechts, S. 62, Rn. 2 ist der Schuldner ohnehin anzuhalten seinen Plan gem. § 229 auszustatten

P. Steuerbarkeit eines Verfahrens für den Schuldner

Nach der zutreffenden Ansicht von *Smid* ist § 220 InsO aufgrund eines Redaktionsversehens versehentlich verkürzt, da der vom Schuldner bei Antragstellung vorzulegende Plan keinen darstellenden Teil i.S.d. § 220 InsO haben könnte.[674] § 220 InsO ist vielmehr umfassend dahingehend zu verstehen, dass ein umfassender Sachbericht zu erstellen ist. Im Sachbericht ist über die Darstellung der historischen Ursachen der Krise und die Darstellung des Ist-Zustandes hinaus noch die Begründung der im gestalterischen Teil des Planes vorzunehmenden Rechtsgestaltungen auszuführen.[675]

Die Tatsache, dass die historischen Ursachen der Krise und die Darstellung des Ist-Zustandes des Unternehmens bzw. des Schuldners darzustellen sind, ermöglicht eine Überprüfung des Umstandes, ob tatsächlich ein Eröffnungsgrund vorliegt. Nur hierzu ist dann tatsächlich ein Vortrag des Schuldners erforderlich, nicht jedoch für die eigentliche Antragstellung.

Im Rahmen des darstellenden Teils des Insolvenzplanes ist nach § 220 InsO ein Liquiditätsplan vorzulegen.[676] Aus diesem Liquiditätsplan und auch aus der Vorgeschichte der Insolvenz, die ebenfalls im Planverfahren darzustellen ist, ergibt sich dann auch die Entwicklung der Insolvenz. In diesem Rahmen kann es erst Sinn machen, zu untersuchen, ob überhaupt ein Insolvenzgrund vorliegt, da erst mit Planbestätigung überhaupt abschließend in Rechte der Gläubiger eingegriffen wird. Für den Schuldner macht es auch an dieser Stelle keinen Sinn, erst einen Antrag wegen angeblich drohender Zahlungsunfähigkeit zu stellen, diese aber dann in der Konsequenz der Darstellung im Insolvenzplan als gar nicht vorhanden zu erwähnen.

In diesem Rahmen könnte es erst Sinn machen, zu untersuchen, ob überhaupt ein Insolvenzgrund vorliegt, da erst mit Planbestätigung überhaupt abschließend in Rechte der Gläubiger eingegriffen wird.

Ein Plan mit einem deutlich reduzierten Konzept der Informationsvermittlung, insbesondere zum Vorliegen eines Eröffnungsgrundes und zur Planung der künftigen Liquiditätsschau wird nur wenig Aussicht auf Erfolg haben, es sei denn, alle Beteiligten kennen alle Daten und die relevanten Fakten. Zu beachten ist, dass ein Plan auf eine von der Regelabwicklung abweichende alternative Lösung zielt, nur dann macht die Vorlage eines Planes Sinn. In diesem Fall werden nur vollumfänglich informierte Gläubiger zustimmen. Insoweit gilt das zur Eigenverwaltung Ausgeführte.

Auch im Hinblick auf das Obstruktionsverbot des § 245 InsO empfiehlt sich für den Schuldner die Gläubiger vorab zu informieren, um die erforderlichen Mehrheiten zustande zu bringen. Ein Überraschungsplan hat nur wenig Aussicht auf Erfolg, wenn er Gläubigern Rechte nimmt.

---

674 Smid-*Smid/Rattunde*, InsO, § 220 Rn. 2
675 Smid-*Smid/Rattunde*, InsO, § 220 Rn. 3
676 Smid-*Smid*, InsO, § 18 Rn. 12

Selbst mit einem mit einigen Gläubigern abgestimmten Plan kann ein Schuldner keinen steuernden Einfluss auf das Verfahren ausüben, da er zumindest eine Pareto-Verbesserung zu erreichen hat. Dies bedeutet, dass durch den Insolvenzplan mindestens eine Partei besser, jedoch keine Partei schlechter steht, als sie bei einer Abwicklung entsprechend der gesetzlichen Vorschriften stehen würde.[677]

Auch für einen Insolvenzplan, der eine Sanierung des Unternehmens verfolgt, muss der Schuldner nicht nur sinnvollerweise eine umfassende Information seiner Gläubiger vornehmen, sondern dem Insolvenzplan nach § 229 InsO umfassende Unterlagen beifügen, wie Vermögensstatusunterlagen, wie Bilanz, Gewinn- und Verlustrechnung, Listen von Gläubigern und Schuldnern, Verzeichnisse des Anlage- und Umlaufvermögens, auch Sanierungskonzepte und ggf. externe Gutachten zum Wert seines Unternehmens und einzelner Assets. Sollte der Schuldner dies nicht tun, wäre der Insolvenzplan nach § 231 Abs. 1 Nr. 1 InsO zurückzuweisen.

Möglich ist auch, dass der Insolvenzverwalter einen Insolvenzplan auf Geheiß der Gläubigerversammlung erstellen kann. Da vorliegend aber das Eröffnungsverfahren untersucht werden soll, wird dies hier nicht weiter verfolgt.

VII. Verbraucherinsolvenzverfahren

Auch im Verbraucherinsolvenzverfahren wird erst nach Bestätigung der Pläne zur Schuldenbereinigung in Rechte der Gläubiger eingegriffen. Der Schuldner legt im Rahmen der Antragstellung beim Insolvenzverfahren umfangreiche Listen vor, aus denen sich seine wirtschaftliche Lage ergibt. Außerdem wirkt die außergerichtliche Schuldenbereinigung, die für einen Schuldner im Verbraucherinsolvenzverfahren zwingend vorgeschrieben ist, dahingehend, dass ein Gläubiger ggf. rügen kann, dass der Schuldner nicht zahlungsunfähig ist.

VIII. Keine Nachteile für die Gläubiger bei ungesteuertem Insolvenzantrag des Schuldners

Für den Fall, dass bei Antragstellung ein Eröffnungsgrund behauptet wird, der in Wahrheit nicht vorliegt und ansonsten keine Besonderheiten des Schuldnerantrages vorliegen, insbesondere, wenn weder Eigenverwaltung beantragt noch ein Insolvenzplan vorgelegt wird, entstehen mangels Steuerbarkeit für den Schuldner keine unmittelbaren Nachteile für die Gläubiger.

Sollte ein vom Insolvenzgericht eingesetzter Gutachter oder vorläufiger Insolvenzverwalter im Rahmen seiner, den Eröffnungs- oder Abweisungsbeschluss des Insolvenzgerichts vorbereitenden Maßnahmen (regelmäßig unterstützt durch ein zu erstellendes Gutachten zu den Eröffnungsgründen) zu dem Schluss kommen, dass

677 Bisus/Eger, Marktkonformität bei Unternehmensinsolvenzen, ZinsO 2003, 1, 3

tatsächlich überhaupt kein Grund für die Eröffnung eines Insolvenzverfahrens vorliegt, kann der Antrag des Schuldners nach Überzeugung des Gerichtes mit der Kostenfolge des § 91 ZPO abgewiesen werden.

Für die Gläubiger entsteht insoweit kein Nachteil, da die Vollstreckungssperre des § 88 InsO nur bei eröffneten Verfahren greift. Mögliche Kosten des Verfahrens sind in erster Linie beim Schuldner einzutreiben. Wenn kein Insolvenzgrund vorliegt, ist dieser auch in den meisten Fällen in der Lage, diese zu tragen.

Wenn tatsächlich kein Insolvenzgrund vorliegt, dieser auch nicht von einem Gutachter oder vorläufigen Insolvenzverwalter bis zur Eröffnung des Verfahrens ermittelt werden kann, ist der Schuldner sicherlich auch in der Lage, die Kosten des vorläufigen Verfahrens zu tragen oder er wird durch die Antragstellung und die hiermit verbundenen Reaktionen seiner Gläubiger und ggf. auch Schuldner selbst tatsächlich zumindest drohend zahlungsunfähig.

Q. Annahme der neuen Instrumente der Insolvenzordnung durch die Praxis / Vergleichbarkeit mit dem bisherigen Recht

I. Statistik zu den Insolvenzplanverfahren

Die durch die Rechtsanwalts- und Wirtschaftsprüfungsgesellschaft Schultze & Braun veröffentlichte Statistik „Insolvenzstatistik – Planverfahren je Insolvenzgericht" weist zum Stand 31.12.2004 eine Gesamtzahl von 168 Planverfahren für das Jahr 2004 nach gerichtlicher Vorprüfung aus.[678] Bei einer Gesamtzahl von durch Schultze & Braun befragten 181 Insolvenzgerichten im gesamten Bundesgebiet[679] entfällt in einer Gesamtbetrachtung auf ein Insolvenzgericht im Durchschnitt etwas weniger als einem Insolvenzplanverfahren pro Jahr (~ 0,93 Insolvenzplanverfahren pro Insolvenzgericht). Damit setzte sich die bereits in den Jahren 2002 und 2003 vorgefundene Situation fort: nach der von Schulze & Braun veröffentlichten Statistiken für 2003 wurden 126 Planverfahren nach gerichtlicher Vorprüfung gezählt[680] (~ 0,70 Insolvenzplanverfahren pro Insolvenzgericht), für 2002 121[681] (~ 0,67 Planverfahren pro Insolvenzgericht), für 2001 79[682] (~ 0,44 Planverfahren

---

678 Nur online verfügbar: www.schubra.de/veroeffentlichungen/downloads/Planverfahren 2004. pdf
679 Nur online verfügbar: www.schubra.de/veroeffentlichungen/downloads/Planverfahren 2004. pdf
680 Nur online verfügbar: www.schubra.de/veroeffentlichungen/downloads/Planverfahren 2003. pdf
681 Nur online verfügbar: www.schubra.de/veroeffentlichungen/downloads/Planverfahren 2002. pdf
682 Nur online verfügbar: www.schubra.de/veroeffentlichungen/downloads/Planverfahren 2001. pdf

pro Insolvenzgericht) und für 2000 56 Planverfahren[683] (~ 0,31 Planverfahren pro Insolvenzgericht).

Dies zeigt, dass die durch den Gesetzgeber gesehenen Kernpunkte des neuen Insolvenzrechts nicht den Zuspruch gefunden haben, den sich der Gesetzgeber erhoffte. Der Grund hierfür könnte auch an dem Aufwand für ein Verfahren gestützt auf den Insolvenzgrund der drohenden Zahlungsunfähigkeit liegen.

Die Tatsache, dass weiterhin 50 % aller beantragten Unternehmensinsolvenzen mangels einer die Kosten des Verfahrens deckenden Masse abgewiesen werden,[684] zeigt, dass diese Erwartungen des Gesetzgebers die Eröffnung des Verfahrens zur Regel zu machen, nicht eingetreten sind.

II. Ziel der Prophylaxe nicht erreicht

Das Ziel der Prophylaxe, d.h. das Erreichen des wirtschaftlichen Überlebens des Schuldners, das nach § 1 InsO zumindest gleichrangiges Ziel eines jeden Insolvenzverfahren ist, wurde durch die InsO bislang nicht erreicht. Die Wirkungen und Segnungen des Insolvenzrechts treten auch nach neuem Recht für den Schuldner regelmäßig erst dann ein, wenn „das Kind in den Brunnen gefallen ist", d.h., wenn das wirtschaftliche Scheitern des Schuldners nicht nur droht, sondern – dies wird man bei einer Masselosigkeit der Verfahren in einer Größenordnung von 50 %, trotz der Einführung des § 26 InsO, d.h. einer deutlichen Verschlankung der für die Eröffnung des Verfahrens vorhandenen für die Deckung der Verfahrenskosten erforderlichen Masse behaupten können – in den meisten Fällen bereits eingetreten ist.

III. Zwischenergebnis / Vergleichbarkeit mit dem bisherigen Recht

1. Ergebnis der Erörterungen über die Eigenverwaltung und den Insolvenzplan

Die Erörterungen über die Eigenverwaltung und den Insolvenzplan haben für den neuen Insolvenzgrund der drohenden Zahlungsunfähigkeit zwar im Wesentlichen keine neuen Erkenntnisse gebracht. Festhalten lässt sich jedoch als Schlussfolgerung aus dieser Erörterung, dass ein ungesteuerter Antrag des Schuldners den Eintritt eines materiellen Insolvenzgrundes zu beschleunigen vermag, sodass bei der Eröffnung eines Insolvenzverfahrens in der Regel bereits ein Eröffnungsgrund vorliegen wird.

---

683 Nur online verfügbar: www.schubra.de/veroeffentlichungen/downloads/Planverfahren 2000. pdf

684 Statistisches Bundesamt, Destatis, Presseexemplar: Insolvenzen in Deutschland 2003, S. 5; die Verbraucherinsolvenzen wurden wg. der Möglichkeit der Stundung der Kosten des Verfahrens nach den §§ 4a ff InsO nicht in die Betrachtung einbezogen

Gleichwohl ist diese gewonnene Erkenntnis nicht geeignet, abschließend eine Aussage über den Sinn und Zweck des neuen Insolvenzgrundes der drohenden Zahlungsunfähigkeit zu treffen.

2. Überlegungen zum einheitlichen Insolvenzverfahren

Der Gesetzgeber der InsO hat ausdrücklich betont, dass er ein einheitliches Verfahren, wie es die InsO vorsieht, ausdrücklich als wünschenswert ansieht. Der Gesetzgeber sieht hierin die Erfüllung einer seit vielen Jahren fast einmütig erhobenen Reformforderung.[685]

Diese Feststellung des Gesetzgebers kann jedoch nicht unreflektiert übernommen werden. Der Gesetzgeber der InsO sieht vor, unter dem Dach der Insolvenzordnung sowohl die Option der Liquidation als auch die Sanierung des Schuldners bzw. der schuldnerischen Unternehmensträger zu realisieren. Diese Einheitlichkeit ist aber nur recht vordergründig. Die Optionen, die der Gesetzgeber der InsO zur Verfügung stellt, sind eigentlich unterschiedliche Verfahrensformen.

Es wurde bereits erwähnt, dass der Schuldner die Option der Eigenverwaltung hat. Des Weiteren steht ihm ggf. ein Insolvenzplanverfahren offen. Ohne dass auf das Verbraucherinsolvenzverfahren eingegangen werden soll, sind dies verschiedene Verfahren, die lediglich – auch hier mit der Ausnahme für das Verbraucherinsolvenzverfahren hinsichtlich dessen Einleitung – unter dem Dach der InsO abgewickelt werden sollen.[686]

Trotz dieser Überlegung könnte die Einheitlichkeit des neuen Verfahrens nach der InsO, d.h., die Abschaffung eines bis zum Inkrafttreten der InsO zweigleisigen Verfahrens, das eine Trennung in ein Konkursverfahren, das gleichermaßen für Schuldner und Gläubiger vorgesehen war und ein Vergleichsverfahren, das nur dem Schuldner offen stand, vorgesehen hat, eine Rechtfertigung sein, dass auch ein Eröffnungsgrund für das Verfahren geschaffen wurde, der nur dem Schuldner offen steht, namentlich der neue Insolvenzgrund der drohenden Zahlungsunfähigkeit.

Um dies noch schärfer herausarbeiten zu können, soll nachstehend das Vergleichsverfahren nach bisherigem Recht untersucht werden.

IV. Geringere Voraussetzungen an die Prüfung der Zulässigkeit eines Vergleichsantrages als Kriterium der Vergleichbarkeit

Die an die Feststellung der tatsächlich eingetretenen Zahlungsunfähigkeit des die Eröffnung des Vergleichsverfahrens beantragenden Schuldners zu stellenden Voraussetzungen waren ggf. möglicherweise niedriger anzusetzen, als diejenigen Vor-

685 RegE, abgedruckt in Kübler/Prütting, Insolvenzrecht, S. 104 f

686 Zur Frage der „Einheitlichkeit" des Insolvenzverfahrens eingehend Smid/Frenzel, Elemente des Eröffnungsbeschlusses, DZWIR 1998, 442 f

aussetzungen, die gestellt wurden, wenn der Antrag auf Eröffnung des Konkursverfahrens durch einen Gläubiger erfolgte.

Sofern es sich um einen Antrag ein Sondervermögen betreffend handelte oder mehrere Antragsberechtigte vorhanden waren, waren die Insolvenzgründe Zahlungsunfähigkeit und Überschuldung auch vom antragstellenden Schuldner mit den Mitteln des § 294 ZPO glaubhaft zu machen, um Missbrauchsmöglichkeiten auszuschließen.

Des Weiteren war das Konkursgericht/Vergleichsgericht im Falle eines solchen Konkursantrages verpflichtet, Miterben, Mitvorstandsmitglieder, Mitgeschäftsführer oder Mitliquidatoren anzuhören, §§ 208 Abs. 2 Satz 2, 210 Abs. 3 Satz 1, 217 Abs. 2 Satz 2, 236 Abs. 3 Satz 3 KO, § 100 Abs. 2 GenG, § 63 Abs. 2 GmbHG; nach der VglO bestimmte sich dies nach den §§ 108 ff VglO. Hiernach war ein Antrag auf Eröffnung des Vergleichsverfahrens nur zulässig, wenn der Vergleichsvorschlag von allen Berechtigten gemacht wurde oder dargetan wurde, dass einzelne Berechtigte aus wichtigen Gründen daran verhindert waren. Dies musste auch nach § 294 ZPO glaubhaft gemacht werden, vgl. § 109 Nr. 1 VglO.

1. Eröffnung nur auf Antrag des Schuldners

Anders als im Konkurs musste die Initiative beim Vergleichsverfahren stets vom Schuldner ausgehen, da die Eröffnung des Vergleichsverfahrens einen Antrag des Schuldners voraussetzte, § 2 Abs. 1 S. 2 VglO. Die Antragstellung war Prozesshandlung, d.h., der Schuldner musste prozessfähig sein, bzw. der Antrag musste von seinem gesetzlichen Vertreter gestellt sein.[687]

Der Vergleichsantrag konnte nach der Eröffnung des Konkursverfahrens nicht mehr gestellt werden, § 2 Abs. 2 VglO. Ab diesem Zeitpunkt kam nur noch ein so genannter Zwangsvergleich im Rahmen des Konkursverfahrens in Betracht, zu den Einzelheiten vgl. §§ 173 ff KO.

2. Beifügung eines Vergleichsvorschlages

Weiter musste der Antrag des Schuldners einen Vergleichsvorschlag enthalten, § 3 VglO. Die einzelnen Regelungen, die der Vergleichsvorschlag beinhalten musste, waren in den §§ 3 bis 8 VglO enthalten.

3. Darstellung der Vergleichsquote

Nach der in § 7 Abs. 4 VglO getroffenen Regelung konnte ein Vergleichsschuldner sein Vermögen in dem von ihm gefertigten Vergleichsvorschlag ganz oder teilweise seinen Gläubigern mit der Abrede überlassen, dass der nicht durch die Verwertung dieses Vermögens gedeckte Teil der Forderungen der Gläubiger erlassen sein soll.

687 Gottwald-Uhlenbruck, § 72 Rn. 18

Nach dem bisher geltenden Recht war ein solcher Vergleichsvorschlag nur zulässig, wenn die Verwertung des zur Verfügung gestellten Vermögens den Vergleichsgläubigern voraussichtlich eine Befriedigung von 35 % ihrer Forderung gewähren wird und sich der zu gewährende Teilerlass der Gläubiger nicht auf den zu 35 % der Forderung fehlenden Betrag erstreckte, § 7 Abs. 4 VglO.

Wenn eine Befriedigung der Forderungen der am Vergleichsverfahren nicht beteiligten Gläubiger nicht binnen eines Jahres erreicht wurde, erhöhte sich die Vergleichsquote von 35 % auf 40 %.

4. Bestimmtheit eines Vergleichsvorschlages

Der Vergleichsvorschlag musste zum einen bestimmt genug sein. Den Gläubigern musste er mindestens eine Quote von 35 % ihrer Forderungen gewähren und grundsätzlich eine gleichmäßige Befriedigung der vom Vergleich betroffenen Gläubiger vorsehen, §§ 7 I, 8 I VglO. Die Mindestquote erhöhte sich entsprechend, wenn die Zahlungsfrist mehr als ein Jahr betrug.

5. Besserungsklausel

Der Vergleichsvorschlag konnte weiter im Rahmen einer so genannten Besserungsklausel vorsehen, dass der Schuldner über die Quote hinaus eine Nachzahlung zu leisten hat, wenn sich seine Vermögensverhältnisse bessern.[688]

6. Rechtsstellung des Vergleichsschuldners

Die Rechtstellung des nunmehrigen Gemeinschuldners wurde durch das Vergleichsverfahren nicht in dem gleichen Maße wie durch die Eröffnung des Konkursverfahrens beeinträchtigt. Beim Konkursverfahren wurde die rechtliche Handlungsfähigkeit des Schuldners für die Zeit des Verfahrens beseitigt, § 6 KO; statt des Gemeinschuldners wurde der Konkursverwalter eingesetzt. Im Vergleichsverfahren hingegen blieb der Gemeinschuldner zur Verfügung und zur Verwaltung über sein Vermögen berechtigt.[689] Der Gemeinschuldner wurde lediglich vom Vergleichsverwalter in der Geschäftsführung überwacht.[690]

Der Grund hierfür war darin zu sehen, dass der Schuldner im Vergleichsverfahren regelmäßig unter Einsatz seiner Arbeitskraft und seines Vermögens weiterwirtschaften können sollte, um den Vergleichsvertrag zu erfüllen. Insoweit fand sich auch eine Parallele zum neuen Institut der Eigenverwaltung nach der InsO.

Zunächst begnügte sich das Gesetz mit einem Appell an den Schuldner, der diesen zur bescheidenen Lebensführung verpflichtet, § 56 VglO, des Weiteren sollte sich der Schuldner Zurückhaltung bei der Eingehung von Verbindlichkeiten auferlegen. Eine nach außen wirkende Sanktion war daran nicht geknüpft.

In dieser Hinsicht einschneidender war die dem Vergleichsverwalter auf Verlangen zu übertragende Inkassobefugnis, § 57 Abs. 2 VglO.

---

688 Gottwald-Uhlenbruck, § 72 Rn. 34
689 BGH in BGHZ 23, 318
690 Vgl. hierzu Gottwald-Uhlenbruck, § 72 Rn. 78

Der Gemeinschuldner wurde in seiner Verfügungsbefugnis nur dann eingeschränkt, wenn das Gericht dies von Amts wegen oder aufgrund eines Antrags der unter § 58 VglO genannten im Wege eines speziellen oder allgemeinen Veräußerungsverbotes anordnete, §§ 58 ff VglO. Das allgemeine Veräußerungsverbot war öffentlich bekannt zu machen, § 60 Abs. 2 VglO, ggf. im Grundbuch einzutragen und entsprach im Wesentlichen der in §§ 7, 8 VglO getroffenen gesetzlichen Verfügungsbeschränkung des Gemeinschuldners.

Im Gegensatz zu der im Konkursverfahren getroffenen Regelung kannte die Vergleichsordnung keine Anfechtungsvorschriften. Dies stellt eine weitere Parallele zum Insolvenzgrund der drohenden Zahlungsunfähigkeit i.S.d. § 18 InsO dar: wenn lediglich drohende Zahlungsunfähigkeit vorliegt, sind auch i.d.R. die Anfechtungsvorschriften der §§ 129 ff InsO nicht anwendbar.

Rechtsgeschäftliche Verfügungen, die noch unmittelbar vor Stellung des Antrages auf Eröffnung des Vergleichsverfahrens vorgenommen werden, waren wirksam. Kam es zum Anschlusskonkurs, war für die Berechnung der für die Anfechtung zu betrachtenden Fristen der Zeitpunkt der Antragstellung für das Vergleichsverfahren maßgebend, § 107 Abs. 1 VglO.

Anders verhielt es sich bei Vollstreckungsmaßnahmen, die binnen 30 Tagen vor Antragstellung vorgenommen worden sind. Dies ergab sich aus der in § 28 bzw. § 104 VglO geregelten Rückschlagsperre. Auch nach dem neuen Recht der Insolvenzordnung ist die Rückschlagsperre in § 88 InsO geregelt.

Nach diesen Vorschriften verlor eine während der Sperrfrist von 30 Tagen vor der Stellung des Vergleichsantrages durch Einzelzwangsvollstreckung erlangte Sicherheit oder Befriedigung ihren Rechtsgrund: das zur Befriedigung Erlangte war herauszugeben, da das Pfändungspfandrecht ohne weiteres Zutun eines Beteiligten unwirksam wurde, § 87 Abs. 1 VglO. Diese Rechtsfolge galt auch beim Anschlusskonkurs nach einem gescheiterten Vergleichsverfahren, § 104 KO.

Einzelzwangsvollstreckungsmaßnahmen eines Vergleichsgläubigers, die dieser innerhalb von 30 Tagen vor Stellung des Vergleichantrages vorgenommen hatte, wurden unwirksam, ohne dass es einer Anfechtung durch den Konkursverwalter bedurfte. Die Aufhebung erfolgte von Amts wegen[691], d.h. ein dementsprechender Antrag, der hier in diesen Fällen sowohl für den jeweiligen Gläubiger als auch für den Schuldner von Interesse sein könnte, war nicht erforderlich.

Diese gesetzliche Regelung konnte zu einer im Einzelfall nicht geringen Anreicherung der Konkursmasse führen[692], da es gemeinhin so ist, dass kurz vor der eigentlichen Antragstellung noch mehrere Gläubiger, gleichzeitig oder in unmittelbarem zeitlichem Abstand hierzu, Vollstreckungsversuche unternehmen. Erst zu diesem Zeitpunkt wird der Ernst der Lage sowohl durch den Schuldner als auch durch seine Gläubiger erkannt, wenn weitere Pfändungen dem Schuldner ins Haus stehen. Der Schuldner ist bis zu diesem Zeitpunkt im Regelfalle bis zu einem gewissen Grade in der Lage, Forderungen zu bedienen, was ihm allerdings nach erfolgreicher Kontenpfändung, die zumindest einem Teil der die Zwangsvollstreckung betreibenden Gläubiger gelingt, nicht mehr möglich sein wird, da er dann Zahlungen nicht mehr leisten kann.

691 BGH in NJW 1980, 345; BGH in NJW 1960, 435
692 Mohrbutter, Insolvenzverwaltung, S. 736

7. Wirkung des bestätigten Vergleichs

Über den Abschluss des Vergleiches wurde gemäß § 66 VglO im Vergleichsverfahren verhandelt und abgestimmt. Jeder Vergleichsgläubiger konnte darüber entscheiden, ob er den Vergleichsvorschlag des Gemeinschuldners annehmen will. Wenn eine qualifizierte Mehrheit der Gläubiger den Vergleich annahm, § 74 VglO, musste dieser durch das Gericht bestätigt werden, § 78 VglO.

Der bestätigte Vergleich hatte folgende Wirkungen:

a) *Materiellrechtliche Wirkung:*

Der Vergleich wirkte für und gegen alle Vergleichsgläubiger, § 82 I VglO. Eine während der Sperrfrist von 30 Tagen vor Stellung des Vergleichsverfahrens durch Zwangsvollstreckung erlangte Sicherheit oder Befriedigung verlor mit der Vergleichsbestätigung ihren Rechtsgrund; das Pfändungspfandrecht wurde unwirksam, das zur Befriedigung Erlangte war herauszugeben, § 87 Abs. 1 VglO.

b) *Prozessuale Wirkung:*

Aus dem bestätigten Vergleich i.V.m. einem Auszug aus dem berichtigten Gläubigerverzeichnis fand die Zwangsvollstreckung zugunsten der darin eingetragenen Forderungen statt, und zwar sowohl gegen den Schuldner als auch gegen den Vergleichsgaranten, § 85 VglO, so sich der Vergleichsgarant am Verfahren beteiligt hat.

8. Anschlusskonkurs

Der Anschlusskonkurs war das Verfahren, das sich an ein gescheitertes Vergleichsverfahren, welches zur Abwendung eines Konkurses beantragt wurde, anschloss, vgl. §§ 102 VglO.

Für den Anschlusskonkurs galten grundsätzlich die Regelungen der Konkursordnung. Ausnahmen gelten nur in dem von den §§ 102, 107 VglO aufgestellten Sondervorschriften. Diese Vorschriften regelten im Wesentlichen die Überleitung des Vergleichsverfahrens in das Konkursverfahren, wobei insbesondere die Kosten und der Lauf von Fristen geregelt sind.

Der Anschlusskonkurs war zu eröffnen, wenn

a) die Eröffnung des Vergleichsverfahrens abgelehnt worden ist, § 19 i.V.m. §§ 17, 18 VglO
b) der Vergleich nicht bestätigt worden ist, § 80 I i.V.m. § 79 VglO
c) das Vergleichsverfahren eingestellt wird, §§ 101 i.V.m. 99, 100 VglO
d) in den Fällen des § 96 VglO.

V. Strukturelle Unterschiede zwischen dem Verfahren nach der KO und der VglO

1. Konkursverfahren

Sinn und Zweck eines Konkursverfahrens war die Sicherstellung, Verwertung und Verteilung des Vermögens des Gemeinschuldners in einem gerichtlich kontrollierten Verfahren durch einen vom zuständigen Gericht zunächst vorläufig bestellten

Konkursverwalter (bis dahin Sequester genannt), der dann durch die Gläubiger bestätigt bzw. gewählt wurde.

Durch die Eröffnung des Konkursverfahrens verlor der Gesamtschuldner nach § 6 KO die Verwaltungs- und Verfügungsbefugnis über sein gesamtes der Pfändung unterworfenes Vermögen, welches zum Zeitpunkt des Eröffnungsbeschlusses vorhanden war; ein so genannter Neuerwerb, d.h. dasjenige Vermögen, das der Gemeinschuldner nach der Eröffnung des Verfahrens erworben hat, fiel nicht unter den Begriff der Konkursmasse. Der Gemeinschuldner blieb zwar Eigentümer dieses dem Konkursbeschlag unterliegenden Vermögens, die Verwaltungs- und Verfügungsbefugnis ging jedoch auf den Konkursverwalter über. Die Rechts- und Geschäftsfähigkeit des Gemeinschuldners wurde durch die Eröffnung des Verfahrens nicht berührt.

Regelmäßig wurde nach dem Recht der KO unmittelbar nach Antragstellung ein vorläufiger Konkursverwalter (= Sequester) bestimmt, der analog § 940 ZPO eine Sicherstellung der Konkursmasse vornahm. Eine gesetzliche Regelung des Tätigkeitsbereichs des Sequesters fehlt jedoch nach dem Recht der KO. Die Tätigkeit des Sequesters ist jedoch gewohnheitsrechtlich anerkannt.

2. Vergleichsverfahren

Nach § 1 VglO diente das Vergleichsverfahren zur Abwendung eines Konkurses. Gleich dem Verfahren nach der KO wurde auch nach der VglO ein Verfahren nur auf Antrag eröffnet. Beim Vergleichsverfahren beschränkte sich die Antragsbefugnis auf den Schuldner.

Nach den Regelungen in der Vergleichsordnung war weitere Voraussetzung für die Eröffnung des Vergleichsverfahrens das Vorliegen eines Vergleichsgrundes. Die Vergleichsordnung traf hierzu keine eigene Definition, sondern verwies auf die entsprechenden Vorschriften der KO.

Der Vergleichsschuldner, der einen Antrag auf Eröffnung des Vergleichsverfahrens stellte, hatte seinem Antrag ein Gläubiger- und Schuldnerverzeichnis sowie eine Vermögensübersicht beizufügen. Er war weiter gehalten, einen Vergleichsvorschlag zu unterbreiten. Vergleichsvorschläge, die diesen Anforderungen genügten, waren ein Stundungsvorschlag oder der Vorschlag, den Vergleichsgläubigern bei einer Mindestquote von 35 % der geltend gemachten Forderungen, das schuldnerische Vermögen zur Verfügung zu stellen und zwar entweder gegen den Erlass der Restverbindlichkeiten oder gegen den Erlass der gesamten Verbindlichkeiten, § 7 VglO.

Durch das zuständige Vergleichsgericht wurde nach Eingang des Vergleichsvorschlages und der Prüfung auf die Zulässigkeit und Begründetheit dieses Vergleichsvorschlages ein vorläufiger Verwalter bestimmt. Weiter wurden durch das Vergleichsgericht die für geboten erachteten Sicherungsmaßnahmen zum Erhalt des schuldnerischen Vermögens angeordnet, beispielhaft sind hierfür Verfügungsbeschränkungen zu nennen, §§ 11, 12 VglO.

Sofern nach Prüfung keine Ablehnungsgründe nach §§ 17, 18 VglO vorlagen, erließ das Vergleichsgericht den Eröffnungsbeschluss und benannte einen Vergleichsverwalter, § 20 VglO.

Zu den Vergleichsgläubigern zählten alle persönlichen Gläubiger des Vergleichsschuldners, die einen zur Zeit der Eröffnung des Verfahrens gegen ihn begründeten Vermögensanspruch hatten, § 25 VglO.

Nicht zu den Vergleichsgläubigern zählten die Massegläubiger, Aus- und Absonderungsberechtigte, bevorrechtigte Gläubiger i.S.d. § 61 KO sowie durch Vormerkung gesicherte Gläubiger, § 26 VglO. Die absonderungsberechtigten Gläubiger waren lediglich hinsichtlich eines möglichen Ausfalles Vergleichsgläubiger.

3. Gravierende Unterschiede zwischen dem Verfahren nach der KO und dem Verfahren nach der VglO

Bereits eingangs wurde erwähnt, dass bei einem Vergleichsverfahren im Gegensatz zum Verfahren nach der KO der Antrag nur vom Schuldner selbst gestellt werden konnte, § 2 VglO. Nach § 103 KO waren zum Antrag auf Eröffnung eines Konkursverfahrens sowohl der Gemeinschuldner als auch die Konkursgläubiger sowie bestimmte Massegläubiger berechtigt.

Die Vergleichsordnung enthielt weiter im Gegensatz zur Regelung nach der KO keine entsprechende Regelung über die Bildung einer Vergleichsmasse. Bei der Konkurseröffnung wurde das gesamte der Zwangsvollstreckung unterliegende Vermögen des Gemeinschuldners, welches zum Zeitpunkt der Verfahrenseröffnung vorhanden war, in Beschlag genommen. Eine entsprechende Regelung in der VglO fehlte.

Des Weiteren verlor der Vergleichsschuldner im Gegensatz zum Gemeinschuldner im Konkursverfahren nach § 6 KO nicht automatisch mit der Verfahrenseröffnung die Verwaltungs- und Verfügungsbefugnis über nahezu sein gesamtes Vermögen. Während Verfügungsbeschränkungen nach § 6 KO zwingende Folge einer Eröffnung des Verfahrens waren, musste eine entsprechende Rechtsfolge nach § 58 VglO explizit durch das Vergleichsgericht ausgesprochen werden. Dies hatte die Folge, dass die Rolle des Vergleichsschuldners rechtlich anders zu beurteilen war als die Rolle des Gemeinschuldners.

Letzteres ergibt sich dadurch, dass auch die Rolle des Vergleichsverwalters durch die Rechtsprechung differenziert gegenüber der Rolle des Konkursverwalters gesehen wurde.

Der Konkursverwalter wurde im Rahmen der von der herrschenden Meinung vertretenen Amtstheorie als Partei kraft Amtes betrachtet.[693] Der Vergleichsverwalter hingegen wird als zwangsweise eingesetzter Vertreter betreffend das Vermögen des Schuldners angesehen.[694]

Auch die Vorschriften des Arbeitsförderungsgesetzes differenzierten in §§ 141 a–n AFG zwischen den Verfahren nach der KO und den Verfahren nach der VglO. Während die Konkurseröffnung einen Insolvenzzeitpunkt i.S.d. §§ 141a–n AFG darstellte, fehlte eine entsprechende Regelung für das Vergleichsverfahren. Dies hatte zur Folge, dass im Gegensatz zum Konkursverfahren im Vergleichsverfahren für die rückständigen Löhne und Gehälter der Arbeitnehmer kein Konkursausfallgeld gewährt werden konnte.

---

693 BGH in BGHZ 24, 393; RG in RGZ 29, 29; Jaeger/Henckel, KO, § 6 Rz. 7 ff; Hess, KO, § 6 Rn. 14 ff; Kuhn/Uhlenbruck, KO, § 6 Rn. 17; Zöller/Vollkommmer, ZPO, vor § 50 Rn. 21
694 Kilger/Schmidt, KO/VglO/GesO, § 57 VglO Anm. 3 b

VI. Ergebnis zur Untersuchung der Parallelen zwischen dem Vergleichsverfahren und dem Insolvenzplanverfahren

Die Untersuchung des Vergleichsverfahrens hat durchaus Parallelen zum Verfahren der Eigenverwaltung und des Insolvenzplans nach neuem Recht aufgezeigt. Auch das Verfahren nach der Vergleichsordnung bot die Darstellung einer Befriedigungsmöglichkeit der Gläubiger, ohne dass eine Zerschlagung des schuldnerischen Unternehmens erfolgte.

Allerdings ergeben sich auch gravierende Unterschiede zwischen dem Vergleichsverfahren nach überkommenen Recht und den neuen Instrumenten der InsO. Insbesondere wird nicht mehr die Vergleichswürdigkeit des Schuldners verlangt. Somit ergeben sich auch hieraus keine neuen Erkenntnisse zur Vortragspflicht des Schuldners bei einem Eigenantrag, gestützt auf den neuen Insolvenzgrund der drohenden Zahlungsunfähigkeit i.S.d. § 18 InsO.

Im Folgenden sollen daher die weiteren Folgen eines Insolvenzantrags, gestützt auf den Insolvenzgrund der drohenden Zahlungsunfähigkeit untersucht werden.

R. Weitere Folgen eines Insolvenzantrages gestützt auf den Insolvenzgrund der drohenden Zahlungsunfähigkeit

I. Stilllegung des schuldnerischen Unternehmens?

Nach dem Sinn und Zweck der InsO sollen weder der Insolvenzantrag selbst noch die Verfahrenseröffnung eine Vorentscheidung zur Stilllegung des betroffenen Unternehmens treffen. Es muss vielmehr nach § 22 Abs. 1 Nr. 2 InsO der (regelmäßig) eingesetzte vorläufige Insolvenzverwalter das Unternehmen des insolvent gewordenen Schuldners fortführen, bis das Insolvenzgericht über die Verfahrensfortführung entscheidet.

Nur ausnahmsweise darf die Stilllegung des Unternehmens durch den vorläufigen Insolvenzverwalter dann erfolgen, wenn dies erforderlich ist, um eine erhebliche Vermögensverminderung zu vermeiden. Diesem Vorgang muss jedoch das Insolvenzgericht zustimmen.[695]

Nach der eigentlichen Verfahrenseröffnung darf der Verwalter nicht sofort den Betrieb einstellen. Vielmehr muss er nach §§ 157, 158 InsO den Geschäftsbetrieb bis zu dem Zeitpunkt aufrechterhalten, in dem die Gläubigerversammlung entscheidet, ob das Unternehmen des insolventen Schuldners weitergeführt, stillgelegt oder vorläufig weitergeführt wird oder ob auf Grund eines Insolvenzplanes eine Sanierung

695 Wittig, Kreditfinanzierung, DB 1999, 197 m.w.N.

durchgeführt werden soll. Wenn der Insolvenzverwalter schon vor dem Berichtstermin, welcher nach § 29 Abs. 1 InsO spätestens drei Monate nach der Verfahrenseröffnung stattfinden muss, das Unternehmen einstellen will, so muss nach § 158 Abs. 1 InsO der Gläubigerausschuss zustimmen.

In den Fällen, in denen der Schuldner beantragt, die Stilllegung des Unternehmens nicht vorzunehmen, untersagt das Insolvenzgericht die Stilllegung, wenn diese ohne erhebliche Vermögensverminderung bis zum Berichtstermin aufgeschoben werden kann, vgl. § 158 Abs. 2 InsO.

Offen lässt die Insolvenzordnung, wie verfahren werden soll, wenn das Insolvenzgericht die Weiterführung des schuldnerischen Unternehmens anordnet, dies aber dem vorläufigen Insolvenzverwalter aus tatsächlichen Gründen nicht möglich ist. Beispielhaft ist hierfür an eine in Insolvenz geratene Steuerberatungsgesellschaft zu denken, sofern es sich beim Insolvenzverwalter nicht um einen Rechtsanwalt/Steuerberater handelt, was die Regel sein wird oder eine Arztpraxis (diese Qualifikation wird ein Insolvenzverwalter in der Regel nicht mitbringen).

Sollte der vorläufige Insolvenzverwalter nicht über die entsprechende Qualifikation verfügen, um diese Unternehmen weiterzuführen, und sind geeignete Mitarbeiter, die die beruflichen Qualifikationen neben dem eigentlichen Schuldner bzw. dessen geschäftsführenden gesetzlichen Vertreter ebenfalls erfüllen, nicht vorhanden, so ergeben sich Probleme für den vorläufigen Insolvenzverwalter, wenn der eigentliche Schuldner bzw. dessen geschäftsführender gesetzlicher Vertreter sich absetzt. Eine Fortführung des schuldnerischen Unternehmens ist dann faktisch nicht mehr möglich. Eine ausdrückliche Regelung für diese Fälle lässt jedoch die InsO vermissen. Sie stellt schlicht und ergreifend fest, dass das schuldnerische Unternehmen grundsätzlich fortzuführen ist nach Maßgabe des § 22 Abs. 1 InsO.

II. Auswirkung auf bestehende Bankkredite

1. Vorbemerkung

Grundsätzlich ist festzuhalten, dass bestehende Kreditverträge grundsätzlich weder durch den Insolvenzantrag als solchem, noch durch die Anordnung des dort gemeinhin bestimmten allgemeinen Veräußerungs- und Verfügungsverbotes beendet werden. Einem Insolvenzantrag kommt insoweit keine gestaltende Wirkung zu.[696]

Die InsO sieht in den §§ 20 ff InsO ein Eröffnungsverfahren vor, welches aufgrund eines zulässigen Insolvenzantrages beginnt, sofern aus zeitlichen Gründen keine sofortige Entscheidung über die Verfahrenseröffnung erfolgen kann, weil die Feststellung des Eröffnungsgrundes und der Kostendeckung nicht sofort vorgenommen werden kann.

---

696 Wittig, Kreditfinanzierung, DB 1999, 197, 198

Unter Berücksichtigung dieser Vorgehensweise bleibt – theoretisch – die Möglichkeit, für die Finanzierung der Unternehmensfortführung im Eröffnungsverfahren die für den Schuldner bestehenden offenen Kreditlinien auszunutzen.[697]

2. tatsächliche Auswirkung beim Insolvenzgrund der drohenden Zahlungsunfähigkeit

Sofern jedoch der Schuldner einen Eigenantrag stellt, bleibt im Allgemeinen kein Raum dafür, dass die derzeit noch bestehenden Kreditlinien ausgenützt werden können. Hierauf wurde bereits hingewiesen (siehe unter O. II.).

a) *Kündigungsrecht bei Insolvenz*

Das nach dem Regierungsentwurf noch vorgesehene Kündigungsverbot, das im Übrigen erst nach Verfahrenseröffnung gegriffen hätte, ist auf Intervention des Rechtsausschusses nicht in die Insolvenzordnung übernommen worden.[698] Vorgesehen war vom Gesetzgeber ursprünglich, dass eine Vereinbarung, die für den Fall einer Verschlechterung der Vermögenslage des Schuldners eine einseitige Lösungsmöglichkeit vom Vertrag vorsah, unwirksam sein sollte, § 137 Abs. 2 RegE.[699] Der Rechtsausschuss hat diese Streichung damit begründet, dass sie sanierungsfeindlich sei, da die Unwirksamkeit von Auflösungsklauseln für den Fall der Insolvenz die Insolvenzgefahr für Unternehmen, die in der kritischen Phase Sanierungsversuche unternehmen, erhöhe, da potentielle Vertragspartner das Risiko der Bindung an den Vertragspartner im Falle der drohenden Insolvenz dann nicht eingehen werden.[700] Ob die ursprünglich vorgesehene Regelung tatsächlich sanierungsfeindlich gewesen wäre, kann an dieser Stelle dahingestellt bleiben, da Faktum ist, dass diese Regelung nicht Gesetz geworden ist.

b) *Kündigungsrecht der Banken und Sparkassen*

Grundsätzlich steht den Kreditinstituten nach Nr. 19 Abs. 2 AGB-Banken bzw. Nr. 26 Abs. 1 AGB-Sparkassen das Recht zu, einen Darlehensvertrag jederzeit ohne Grund fristlos zu kündigen, wenn der Darlehensvertrag keine fixe Laufzeit (oder Mindestlaufzeit) vorsieht. Wenn eine fixe Laufzeit für den Darlehensvertrag vereinbart wurde, gilt Folgendes: Auch wenn der Darlehensvertrag für eine bestimmte Laufzeit geschlossen ist, steht den Kreditinstituten ein Kündigungsrecht zu. Dies ergibt sich zum einen aus den Nr. 19 Abs. 3 AGB-Banken bzw. Nr. 26 Abs. 2 AGB-Sparkassen als auch aus § 490 BGB. Eine Ausnahme ergibt sich allenfalls dann, wenn das Darlehen ausreichend besichert ist.

697 Wittig, Kreditfinanzierung, DB 1999, 197, 198
698 RegE, abgedruckt in Kübler/Prütting, Insolvenzrecht, S. 313–315
699 RegE, abgedruckt in Kübler/Prütting, S. 313
700 RegE, abgedruckt in Kübler/Prütting, S. 315

Die Kreditinstitute sehen in § 19 Abs. 3 AGB-Banken und § 22 Abs. 2 AGB-Sparkassen ein Kündigungsrecht des Kreditinstitutes vor, wenn der Kreditnehmer Antrag auf Eröffnung eines Insolvenzverfahrens stellt. Auch der BGH sieht in einer jüngeren Entscheidung, die allerdings noch zum alten Recht der KO erlassen wurde, einen wichtigen Grund zur fristlosen Kündigung eines Darlehens in der unmittelbar drohenden Gefahr der Zahlungsunfähigkeit des Darlehensnehmers.[701]

c) Bewertung des Kündigungsverbots / Folgen der Kündigung

Für Kreditinstitute ergibt sich daher bei der Insolvenz eines Kredit nehmenden Schuldners die Möglichkeit eines Kündigungsrechts aus ihren allgemeinen Geschäftsbedingungen, sofern dies nicht schon eine Abrede mit dem Schuldner ermöglicht.[702] Unterstellt, diese Geschäftsbedingungen sind wirksam, wovon hier ausgegangen wird, so sind die Banken zu einer fristlosen Kündigung insbesondere dann berechtigt, wenn eine wesentliche Verschlechterung der Vermögenslage des Kreditnehmers eintritt und dadurch die Erfüllung seiner Verbindlichkeiten gefährdet ist.[703] Selbst wenn diese Bedingungen der Banken und Sparkassen nicht wirksam sein sollten, würde gelten, was bereits ausgeführt wurde (vgl. unter O. II.): der Schuldner ist durch die Antragstellung, sobald die Bank oder Sparkasse davon erfährt, i.d.R. zahlungsunfähig.

Unproblematisch ist dieser Kündigungsgrund nach den oben genannten Allgemeinen Geschäftsbedingungen in rechtlicher Hinsicht zweifellos zu bejahen, wenn der Kreditnehmer zahlungsunfähig oder überschuldet ist und deshalb ein Insolvenzantrag gestellt wird. In solchen Fällen ist der Kündigungsgrund nach der Rechtsprechung offensichtlich gegeben.[704]

Diesen Punkt weiterführend, sieht die Rechtsprechung die Androhung des Kreditnehmers, er werde seine Zahlungen einstellen und Insolvenzantrag stellen, als ausreichend für eine fristlose Kreditkündigung an.[705]

Daher wird auch ein Insolvenzantrag, gestützt auf den neuen Insolvenzgrund der drohenden Zahlungsunfähigkeit, das jeweils finanzierende Kreditinstitut zur Kündigung der bestehenden Kreditlinien berechtigen.

---

701 BGH v. 07.05.2002 BGH XI ZR 50/02
702 AGB-Banken, Nr. 19 Abs. 3; Nr. 22 Abs. 2 AGB Sparkassen
703 BGH in DB 1978, 787 = WM 1978, 234; BGH in DB 1979, 2221 = WM 1979, 1176; BGH in DB 1981, 523 = WM 1981, 150; BGH in WM 1984, 586; BGH in WM 1985, 769; BGH in WM 1985, 1437; BGH WM 1986, 605; BGH in WM 1985, 1493
704 BGH in DB 1978, 787 = WM 1978, 234; BGH in DB 1979, 2221 = WM 1979, 1176; BGH in DB 1981, 523 = WM 1981, 150; BGH in WM 1984, 586; BGH in WM 1985, 769; BGH in WM 1985, 1437; BGH WM1986, 605; BGH in WM 1985, 1493
705 BGH in WM 1985, 1493; OLG Hamm in WM 1991, 402

3. Folgen des ungesteuerten Antrags des Schuldners auf seine Kreditlinie

Bei einem ungesteuerten Eigenantrag des Schuldners wird spätestens, wenn die Bank oder Sparkasse von dem Insolvenzantrag des Schuldners erfährt, ab diesem Zeitpunkt die vormals ggf. lediglich drohende Zahlungsunfähigkeit zumindest bei einem Unternehmen zur tatsächlichen und auch eingetretenen Zahlungsunfähigkeit, da ab diesem Zeitpunkt durch die finanzierende Bank oder Sparkasse keine weiteren Überweisungen und sonstigen Transaktionen mehr durchgeführt werden.

Der Schuldner, der als Geschäftsmann auf Bankgeschäfte angewiesen ist, wird ab diesem Zeitpunkt keine Zahlungen mehr leisten können, sofern er nicht – was ungewöhnlich sein dürfte – über eine zu diesem Zeitpunkt noch üppig gefüllte Barkasse verfügt, aus der er Zahlungen tätigen kann. Ab diesem Zeitpunkt der Kreditkündigung wird daher ein Geschäftsmann, der vorher nur den Insolvenzgrund der drohenden Zahlungsunfähigkeit als Insolvenzgrund angeführt hat, tatsächlich zahlungsunfähig sein. Auch für einen „normalen" Schuldner gilt im Grundsatz nichts Anderes: Auch für ihn kann eine lediglich drohende Zahlungsunfähigkeit nach Antragstellung leicht zu einer eingetretenen Zahlungsunfähigkeit durch das Kündigen der Bankverbindung seitens der finanzierenden Bank werden.

S. Nochmals: Auswirkungen auf die Prüfungspflicht des Insolvenzgerichts

Die Darstellungen zur möglichen Kündigung der Geschäftsbeziehungen zum Eigenantrag stellenden Schuldner seitens der Banken und Sparkassen lassen gleichfalls Zweifel an der Sinnhaftigkeit des neuen Insolvenzgrunds der drohenden Zahlungsunfähigkeit aufkommen.

An dieser Stelle ist nochmals die Frage zu klären, welche Voraussetzungen dann durch das Gericht bei einem Schuldnerantrag betreffend den Insolvenzgrund zu prüfen sind, da nach neuem Recht eine Glaubhaftmachung gerade nicht vorgesehen ist.

I. Glaubhaftmachung i.S.d. ZPO

Glaubhaftmachung in diesem Sinne ist gleich dem Glaubhaftmachen im Sinne des § 294 ZPO zu verstehen.[706] Zivilprozessual bedeutet Glaubhaftmachung, dass derjenige, der die entsprechende Behauptung vorträgt, diese wahrscheinlich, einleuchtend und plausibel macht; ein Beweis der Behauptung muss hierbei nicht vorliegen.[707]

706 Smid-*Smid*, InsO, § 14 Rn. 20
707 RG in JW 1927, 1309

5. Nochmals: Auswirkungen auf die Prüfungspflicht des Insolvenzgerichts

Da das Glaubhaftmachen den Vollbeweis nur in den Fällen ersetzt, in denen es ausdrücklich angeordnet ist,[708] stellt es ein Weniger gegenüber dem Vollbeweis dar. Bei einem Schuldnerantrag wird im Gegensatz zum Gläubigerantrag eine Glaubhaftmachung des Insolvenzgrundes nicht verlangt; somit erst recht kein Vollbeweis des Vorliegens eines Insolvenzgrundes. Es muss daher genügen, wenn der Insolvenzgrund lediglich plausibel, d.h. schlüssig und nachvollziehbar vorgetragen wird, sodass das Insolvenzgericht im Zulassungsverfahren bei einem Schuldnerantrag prüfen kann, ob dieser die Zulassungsvoraussetzungen, d.h. die Anforderungen an die Formalien und an die Schlüssigkeitsprüfung, erfüllen kann.

§ 5 Abs. 1 InsO ist genauer gefasst als § 75 KO. Während § 75 KO noch die Regelung vorsah:

> *„Das Konkursgericht kann zur Aufklärung aller das Verfahren betreffenden Verhältnisse die erforderlichen Ermittlungen, insbesondere die Vernehmung von Zeugen und Sachverständigen anordnen."*

Heißt es in § 5 Abs. 1 InsO nunmehr:

> *„Das Insolvenzgericht hat von Amts wegen alle Umstände zu ermitteln, die für das Insolvenzverfahren von Bedeutung sind. Es kann zu diesem Zweck insbesondere Zeugen und Sachverständige vernehmen."*

Das neue Recht macht somit deutlich, dass der Insolvenzrichter dann zur Amtsermittlung verpflichtet ist, wenn er nach seiner Erkenntnis Ermittlungen anstellen muss, die für das Verfahren von Bedeutung sind, d.h. solche Ermittlungen, die er für „von Bedeutung", i.E. für „erforderlich" hält.

II. Ermittlungen des Insolvenzgerichts

Mit der Zulassung des Antrages ist das Insolvenzgericht verpflichtet, die Ermittlungen anzuordnen, die zur Aufklärung aller das Verfahren betreffenden Verhältnisse erforderlich sind. Dazu kann das Gericht Zeugen oder den Schuldner vernehmen, ihm die Vorlage eines Vermögensverzeichnisses und eines Verzeichnisses seiner Gläubiger nebst deren Forderungen aufgeben, Auskünfte einholen und insbesondere, das ist der Regelfall, Sachverständige mit der Erstellung eines Gutachtens zur Ermittlung des Wertes des Schuldnervermögens beauftragen.

1. Indizwirkung der Zahlungseinstellung

Die Zahlungseinstellung dokumentiert nach § 102 Abs. 2 KO und nach § 17 Abs. 2 Satz 2 InsO die Zahlungsunfähigkeit. Hintergrund der Zahlungseinstellung ist eine Willensentschließung des Schuldners. Dieser äußert durch die Zahlungseinstellung, dass er nunmehr nicht mehr in der Lage sein wird, sämtliche fälligen Verbind-

---

708 Schellhammer, Zivilprozess, Rn. 508

lichkeiten zu erfüllen. Fraglich ist nun, ob in der willentlichen Zahlungseinstellung, die, wie bereits ausgeführt wurde, die Zahlungsunfähigkeit dokumentiert, nicht eine Parallele zum neuen Insolvenzgrund der drohenden Zahlungsunfähigkeit zu erblicken ist, da nach beiden hier in Frage stehenden Möglichkeiten der Gesichtspunkt der Zahlungsunfähigkeit, ob eingetreten oder „drohend" auf einer Willensentschließung des Schuldners beruht.

Sowohl die aktive Zahlungseinstellung mit nachfolgendem Antrag auf Eröffnung des Insolvenzverfahrens, als auch die Antragstellung aufgrund des Gesichtspunktes der drohenden Zahlungsunfähigkeit nach der neuen Insolvenzordnung, liegen grundsätzlich in Händen des Schuldners. Dieser kann letztendlich über den Zeitpunkt entscheiden, in welchem er den jeweiligen Antrag auf Eröffnung des Insolvenzverfahrens stellt oder wann er seine Zahlungen einstellt.

2. Problem der freiwilligen Zahlungseinstellung

Problematisch erscheint in diesem Zusammenhang, dass von der gängigen Zivilrechtsprechung vertreten wird, dass derjenige Schuldner gerade nicht zahlungsunfähig ist, der seine Zahlungen böswillig verweigert.[709]

Hieraus lässt sich jedoch nicht zwingend schließen, dass jeder Akt der willentlichen Zahlungseinstellung *keine* Zahlungsunfähigkeit in diesem Sinne darstellt. § 102 Abs. 2 KO und § 17 Abs. 2 Satz 2 InsO legen fest, dass Zahlungsunfähigkeit in der Regel anzunehmen ist, wenn eine Zahlungseinstellung erfolgt.

Die Zahlungseinstellung ist daher, folgt man dem Wortlaut der vorgenannten Vorschriften, die nach außen hin dokumentierte Zahlungsunfähigkeit, wobei nach dem äußeren Anschein nicht differenziert werden kann, ob diese Zahlungseinstellung aufgrund eines Zwanges erfolgt, d.h., in diesem Fall ist der Schuldner tatsächlich nicht in der Lage, Zahlungen zu leisten, oder aufgrund eines willentlichen Entschlusses des Schuldners.

Gründe, gerade hier *keine* Zahlungsunfähigkeit anzunehmen sind nicht ersichtlich und wären im Grunde auch systemwidrig, da es dem Schuldner nicht zugemutet werden kann, erst die absolute Zahlungsunfähigkeit, d.h. den Zeitpunkt, in dem er absolut keine Verbindlichkeiten mehr erfüllen kann, abzuwarten, bevor er tatsächlich aus eigenem Antrieb die Möglichkeit hat, Konkursantrag zu stellen. Vielmehr muss der Schuldner in gewissen Rahmen selbst bestimmen können, wann er seine Zahlungen einstellt und das Verfahren auslöst.

Im Übrigen ist darauf zu verwiesen, dass in den meisten Fällen, in denen ein Gläubiger Konkursantrag stellt, dieser auf den Umstand der Zahlungsunfähigkeit in Form der Zahlungseinstellung gestützt wird. Insoweit würden auch Beweisschwierigkeiten für den Gläubiger bestehen, sollte er sich derart im Vorfeld zu einem Kon-

709 Vgl. hierzu BGH in WM 1957, 88

kursantrag über die wirtschaftlichen Verhältnisse des Schuldners informieren müssen, um letztlich die Aussage treffen zu können, dass dieser die Zahlungen aus dem Grunde eingestellt hat, weil er tatsächlich nicht mehr zahlen konnte, ohne dass dem ein willentlicher Entschließungsakt vorausgegangen ist.

Auch unter dem Gesichtspunkt des Gläubigerschutzes kann somit kein anderes Ergebnis gefunden werden. Gerade der Gesichtspunkt der Zahlungseinstellung als willentlich getragener Akt des Schuldners hätte eine Konkurseröffnung bzw. eine Eröffnung des Vergleichsverfahrens zu einem früheren Zeitpunkt, in dem aller Voraussicht nach noch mehr verteilungsfähige Masse oder zumindest eine Verteilungsmasse vorhanden ist, die den Anforderungen an die Darstellung eines 35 %-Moratoriums im Rahmen eines Vergleichsvorschlages genügen konnte, ermöglicht.

Wenn diese Auffassung zutreffend wäre, so wären bereits vor Inkrafttreten der Insolvenzrechtsreform ein früheres Tätigwerden des umsichtigen Schuldners und damit möglicherweise eine Erfolg versprechende Sanierung des Unternehmens möglich gewesen; die Einführung des neuen Insolvenzgrunds der drohenden Zahlungsunfähigkeit wäre damit nicht notwendig gewesen.

Gegen diese Auffassung spricht jedoch die tatsächlich während der Geltung der KO vorgefundene Lage. Wie der Gesetzgeber in der Begründung zur InsO feststellt, wurden in den Jahren 1985–1990 über 70 % der Konkursanträge mangels Masse abgewiesen.[710]

III. Einordnung und Wertung des Eröffnungsgrundes der Überschuldung nach neuem Recht

Es wurde bereits darauf hingewiesen, dass der Betriebsbestehensprognose, die nach neuem Recht bei der Überschuldung zu prüfen ist, nunmehr besonderes Gewicht zukomme, da ihr Ergebnis den Inhalt des Überschuldensstatus wesentlich bestimmt (G. III. 5.). Der Gesetzgeber der InsO legt dar, dass nur dann Fortführungswerte angesetzt werden dürfen, wenn die Fortführung des schuldnerischen Unternehmens nicht nur möglich, sondern auch tatsächlich beabsichtigt ist, anderenfalls sollen die Werte zugrunde gelegt werden, die bei einer Liquidation des Unternehmens zu erzielen wären.[711]

Der Gesetzgeber unterstellt mit dieser Begründung zunächst die Auflösung des schuldnerischen Unternehmens, da er weiter in § 19 Abs. 2 Satz 2 InsO formuliert:

> *„Bei der Bewertung des Vermögens des Schuldners ist jedoch die Fortführung zugrunde zu legen, wenn diese nach den Umständen überwiegend wahrscheinlich ist."*

---

710 RegE, abgedruckt in Kübler/Prütting, Insolvenzrecht, S. 90
711 RegE, abgedruckt in Kübler/Prütting, Insolvenzrecht, S. 178, 179

1. Auswirkungen des Verzichts auf eine Prognose

Augenmerk ist dabei besonders auf die getroffenen Formulierungen „jedoch“ und „überwiegend“ zu legen.

Bei einem Überschuldensstatus kommt es daher nicht nur zu Liquidationswerten, wenn eine angefertigte Prognose die weitere Lebensfähigkeit des Unternehmens ausschließt, sondern auch dann, wenn gar keine Prognose erstellt wird oder der Schuldner erklärt, nicht fortführen zu wollen.

Dem Antragstellenden ist daher auf diesem Weg auch möglich, willentlich auf eine Prognose zu verzichten und so eine Überschuldung herbeizuführen, da grundsätzlich der Gesetzgeber die Auflösung der Gesellschaft unterstellt, wenn keine positive Fortbestehensprognose vorliegt. Der Ansatz von Fortführungswerten kann nach Ansicht des Gesetzgebers nur durch das Ergebnis einer positiven Fortbestehensprognose gerechtfertigt sein.[712]

Das Insolvenzgericht könnte daher, wenn der Schuldner vorträgt, er wolle sein Unternehmen nicht fortführen oder er wolle keine Fortbestehensprognose abgeben, i.d.R. das Vorliegen eines Eröffnungsgrundes annehmen, da in den seltensten Fällen keine rechnerische Überschuldung bei einem Unternehmen vorliegen wird.

2. Einordnung des Eröffnungsgrundes der Überschuldung in seiner Eigenschaft als Eröffnungsgrund

Bereits oben (vgl. N. IV.) wurde festgestellt, dass bereits vom Gesetzgeber der KO davon ausgegangen wurde, dass die Überschuldung i.d.R. vor der eingetretenen Zahlungsunfähigkeit vorliegt.

Auch nach der InsO wird die Überschuldung als Vorstufe der Zahlungsunfähigkeit gesehen.[713] D.h., wenn man die Eröffnungsgründe in eine zeitliche Abfolge stellt, wird angenommen, dass i.d.R. die Überschuldung früher eintritt, als die eingetretene Zahlungsunfähigkeit.[714]

Schmerbach führt zwar aus, dass kein zwingender Voraussetzungszusammenhang zwischen Zahlungsunfähigkeit und Überschuldung gegeben ist, z.B. könne Überschuldung ohne Zahlungsunfähigkeit vorliegen bei hinreichendem Kredit oder Zahlungsunfähigkeit ohne Überschuldung, wenn das Aktivvermögen nicht in flüssige Geldmittel umgewandelt werden kann.[715]

I.d.R. wird eine solche ambivalente Wechselwirkung zwischen *drohender* Zahlungsunfähigkeit und Überschuldung nicht gegeben sein. Auch der Gesetzgeber der InsO

---

712 RegE, abgedruckt in Kübler/Prütting, Insolvenzrecht, S. 178, 179
713 HK-*Kirchhof*, InsO, § 19 Rn. 2; Jaeger-*Mueller*, InsO, § 19 Rn. 4
714 HK-*Kirchhof*, InsO, § 19 Rn. 2; Jaeger-*Mueller*, InsO, § 19 Rn. 4
715 Wimmer-*Schmerbach*, InsO, § 19 Rn. 4

sieht eine Verbindung zwischen der drohenden Zahlungsunfähigkeit und der Überschuldung, er nimmt jedoch an, dass die Definition der Überschuldung in der InsO Überschneidungen mit dem Begriff der drohenden Zahlungsunfähigkeit vermeidet.[716] Ob diese Auffassung des Gesetzgebers richtig ist, ist fraglich: Wenn ein Schuldner nicht mehr in der Lage ist, seine künftigen, bereits jetzt begründeten Verbindlichkeiten im Zeitpunkt ihrer Fälligkeit zu begleichen, dann wird auch in der Regel von einer negativen Fortbestehensprognose auszugehen sein.

Dies kann jedoch dahingestellt bleiben, da Anliegen dieser Studie die Untersuchung der drohenden Zahlungsunfähigkeit ist.

IV. Folgen für die Antragstellung?

1. Gesteuerte Überschuldung?

Überspitzt könnte man damit formulieren: Ein Schuldner, der sich lediglich auf drohende Zahlungsunfähigkeit beruft, muss einen – möglicherweise für ihn kostenintensiven – Liquiditätsplan bzw. Finanzplan vorlegen. Wenn für ihn jedoch der Insolvenzgrund der Überschuldung ebenfalls Eröffnungsgrund ist, soll es genügen, wenn er auf eine Prognose verzichtet.

Auch der Gesetzgeber und die Literaturmeinung gehen davon aus, dass für eine positive Fortbestehensprognose auch ein Fortführungswille aus Seiten des Schuldners erforderlich ist.[717]

Demnach könnte ein Schuldner, bei dem auch die Überschuldung Eröffnungsgrund ist, lediglich auf seinen fehlenden Willen zur Fortführung verweisen und hätte damit ohne Weiteres den Eröffnungsgrund der Überschuldung nicht nur schlüssig vorgetragen, und mit den Mitteln des § 294 ZPO glaubhaft gemacht, sondern auch zusätzlich den manifestierten Willen, nicht fortführen zu wollen, bewiesen.

2. Missbrauchsmöglichkeiten der gesteuerten Überschuldung

Missbrauchsmöglichkeiten, die die Literatur offenbar beim Insolvenzgrund der drohenden Zahlungsunfähigkeit sieht, wären insoweit nahezu genauso denkbar, wenn lediglich der Schuldner keinen Fortführungswillen äußert und damit eine gesteuerte Überschuldung auslöst.

---

716 Kübler/Prütting, Insolvenzrecht, S. 179

717 Jaeger-*Müller*, InsO, § 19 Rn. 32; Wimmer-Schmerbach, InsO, § 19 Rn. 20a; HK-*Kirchhof*, InsO, § 19 Rn. 9; Nerlich/Römermann-*Mönning*, InsO, § 19 Rn. 9; a.A. offenbar Burger/Schellberg, Auslösetatbestände, BB 1995, 261, 263

V. Folgerungen für den Insolvenzgrund der drohenden Zahlungsunfähigkeit aus dieser Erörterung

Der Eröffnungsgrund der drohenden Zahlungsunfähigkeit muss sich daher noch in anderer Weise von den althergebrachten Insolvenzgründen, die durch die InsO eine Verschärfung erfahren haben, insbesondere von der Überschuldung, abgrenzen lassen.

T. Auswirkungen der drohenden Zahlungsunfähigkeit auf das Strafrecht?

Es wurde bereits festgestellt, dass zwischen der willentlichen Zahlungseinstellung und der drohenden Zahlungsunfähigkeit eine gewisse Parallele besteht.

I. böswillige Zahlungsverweigerung nach überkommenem Recht

Problematisch erscheint in diesem Zusammenhang die These, dass von der gängigen Zivilrechtsprechung zum überkommenen Recht des Verfahrens nach der KO und VglO sowie nach der GesO die These vertreten wird, dass derjenige Schuldner gerade nicht zahlungsunfähig in dem vorgenannten Sinne ist, der seine Zahlungen (böswillig) verweigert.[718]

II. strafrechtliche Bewertung der böswilligen Zahlungsverweigerung

Für das Strafrecht wird eine Auffassung vertreten, die von der zivilrechtlichen Rechtsprechung vertretenen Auffassung abweicht. Nach der strafrechtlichen Auffassung liegt eine Zahlungseinstellung auch dann vor, wenn der Schuldner böswillig seine Zahlungen verweigert. Zahlungseinstellung wird dabei als stärkste Form der Zahlungsunfähigkeit und andererseits eine Zahlungsunfähigkeit selbst bei böswilliger Zahlungsverweigerung als gegeben erachtet.[719]

Nach *Hartung*[720] ist es in diesen Fällen sinnvoll, strafrechtlich die Zahlungsunwilligkeit einer Zahlungsunfähigkeit gleichzusetzen. Er beruft sich hierfür auf den rechtspolitischen Sinn dieser Vorschriften.[721] Hartung nennt als Beispiele hierfür

718 Vgl. hierzu BGH in WM 1957, 88
719 RG in RGSt 41, 311, 312; RG in RGSt 3, 294, wobei es nach dieser Entscheidung unerheblich ist, ob der Schuldner über seine Zahlungsfähigkeit täuscht; BGH in GA 1953, 73
720 Hartung, Feststellung, wistra 1997, 1, 8
721 Hartung, Feststellung, wistra 1997, 1, 8

den Schuldner, der seine Zahlungsunwilligkeit dadurch kommentiert, dass er ständig den Sitz seiner Gesellschaft verlegt, Geschäftsführerwechsel vornimmt oder die Komplementäre wechseln lässt.[722]

Dieser Ansicht könnte nun entgegengehalten werden, dass diese gegen das in Art. 103 GG normierte Analogieverbot verstoßen könnte. Dem ist jedoch entgegenzuhalten, dass der Begriff der Zahlungseinstellung nur einen Vorgang, der sich so tatsächlich ereignet, namentlich die permanente Nichtbezahlung, beschreibt. Insoweit verstößt die hier dargestellte Ansicht, die im Übrigen ihre Stütze auch in der Rechtsprechung findet,[723] nicht gegen das Analogieverbot. Schwierigkeiten bereitet die hier dargestellte Analogie nur in den Fällen, in denen der Schuldner, wie *Hartung* darstellt, „auf seinem Barvermögen sitzt"[724] und dennoch keine Zahlungen leistet.

Dieser Umstand spielt jedoch für eine Antragstellung des Schuldners keine nennenswerte Rolle, da sich kein Schuldner aus dem Grund, als er einfach Zahlungen nicht leisten will, einem Konkursverfahren, in dem sein ganzes Betriebsvermögen als Masse herhalten muss unterwerfen wird.

Wie bereits dargestellt wurde, stellt die Auslegung, dass grundsätzlich auch eine willentliche Zahlungseinstellung des Schuldners als Zahlungsunfähigkeit i.S.d. der KO verstanden wird, keine für die Gläubiger bedenkliche Auslegung des § 102 KO und damit auch des § 17 InsO nach neuem Recht dar.

III. Frühere Verfahrensauslösung

Vielmehr ist durch eine solche Auslegung denkbar, dass hierdurch eine frühere Verfahrenseröffnung gewährleistet werden könnte. Nach allgemeiner Lebenserfahrung ist durch eine frühere Auslösung eines Insolvenzverfahrens zu diesem Zeitpunkt auch noch mehr verteilungsfähiges Vermögen bei dem jeweiligen Schuldner vorhanden. Davon geht auch der Gesetzgeber aus, der zumindest den Umkehrschluss darstellt, dass eine verspätete Verfahrenseinleitung zu einer höheren Anzahl der Fälle führt, in denen ein Insolvenzverfahren mangels Masse nicht eröffnet werden kann.[725]

---

722 Hartung, Feststellung, wistra 1997, 1, 8
723 RG in RGSt 41, 311, 312; RG in RGSt 3, 294
724 Hartung, Feststellung, wistra 1997, 1, 8
725 RegE, abgedruckt in Kübler/Prütting, Insolvenzrecht, S. 101

U. Bindungswirkung eines Strafverfahrens für die Feststellung der Insolvenzgründe durch das Konkurs-/Insolvenzgericht als Prüfungserfordernis für das Insolvenzgericht?

Die Strafverfolgungsbehörden müssen im Rahmen der Ermittlungen die Fragen der Zahlungsunfähigkeit bzw. der Zahlungseinstellung und der Überschuldung grundsätzlich untersuchen.[726]

I. Bindungswirkungen nach überkommenem Recht

Diese grundsätzliche Notwendigkeit der Untersuchung der Fragen der Zahlungsunfähigkeit bzw. Überschuldung bestand nicht, wenn ein Konkursverfahren eröffnet oder ein entsprechender Antrag auf Eröffnung des Verfahrens mangels Masse abgewiesen wurde. In einer Entscheidung des Konkursrichters auf Eröffnung des Verfahrens oder Abweisung des Verfahrens mangels Masse wurde ein unumstößlicher Akt gesehen, der sich auch auf ein etwaiges Strafverfahren auswirkt.[727] Es kam alleine darauf an, ob der eröffnende oder abweisende Beschluss des Konkursgerichts rechtskräftig geworden war.[728] Im Strafverfahren musste der Richter dann zugrunde legen, dass tatsächlich ein Konkursgrund vorgelegen hat.[729]

War der Verfahrensakt rechtskräftig, die Rechtsmittelfrist des § 109 KO also abgelaufen, war die objektive Bedingung der Strafbarkeit erfüllt.[730]

Lediglich dann, wenn aufgrund einer sofortigen Beschwerde des Gemeinschuldners der Eröffnungsbeschluss beseitigt wurde, lag keine Konkurseröffnung im Sinne des § 283 Abs. 6 StGB vor.[731]

Nicht maßgeblich war es, wenn das Konkursverfahren zu einem späteren Zeitpunkt wieder aufgehoben wurde, z.B. nach den §§ 202 oder 204 KO.[732]

Da das nach § 71 KO zuständige Konkursgericht von Amts wegen das Vorliegen eines Konkursgrundes prüfen musste, präjudizierte nach h.M. seine Entscheidung die weitere Sachbehandlung im Strafverfahren. Sofern fälschlicherweise eine Konkurseröffnung erfolgte, weil der Richter sich über die Voraussetzungen geirrt hatte, konnte sich der Beschuldigte in einem Strafverfahren hierauf nicht berufen.[733]

---

726 BGH in wistra 87, 28; BGH in NJW 1990, 1056
727 Für die Eröffnung des Verfahrens: RG in RGSt 26, 37; BGH in GA/H 55, 364; bei Einstellung mangels Masse: Schönke/Schröder-*Stree/Heine*, StGB, § 283 Rn. 62 m.w.N.
728 Schönke/Schröder-*Stree/Heine*, StGB, § 283 Rn. 61 m.w.N.
729 RG in RGSt 26, 37
730 Schönke/Schröder-*Stree/Heine*, StGB, § 283 Rn. 61
731 Schönke/Schröder-*Stree/Heine*, StGB, § 283 Rn. 61
732 Schönke/Schröder-*Stree/Heine*, StGB, § 283 Rn. 61
733 Schönke/Schröder-*Stree/Heine*, StGB, § 283 Rn. 61

Allerdings erfasste die objektive Bedingung der Strafbarkeit insoweit ausschließlich die natürlichen oder juristischen Personen, die im Eröffnungs- bzw. Ablehnungsbeschluss ausdrücklich genannt waren; gegebenenfalls musste in diesen Fällen ausgelegt werden, wer als tatsächlicher Gemeinschuldner von dem Verfahren betroffen war.[734]

II. Folgen für den Prüfungsumfang des Insolvenzgerichts bei Vortrag des Insolvenzgrunds der drohenden Zahlungsunfähigkeit durch den Schuldner

Es wurde bereits dargelegt, dass es durch die Literatur als problematisch angesehen wird, dass der Schuldner i.d.R. die Strafbarkeit nach § 283 Abs. 6 StGB auslöst, wenn er einen Eigenantrag wegen drohender Zahlungsunfähigkeit i.S.d. § 18 InsO stellt, da die Antragstellung in diesen Fällen nicht aufgrund einer gesetzliche Verpflichtung erfolgt, wie sie etwa §§ 64, 84 GmbHG für die eingetretene Zahlungsunfähigkeit oder Überschuldung voraussetzt.

Dies könnte dagegen sprechen, dass das Strafgericht – wie nach überkommenem Recht – die Verfahrenseröffnung durch das Insolvenzgericht als Beweis dafür ansehen könnte, dass tatsächlich zumindest drohende Zahlungsunfähigkeit vorliegt.

Viel gewichtiger ist jedoch das Argument, dass die drohende Zahlungsunfähigkeit i.S.d. des Insolvenzrechts eine andere ist, als die drohende Zahlungsunfähigkeit i.S.d. Strafrecht. Hierauf wurde bereits hingewiesen (vgl. C. VIII.).

Selbst wenn man unterstellen sollte, dass tatsächlich eine Prüfung des Vorliegens der tatbestandlichen Voraussetzungen durch das Insolvenzgericht bei einem Eigenantrag des Schuldners gestützt auf den Eröffnungsgrund der drohenden Zahlungsunfähigkeit erfolgen müsse, ließe sich hieraus nicht herleiten, dass auch drohende Zahlungsunfähigkeit im strafrechtlichen Sinne vorliegt. Dies würde auch dementsprechend für eine umgekehrte Ableitung der Erkenntnisse des Strafverfahrens für das Insolvenzverfahrens hinsichtlich des Vorliegens der drohenden Zahlungsunfähigkeit gelten.

Aus diesem Grund ist weder eine Entscheidung des Insolvenzgerichts hinsichtlich der – ggf. erforderlichen Feststellung des Eröffnungsgrundes der drohenden Zahlungsunfähigkeit – für ein Strafverfahren bindend, noch kann eine Prüfungspflicht des Insolvenzgerichts für ein ggf. noch einzuleitendes Strafverfahren gegen den Schuldner wegen eines Insolvenzdelikts, für das das Vorliegen der drohenden Zahlungsunfähigkeit i.S.d. Strafrechts Voraussetzung ist, statuiert werden: trotz der gleichen Bezeichnung „drohende Zahlungsunfähigkeit“ werden damit unterschiedliche Sachverhalte und Vermögenszustände des Schuldners beschrieben, die auf der einen Seite im insolvenzrechtlichen Sinn im Hinblick auf die Verfah-

---

734 RG in RGSt 29, 105; RG in RGSt 49, 321

renseröffnung und auf der anderen Seite im strafrechtlichen Sinn im Hinblick auf eine mögliche Gläubigergefährdung ihrem Wesen nach zugeschnitten sind.

Insoweit sind diese eben dargestellten Grundsätze der Bindungswirkung für ein Strafverfahren – wie dies nach überkommenem Recht der Fall war – nach neuem Recht so nicht mehr übertragbar. Durch das Strafgericht muss daher selbst festgestellt werden, ob tatsächlich drohende Zahlungsunfähigkeit vorgelegen hat. Aus Sicht des Strafrechts ist daher eine Prüfung des Eröffnungsgrundes der drohenden Zahlungsunfähigkeit durch das Insolvenzgericht nicht notwendig.

V. Vermeidung widersprüchlichen Vortrags durch den Schuldner

Es wurde dargestellt, dass gemeinhin eine Vortragspflicht des Schuldners zum Eröffnungsgrund der drohenden Zahlungsunfähigkeit i.S.d. § 18 InsO dahingehend gesehen wird, dass er diese für das Gericht nachvollziehbar durch einen Finanzplan oder Liquiditätsplan vorträgt (vgl. K.).

Unterstellt, dass der Schuldner mit seinem Eigenantrag, den er sinnvoller Weise mit einem – mit den Gläubigern abgestimmten – Antrag auf Eigenverwaltung verknüpft und mit einem „prepackaged plan“ verbindet, zum tatsächlichen Vorliegen der drohenden Zahlungsunfähigkeit unter Vorlage eines Liquiditätsplans oder Finanzplans oder ggf. anderer geeigneter Unterlagen vortragen muss, ergibt sich für ihn eine recht diffuse Vortragssituation:

I. Darlegungspflicht ggü. dem Insolvenzgericht hinsichtlich des Eröffnungsgrundes der drohenden Zahlungsunfähigkeit

Folgt man der Ansicht, dass der Schuldner die drohende Zahlungsunfähigkeit gegenüber dem Insolvenzgericht durch einen Insolvenzplan oder einen Liquiditätsplan darlegen muss, muss der Schuldner unter Vorlage dieser Unterlagen schlüssig darlegen, dass er in Zukunft seinen ggf. bereits jetzt begründeten Verbindlichkeiten mit einer Wahrscheinlichkeit von mehr als 50 % nicht mehr nachkommen kann. D.h. für das Gericht müsste nachvollziehbar sein, dass die Vermögenssituation des Schuldners in einem absehbaren Zeitraum sich mit einer Wahrscheinlichkeit von mehr als 50 % dahingehend entwickelt, dass der Schuldner künftig zahlungsunfähig i.S.d. § 17 InsO wird.

Konsequenz: Der Schuldner muss seinen Vortrag bzw. die Ausgestaltung seiner Unterlagen dahingehend fokussieren, dass er in Zukunft seine Zahlungsfähigkeit als eher unwahrscheinlich ansieht.

II. Darlegungspflicht ggü. dem Insolvenzgericht im Hinblick auf die Anordnung der Eigenverwaltung

Wie bereits dargestellt, stellt die Eigenverwaltung eine Ausnahme von der Regel dar, so dass der Schuldner hierzu ebenfalls vortragen muss.[735] Auch der Gesetzgeber ging davon aus, dass die Eigenverwaltung eine Ausnahme darstellt.[736]

D.h., gegenüber dem Insolvenzgericht muss der Schuldner für die angestrebte Eigenverwaltung vortragen, dass die Anordnung nicht zu einer Verzögerung des Verfahrens und auch nicht zu sonstigen Nachteilen für die Gläubiger führen wird.

Konsequenz: Der Schuldner ist damit gehalten, seinen Vortrag zur künftigen Entwicklung so undramatisch wie möglich zu gestalten, um den Eindruck, dass der Eintritt „sonstiger Nachteile" für die Gläubiger drohe, nicht entstehen zu lassen.

III. Beurteilung der Gefahr des Eintritts „sonstiger Nachteile" durch das Insolvenzgericht im möglichen Widerstreit mit der Prognosebeurteilung hinsichtlich der drohenden Zahlungsunfähigkeit

Das Insolvenzgericht hat die Beurteilung der drohenden Gefahr für die Gläubiger hinsichtlich der „sonstigen Nachteile" im Rahmen einer Prognoseentscheidung zu ermitteln.[737] D.h. das Insolvenzgericht muss für sich feststellen, dass die Anordnung der Eigenverwaltung voraussichtlich zu keinen Nachteilen für die Gläubiger führen wird.

Auf der anderen Seite soll das Gericht nach der h.M. aufgrund eines vom Schuldner vorzulegenden Liquiditäts- bzw. Finanzplans und eines ggf. ergänzenden Vortrags des Schuldners vom Vorliegen drohender Zahlungsunfähigkeit ausgehen.[738]

Hinzu kommt: Beide Prognoseentscheidungen des Insolvenzgerichts, sowohl diejenige über den Eintritt der drohenden Zahlungsunfähigkeit als Eröffnungsgrund für das Verfahren, als auch diejenige über die Anordnung der Eigenverwaltung ergehen zeitgleich mit dem Eröffnungsbeschluss.

---

735 MüKo-*Wittig*, InsO, § 270 Rn. 34; Hess/Weiss-*Wienberg*, InsO, § 270 Rn. 39

736 RegE, abgedruckt in Kübler/Prütting, Insolvenzrecht, S. 511, 512

737 Wimmer-*Foltis*, InsO, § 270 Rn. 39; HK-*Landfermann*, InsO, 270 Rn. 5 a; Nerlich/Römermann-*Riggert*, InsO, § 270 Rn. 22

738 So die Darstellung bei RegE, abgedruckt in Kübler/Prütting, Insolvenzrecht, S. 177; Haarmeyer/Wutzke/Foerster, InsO und EGInsO, S. 120; Breuer, Regelinsolvenzverfahren, S. 1, 2; Kübler/Prütting-*Pape*, Komm. zur InsO, § 13 Rn. 11; Burger/Schellberg, Auslösetatbestände, BB 1995, 261, 265; IDW, Empfehlungen zur Prüfung, S. 250, 251; Jaeger-*Müller*, InsO, § 18 Rn. 15; Braun-*Kind*, InsO, § 18 Rn. 11, 12; Wimmer-*Schmerbach*, InsO, § 18 Rn. 12; MüKo-*Drukarczyk*, § 18 Rn. 13; Heim, Finanzplanung, DStR 1999, 387, 388

Folgt man weiter der herkömmlichen Definition, dass die drohende Zahlungsunfähigkeit i.S.d. Insolvenzordnung die gleiche Vermögenssituation des Schuldner beschreibe wie die drohende Zahlungsunfähigkeit i.S.d. §§ 283 ff StGB ergibt sich das folgende Entscheidungsdilemma für das Insolvenzgericht:

Das Insolvenzgericht muss einerseits beim Schuldner das Vorliegen einer ggf. strafbewehrten (vgl. §§ 283 ff StGB) wirtschaftlichen Krise konstatieren; nach der strafrechtlichen Definition ist die drohende Zahlungsunfähigkeit bereits ein Vorbote der eingetretenen Zahlungsunfähigkeit.[739] Auf der anderen Seite muss das Insolvenzgericht trotz dieser unternehmerischen Krise des Schuldners überzeugt sein, dass die Anordnung der Eigenverwaltung zu keinen Nachteilen für die Gläubiger führt. Beide bereits auf den ersten Blick widerstreitende Entscheidungen kann das Insolvenzgericht sehenden Auges eigentlich nicht treffen.

Dieses Entscheidungsdilemma zeigt vielmehr, hierauf wurde bereits hingewiesen (vgl. C. VIII.), dass der neue Insolvenzgrund der drohenden Zahlungsunfähigkeit nicht mit der insoweit gleich lautenden drohenden Zahlungsunfähigkeit i.S.d. §§ 283 ff StGB identisch sein kann, sondern einen anderen Vermögenszustand des Schuldners beschreiben muss, der sich weit vor dem zeitlichen und vermögenstechnischen Bereich der wirtschaftlichen Krise abspielt.

IV. Vortrag des Schuldners hinsichtlich eines Insolvenzplans bei einem Eigenantrag gestützt auf drohende Zahlungsunfähigkeit

Der Insolvenzplan ist nach der gesetzlichen Regelung in einen darstellenden und einen gestaltenden Teil zu untergliedern und mit Anlagen zu versehen, aus denen sich seine voraussichtliche Durchführbarkeit ergibt, § 219 InsO.

Es wurde bereits dargelegt, dass *Smid* darauf hingewiesen hat, dass § 220 InsO aufgrund eines Redaktionsversehens verkürzt sei und vielmehr dahingehend zu verstehen sei, dass ein umfassender Sachbericht zu erstellen ist, in dem u.a. auch die historischen Ursachen der Krise und die Darstellung des Ist-Zustandes vorzunehmen ist (vgl. P. VI.).

Für den Schuldner ergibt sich für diesen Vortrag ein ähnliches Vortragsdilemma, wie es bereits bei der Eigenverwaltung im Hinblick auf die Vortragspflicht des Schuldners für den Eröffnungsgrund der drohenden Zahlungsunfähigkeit dargestellt wurde.

Auf der einen Seite muss der Schuldner im Rahmen seines schlüssigen Vortrages ggf. unter Vorlage eines Liquiditäts- bzw. Finanzplans für den Eröffnungsantrag behaupten, dass er künftig nicht mehr in der Lage sei, seine Verbindlichkeiten zu be-

739 Weyand, Insolvenzdelikte, S. 45, 46

friedigen, auf der anderen Seite hat er im darstellenden Teil des Insolvenzplanes eine Befriedigungsstrategie für seine Gläubiger vorzustellen. Während der Schuldner bei der Darstellung des Vorliegens des Insolvenzgrundes „schwarz malen“ muss, bietet sich für ihn eine positive Darstellung hinsichtlich der Befriedigungsstrategien für seine Gläubiger im Rahmen des Insolvenzplanes an.

V. Abstimmung der Eigenverwaltung und des Insolvenzplanes mit den später am Verfahren Beteiligten

Es wurde bereits darauf hingewiesen, dass ein frühzeitiger Eigenantrag für den Schuldner nur Sinn macht, wenn er steuernd in das Verfahren eingreifen kann (vgl. P.).

Aufgrund der durch den Gesetzgeber im Verfahren ggü. der Konkursordnung aufgewerteten Handlungsmöglichkeiten der Gläubiger im eröffneten Verfahren bietet es sich für den Schuldner auch an, im Vorfeld des Antrags die Abstimmung zumindest mit seinen Gläubigern, aber auch den Lieferanten zu suchen, um für diese unliebsame Überraschungen auszuschließen.

Ein überraschend gestellter Eigenantrag, verbunden mit einem für die Beteiligten überraschenden Antrag auf Eigenverwaltung und einem ebenso auf den Überraschungseffekt ausgelegten Insolvenzplan bietet keine Gewähr für den Schuldner, dass er steuernd in das Verfahren eingreifen kann. Aber nur, wenn der Schuldner steuernd in ein Verfahren eingreifen kann, macht ein frühzeitiger Antrag für ihn Sinn. Hierauf wurde bereits hingewiesen (vgl. P.).

Es bietet sich daher für den Schuldner eine umfassende Information der Beteiligten (Gläubiger, Lieferanten, Banken) an. Für die enge Abstimmung mit den Beteiligten ergibt sich für den Schuldner aber ein ähnliches Dilemma, wie es bereits für die Vortragspflicht des Schuldners ggü. dem Insolvenzgericht dargestellt wurde: Der Schuldner muss ggü. den Beteiligten darlegen, warum eine Eigenverwaltung nicht zu Nachteilen führt, zum anderen muss er seinen Insolvenzplan abstimmen, was für ihn ebenfalls bedeutet, die künftige Situation eher positiv darzustellen. Dies könnte ebenfalls zu einem widerstreitenden Vortrag des Schuldners hinsichtlich der Darlegung des Eröffnungsgrundes der drohenden Zahlungsunfähigkeit führen.

VI. Schlussfolgerung für die Vortragspflicht des Schuldners

Für den darstellenden Teil des Insolvenzplans muss der Schuldner ohnehin zu den historischen Ursachen der Krise und der Darstellung des Ist-Zustandes eingehend Stellung nehmen. Ein weiterer, hierzu ggf. widerstreitender Vortrag des Schuldners zum Vorliegen eines Eröffnungsgrundes, ist daher entbehrlich und könnte allenfalls die Schlüssigkeit des Schuldnervortrags zum Eröffnungsgrund in Frage stellen.

Gleiches gilt auch für den Vortrag des Schuldners zur Eigenverwaltung. Auch hierzu ist ausreichend, wenn er darlegt, dass die Eigenverwaltung zu keinen Nachteilen für die Gläubiger führen wird.

Für beide Verfahrensarten, die Eigenverwaltung und den Insolvenzplan muss der Schuldner auch die zukünftige Entwicklung prognostizieren. In diesem Zusammenhang macht es auch Sinn, die künftigen, noch nicht begründeten Verbindlichkeiten, auf die bereits unter C. hingewiesen wurde, darzustellen.

Insoweit lässt sich daher festhalten: Wenn der Schuldner seinen Eigenantrag auf drohende Zahlungsunfähigkeit stützt, zur Eigenverwaltung vorträgt und insoweit auch ausschließt, dass Nachteile für die Gläubiger eintreten und weiter im Rahmen des darstellenden Teils des – im Vorfeld mit den Beteiligten abgestimmten Insolvenzplans – die Ursachen für die mögliche Krise seines Unternehmens darstellt, besteht kein Raum, zusätzlich noch von ihm die Vorlage weiterer – ggf. zu seinem sonstigen Vortrag widersprüchlicher – Unterlagen und eines weiteren Vortrags zum Vorliegen der drohenden Zahlungsunfähigkeit als Eröffnungsgrund zu verlangen.

Gleichwohl muss es dem Insolvenzgericht unbenommen bleiben, bei Zweifeln über die Richtigkeit und Vollständigkeit der vom Schuldner vorgelegten Unterlagen und bei einer Unschlüssigkeit seines Vortrags weitere Ermittlungen nach §§ 20, 97, 98, 101 InsO ggf. unter Beiziehung eines Sachverständigen zu erheben.

Ein Automatismus, dass der Schuldner einen gesonderten Liquiditäts- oder Finanzplan zum schlüssigen Vortrag bzw. zur Glaubhaftmachung oder gar zum Nachweis seiner drohenden Zahlungsunfähigkeit i.S.d. § 18 InsO vorzulegen hat, besteht aber, entgegen der weit verbreiteten Ansicht in der Literatur,[740] der sich offenbar auch der BGH ggf. anzuschließen gedenkt, erste Anzeichen sind in der bereits zitierten Entscheidung v. 12.12.2002 zu erkennen,[741] nicht.

W. Wesentliche Erkenntnisse der Studie

I. Vortragspflicht des Schuldners

Die vorstehenden Ausführungen haben ergeben, dass ein gesteuertes Insolvenzverfahren es notwendig macht, dass der Schuldner zum einen wg. der Eigenverwaltung den Kontakt zu den Gläubigern sucht und zum anderen bei einem „prepackaged plan“ ebenfalls die Zustimmung der Gläubiger vorab einholt. Wenn ein Schuldner

740 RegE, abgedruckt in Kübler/Prütting, Insolvenzrecht, S. 177; Haarmeyer/Wutzke/Foerster, InsO und EGInsO, S. 120; Breuer, Regelinsolvenzverfahren, S. 1, 2; Kübler/Prütting-*Pape*, Komm. zur InsO, § 13 Rn. 11; Burger/Schellberg, Auslösetatbestände, BB 1995, 261, 265; IDW, Empfehlungen zur Prüfung, S. 250, 251; Jaeger-*Müller*, InsO, § 18 Rn. 15; Braun-*Kind*, InsO, § 18 Rn. 11, 12; Wimmer-*Schmerbach*, InsO, § 18 Rn. 12; MüKo-*Drukarczyk*, InsO, § 18 Rn. 13; Heim, Finanzplanung, DStR 1999, 387, 388

741 BGH, Az.: IX ZB 426/02, Entscheidung v. 12.12.2002, abgedruckt in NJW 2003, 1187 = NZI 2003, 147 = ZInsO 2003, 217

dies nicht tut, dann kann er nicht steuernd in das Verfahren eingreifen, sondern muss für sich „auf das Beste“ hoffen. Ob ein Schuldner dieses Risiko eingeht, mag bezweifelt werden. Nachteile für die Gläubiger entstehen bei einem ungesteuerten Insolvenzantrag des Schuldners nicht. Vielmehr wird der Schuldner zumindest durch einen ungesteuerten Antrag zahlungsunfähig zum Zeitpunkt der Entscheidung des Gerichts.

Es wurde dargelegt, dass dem Antrag auf Eröffnung des Insolvenzverfahrens nach der neuen InsO, gestützt auf den Insolvenzgrund der drohenden Zahlungsunfähigkeit zur Glaubhaftmachung des Insolvenzgrundes keine weiteren Unterlagen beizufügen sind.

Aus diesem Grunde erscheint auch die Frage notwendig, ob der vorangehend dargestellte Prüfungsaufwand zur Darstellung der drohenden Zahlungsunfähigkeit bei einem Insolvenzantrag, der sich auf den Insolvenzgrund der drohenden Zahlungsunfähigkeit stützt, tatsächlich erforderlich ist oder ob er entbehrlich erscheint, da es sich bei der Insolvenzantragsstellung unter dem Gesichtspunkt der drohenden Zahlungsunfähigkeit quasi um ein nichtstreitiges Verfahren bezüglich der Zulässigkeit des Antrages handelt.

Wie bereits dargestellt, kann der Insolvenzantrag unter dem Gesichtspunkt der drohenden Zahlungsunfähigkeit nur vom Schuldner selbst gestellt werden. Hier wurde eine Regelung getroffen, die von derjenigen des Kommissionsvorschlages abweicht.[742]

Durch die Beschränkung auf den Eigenantrag soll nach Ansicht der Verfasser des Referentenentwurfes, so die amtliche Begründung, vermieden werden, dass außenstehende Gläubiger den Schuldner im Vorfeld der Insolvenz durch einen Insolvenzantrag in einer wie immer gearteten Weise unter Druck setzen können.[743]

Eine eindeutige Prüfung der Zulässigkeit des Antrages auf Eröffnung des Insolvenzverfahrens ist nur dann notwendig, wenn ein Gläubiger den Antrag auf Eröffnung des Insolvenzverfahrens stellt, §§ 10, 14 InsO. Eine Prüfung der Zulässigkeit des Antrags in den Fällen, in denen der Schuldner den Antrag auf Eröffnung des Insolvenzverfahrens stellt und diesen auf den Insolvenzgrund der drohenden Zahlungsunfähigkeit stützt, findet, wie bereits erläutert, grundsätzlich nicht statt.

II. Keine Vorlage von zusätzlichen Unterlagen bei der Antragstellung

Es wurde dargestellt, dass sich nach dem Wortlaut der insoweit einschlägigen §§ 2 ff VglO ergab, dass der Antrag auf Eröffnung des Vergleichsverfahrens nur zulässig sein sollte, wenn dem Antrag auf Eröffnung des Vergleichsverfahrens Unterlagen, nach §§ 4 ff VglO, beigefügt wurden.

742 RegE, abgedruckt in Kübler/Prütting, Insolvenzrecht, S. 176
743 RegE, abgedruckt in Kübler/Prütting, Insolvenzrecht, S. 176

Ein Gleiches verlangte auch die Konkursordnung vom Antragsteller, sei dies nun der Schuldner oder der Gläubiger, §§ 104, 105 KO.

Nach dem neuen Recht wird dies nun nicht mehr allgemein verlangt. Vielmehr genügt nach der InsO, dass der nunmehrige Insolvenzschuldner in dem Antrag auf Eröffnung des Verfahrens den Insolvenzgrund glaubhaft vorträgt. Entgegen der Regelung, die in der Vergleichsordnung getroffen wurde, ist dem Antrag nunmehr nicht ein Anlagenkonvolut beizufügen, vgl. § 20 InsO. Hiernach wird bei der Vorlage der den Insolvenzantrag stützenden Unterlagen bereits unterstellt, dass vorher eine Zulässigkeitsprüfung des Antrages anhand des Vortrages des antragstellenden Schuldners erfolgte. Die Vorlage der diesen Vortrag stützenden Unterlagen kann, dies ergibt sich auch aus den in § 20 InsO zitierten und aufgeführten Paragrafen der InsO, dem Antrag auch später beigefügt werden, da dies nicht Gegenstand der Zulässigkeitsprüfung ist.

III. Keine echte Schlüssigkeitsprüfung

Dies kann jedoch bei dem Eigenantrag des Schuldners, der sich auf die drohende Zahlungsunfähigkeit stützt, keine echte Schlüssigkeitsprüfung darstellen.

Entgegen der in § 15 InsO getroffenen Regelung wird bei der Antragstellung durch den Schuldner, die auf den Insolvenzgrund der drohenden Zahlungsunfähigkeit gestützt wird, keine Glaubhaftmachung des Insolvenzgrundes der drohenden Zahlungsunfähigkeit verlangt.[744]

Bislang erfolgte jeweils auch der Antrag auf Stellung des Vergleichsantrages aufgrund einer Aktivität des Schuldners, da nur dieser diesen Antrag stellen konnte. Nach nunmehr geltendem Recht steht auch dieser Antrag alleine dem Schuldner zu, da das Insolvenzverfahren nicht mehr zweigeteilt ist, sondern – nach der erklärten Absicht des Gesetzgebers – ein einheitliches Verfahren darstellen soll.[745]

Eine Glaubhaftmachung der Insolvenzgründe und daher auch eine Beifügung von Unterlagen zum Insolvenzantrag sind daher nur erforderlich, wenn dieser Insolvenzgrund glaubhaft gemacht werden muss. Bei einem Eigenantrag eines Schuldners ist dies jedoch nicht der Fall.

IV. Frühere Eröffnung von Insolvenzverfahren als Ziel des Reformgesetzgebers

Erreicht werden sollte durch die Neuregelungen der InsO, dass die Verfahren früher eröffnet werden können, da dann noch eine Sanierung des schuldnerischen Unternehmens bzw. des Schuldners als Person möglich ist. Im Jahr 1998 betrug der Anteil

744 Uhlenbruck, Probleme des Eröffnungsverfahrens, S. 169, 172
745 Kübler/Prütting, Insolvenzrecht, S. 104

der Verfahren, die mangels Masse nicht zu einer Eröffnung des Verfahrens führten, 73,5 %. Dieser Wert ging im Jahr 1999 (nach Einführung der InsO) auf 68,85 % zurück.[746] Eine eklatante Verbesserung kann darin nicht gesehen werden. Zumindest in der Anfangsphase des zeitlichen Geltungsbereichs der Insolvenzordnung beriefen sich nur wenige Schuldner auf den Insolvenzgrund der drohenden Zahlungsunfähigkeit; bei dieser geringen Anzahl wiederum handelte es sich zumeist um solche Fälle, in denen bereits Zahlungsunfähigkeit oder Überschuldung tatsächlich eingetreten war.[747]

Dieser Trend scheint sich fortzusetzen. Für das Bundesgebiet stellt *Kranzusch* fest, dass nur in 0,6 % aller Fälle die drohende Zahlungsunfähigkeit als Eröffnungsgrund bei Unternehmensinsolvenzen benannt wurde.[748]

Auch dies zeigt, dass es vielmehr gilt, mehr Verfahren zu eröffnen und sich nicht bei der Prüfung des Gerichts aufzuhalten, ob den nun tatsächlich sich aus den Ausführungen des Schuldners und den ggf. vorzulegenden Unterlagen ein schlüssiger und einer Klagschrift entsprechender Vortrag zum Vorliegen eines Eröffnungsgrundes für ein Insolvenzverfahren vorliegt, oder ob der Antrag des Schuldners abgewiesen werden soll und ihm anheim gestellt wird, tatsächlich eine Krise seines Unternehmens abzuwarten.

V. Gefahren eines Eigenantrags ohne Nachweis eines eines Insolvenzgrundes

Es wird in Anlehnung an *Uhlenbruck* nicht verkannt, dass der Eigenantrag des Schuldners ohne Nachweis eines Insolvenzgrundes das Ziel haben kann, sich von lästigen Schuldverpflichtungen zu lösen, §§ 103 ff InsO, die Kündigungsfrist des § 113 InsO zu nutzen oder ein Sozialplanrisiko über § 123 InsO kalkulierbar zu machen.[749] Diese Missbrauchsmöglichkeiten sind jedoch als gering einzuschätzen, da die Eröffnung des Insolvenzverfahrens und das folgende Handeln eines eingesetzten Insolvenzverwalters für den Schuldner nicht abschließend vorhersehbar und kalkulierbar sind. Falsche Angaben des Schuldners können auch die Versagung einer Restschuldbefreiung i.S.d. § 290 Abs. 1 Nr. 2 InsO nach sich ziehen. Ggf. kann das Insolvenzgericht vom Mittel des § 98 Abs. 1 InsO Gebrauch machen und den Schuldner zur Abgabe der Eidesstattlichen Versicherung über das Vorliegen des Insolvenzgrundes der drohenden Zahlungsunfähigkeit auffordern. Angesichts der statistischen Relevanz des Insolvenzgrundes der drohenden Zahlungsunfähigkeit erscheint dies aber fraglich.

---

746 Kirchhof, Zwei Jahre Insolvenzordnung, S. 5
747 Wimmer, Erste Erfahrung, S. 559
748 Kranzusch, Marktaustritte, Insolvenzen, ZInsO 2003, 298
749 Uhlenbruck, Der Insolvenzgrund im Verbraucherinsolvenzverfahren, NZI 2000, 15, 17

Da keine Glaubhaftmachung erfolgen muss, beschränkt sich auch die Prüfungspflicht des Gerichts darauf, ob schlüssig vorgetragen wurde, dass der Insolvenzgrund der drohenden Zahlungsunfähigkeit vorliegt. Da hierzu keine Unterlagen vorzulegen sind, genügt daher der Antrag des Schuldners:

> *„Ich beantrage wegen drohender Zahlungsunfähigkeit, über mein Vermögen das Insolvenzverfahren zu eröffnen."*

Oder wie dies im Antragsvordruck des Bundesministeriums der Justiz für das Verbraucherinsolvenzverfahren unter Ziff. 3. I. formuliert wurde:[750]

> *„Ich stelle den Antrag, über mein Vermögen das Insolvenzverfahren zu eröffnen. Nach meinen Vermögens- und Einkommensverhältnisses bin ich nicht in der Lage, meine bestehenden Zahlungsverpflichtungen, die bereits fällig sind oder in absehbarer Zeit fällig werden, zu erfüllen."*

Für den Fall, dass der Schuldner eine Eigenverwaltung anstrebt und einen „prepackaged plan" vorlegen will, bietet sich die zusätzliche Formulierung an:

> *„Das Nähere bitte ich den Anlagen zu entnehmen. Ich verweise auf meine Darstellung zu den Auswirkungen der Eigenverwaltung und zu der Darstellung im gestaltenden Teil des Insolvenzplanes."*

X. Schlussbemerkung

I. Entbehrlichkeit der Prüfung der drohenden Zahlungsunfähigkeit

Es zeigt sich, dass die Überprüfung des Vorliegens eines Eröffnungsgrundes bei einem Schuldnerantrag gestützt auf den Insolvenzgrund der drohenden Zahlungsunfähigkeit grundsätzlich entbehrlich ist.

1. Verbraucherinsolvenzverfahren

Im Verbraucherinsolvenzverfahren ist eine Überprüfung des Vorliegens eines Eröffnungsgrundes durch den vorgeschalteten Einigungsversuch entbehrlich. Die tatsächlichen Vermögensverhältnisse des Schuldners können ggf. im Rahmen der Ersetzung von Zustimmungen einzelner Gläubiger nochmals überprüft werden.

2. Unternehmensinsolvenzverfahren

Im Rahmen der Unternehmensinsolvenz haben die vorhergehenden Ausführungen gezeigt, dass eine Steuerung durch den Schuldner nur dann möglich ist, wenn er Eigenverwaltung beantragt oder einen Insolvenzplan vorlegt. Im ersteren Fall ist

---

750 Vordrucke für das Verbraucherinsolvenzverfahren und das Restschuldbefreiungsverfahren, Antrag auf Eröffnung des Insolvenzverfahrens, Amtliche Fassung 3/2002

das Einverständnis der Gläubiger vorab einzuholen. Im zweiteren Fall ist die Darlegung der Vorgeschichte der Insolvenz im darstellenden Teil des Planes nachzuholen, so dass auch hier die Vorlage zusätzlicher Unterlagen und eines gesonderten Vortrags des Schuldners zur Prüfung des Vorliegens eines Eröffnungsgrundes im Eröffnungsverfahren entbehrlich erscheint.

3. Sinnvoller Zeitpunkt der Prüfung des Vorliegens eines Eröffnungsgrundes

Bei einem Antrag eines Schuldners, der weder Eigenverwaltung beantragt, noch einen Insolvenzplan vorlegt, sind die Missbrauchsmöglichkeiten bei Antragstellung, ohne dass ein Eröffnungsgrund vorliegt, gering. Die Insolvenzmasse bestimmt sich nach § 35 InsO, ein Neuerwerb zählt zur Insolvenzmasse. Nur um sich von lästigen Vertragsverhältnissen zu lösen, macht es für den Schuldner keinen Sinn einen solchen Antrag zu stellen. Wenn es sich bei dem Schuldner um eine GmbH o.ä, handelt, ist diese mit Rechtskraft der Insolvenzeröffnung zu löschen. Missbrauchsmöglichkeiten sind insoweit nicht denkbar.

Ist der Schuldner eine natürliche Person, besteht für ihn die Möglichkeit Restschuldbefreiung nach den §§ 287 ff InsO zu erlangen. Auch hierin ist keine Benachteiligung der Gläubiger zu ersehen, da die Restschuldbefreiung nur für die Forderungen gilt, die nicht im Insolvenzverfahren erfüllt werden können, der Schuldner für den Zeitraum von sechs Jahren seine pfändbaren Bezüge an einen Treuhänder abtreten muss, § 287 Abs. 2 InsO und er gleichwohl erst nach § 290 Abs. 3 Ziff. 3 InsO erst nach zehn Jahren wieder einen solchen Antrag stellen kann. Dies wird kein Schuldner freiwillig auf sich nehmen, ohne dass er zumindest drohende Zahlungsunfähigkeit für sich festgestellt hat. Sinnvoll wäre es sicherlich, einem Schuldner, der ersichtlich die Eröffnung eines Insolvenzverfahrens anstrebt, aber weder Eigenverwaltung beantragt noch einen Insolvenzplan vorlegt, sogleich einen vorläufigen Verwalter zur Seite stellt, der die Masse sichert und sich gutachtlich zur Frage der Insolvenz und den Vermögensverhältnissen des Schuldners äußert, und nicht durch zusätzliche Hürden, wie die Darlegung eines Eröffnungsgrundes, evtl. sogar die Vorlage eines Finanzplanes zur Darlegung der Insolvenzgründe den Weg zum Insolvenzverfahren versperrt.

II. Fazit

Der neue Eröffnungsgrund der drohenden Zahlungsunfähigkeit ist im Rahmen von Insolvenzplänen, Anträgen auf Eigenverwaltung und Eigenanträgen auf Eröffnung eines Verbraucherinsolvenzverfahrens im Eröffnungsverfahren nicht notwendig, da keine Prüfung des Eröffnungsgrundes notwendig ist. Gleichwohl ist er wegen § 15 Abs. 2 InsO und § 212 InsO nicht entbehrlich, da insoweit eine Glaubhaftmachung des Eröffnungsgrundes erfolgen muss. Auch hilft die in § 18 Abs. 2 InsO gegebene Definition für die Anfechtungsvorschriften der §§ 129 ff InsO sicherlich Streitpunkte zu vermeiden. Dies wurde auch ursprünglich von der vom Gesetzgeber eingesetzten Expertenkommission so gesehen: Im ersten Bericht der Kommission stellt diese unter Leitsatz 5 zum Anfechtungsrecht fest:

> *„Ls. 5.17 Feststellung der Zahlungsunfähigkeit und des ersten zulässigen und begründeten Eröffnungsantrags*
>
> *(1) Auf Antrag des Insolvenzverwalters stellt das Insolvenzgericht fest, zu welchem Zeitpunkt der Schuldner zahlungsunfähig war. Das Gericht kann sich auf die Feststellung beschränken, dass die Zahlungsunfähigkeit jedenfalls zu einem bestimmten Zeitpunkt vorgelegen habe, und offenlassen, zu welchem Zeitpunkt sie eingetreten ist. Eine solche Entscheidung kann auch als Teilentscheidung ergehen."*

Die Kommission hat damit erkannt, dass das tatsächliche Vorliegen des Eröffnungsgrunds, insbesondere sein Eintrittszeitpunkt, für die *Anfechtung* von Rechtshandlungen des Schuldners von Bedeutung ist.

Die in § 18 InsO getroffene Definition der drohenden Zahlungsunfähigkeit ist für die Regelung der Anfechtungsvorschriften oder im Rahmen des § 212 InsO sinnvoll, denn dort kann sie Wirksamkeit entfalten.

In diesem Zusammenhang wird auch sicherlich der von der h.M. in der Literatur geforderte Finanzplan/Liquiditätsplan im Rahmen der Prüfung der Voraussetzungen der drohenden Zahlungsunfähigkeit sinnvoll sein.

Die Verfahrenseröffnung nach § 18 InsO jedoch birgt keine besondere Gefahr für die Gesamtheit der Gläubiger. Insbesondere ist nach dem neuen Insolvenzrecht auch der Neuerwerb des Schuldners Insolvenzmasse, § 35 InsO, und steht somit für die Verteilung an die Gläubiger zur Verfügung. Die Gesamtheit der Gläubiger kann daher nicht gefährdet sein, allenfalls können einzelne Gläubiger Nachteile durch das Insolvenzverfahren erleiden. Tatsächlich kann es sich nur um einen kleinen Grenzbereich handeln, in dem dem Schuldner tatsächlich noch nicht einmal Zahlungsunfähigkeit droht. Durch den Antrag alleine löst der Schuldner diese aber i.d.R. aus.

Der Schuldner muss den Eröffnungsgrund auch nicht glaubhaft machen. Dies ist eine Anforderung, die der Gesetzgeber lediglich dem Gläubiger, § 14 InsO, nicht aber dem Schuldner auferlegt. Eine derartige Regelung wurde durch die InsO aber für den Schuldner gerade nicht getroffen. Auch ein etwa anzunehmender Schuldnerschutz rechtfertigt nicht die Glaubhaftmachung des Insolvenzgrundes der drohenden Zahlungsunfähigkeit. Der Schuldner weiß, dass er die Verfügungsmacht über sein Vermögen durch die Beantragung eines Insolvenzverfahrens aus der Hand gibt, §§ 80, 172 InsO.

Dies zeigt auch, dass alleine aus dem Kontext der Beantragung eines Insolvenzverfahrens, gestützt auf den neuen Insolvenzgrund der drohenden Zahlungsunfähigkeit nicht darauf geschlossen werden kann, ob der Schuldner überhaupt Unterlagen und ggf. welche Unterlagen der Schuldner dem Antrag zwingend beizulegen hat. Vielmehr wird der Schuldner von sich aus den Konsens mit den Gläubigern und ggf. Lieferanten und sicherlich auch mit dem Insolvenzgericht suchen, um die gewünschte Eigenverwaltung erreichen und einen Insolvenzplan abstimmen zu können. Hierzu muss er eine umfassende Informationspolitik treiben und eine positive Darstellung seines Unternehmens bieten. Insoweit wäre es kontraproduktiv, von ihm gleichzeitig und zusätzlich einen schlüssigen und durch die Vorlage von Finanz- oder Liquiditätsplänen gestützten Vortrag zum Vorliegen der drohenden Zahlungsunfähigkeit zu verlangen, der diesem Anliegen des Schuldners möglicherweise widerspricht.

Literaturverzeichnis

Arndt, Praktikabilität und Effizienz, Köln, 1983 (zitiert als: Arndt, Praktikabilität und Effizienz)

Auler, Der Überschuldensstatus als Bewertungsproblem, DB 1976, 2169 (zitiert als: Auler, Überschuldensstatus)

Bähner, Die Fortbestehensprognose im Rahmen der zweistufigen Überschuldensrechnung, KTS 1988, 443 f (zitiert als: Bähner, Fortbestehensprognose)

Balz/Landfermann, Die neuen Insolvenzgesetze, 2. Auflage, Düsseldorf, 1999 (zitiert als: Balz/Landfermann, Insolvenzgesetze)

Balz, Die Ziele der Insolvenzordnung, in Kölner Schrift zur Insolvenzordnung, S. 1 ff, 2. Auflage, 2000 (zitiert als: Balz, Ziele der Insolvenzordnung)

Balz, Die Ziele des Reformentwurfs, in Kübler, Neuordnung des Insolvenzrechts, 1989, 1 ff (zitiert als: Balz, Neuordnung)

Baumbach/Hueck/Fastrich, GmbHG, 17. Auflage, München, 2000 (zitiert als: Baumbach/Hueck/Fastrich, GmbHG)

Baumbach/Lauterbach/Albers, Zivilprozessordnung, 63. Auflage, München, 2005 (zitiert als: Baumbach-*Bearbeiter,* ZPO)

Baur, Anmerkung zum Urteil des BGH vom 03.10.1961 abgedruckt in JZ 1962, 94, 95 (zitiert als Baur, Anmerkung)

Baur/Stürner, Insolvenzrecht, 3. Auflage, Heidelberg, 1991 (zitiert als: Baur/Stürner, Insolvenzrecht)

Bisus/Eger, Führt die deutsche InsO zu mehr Marktkonformität bei Unternehmensinsolvenzen? Einige Bemerkungen aus ökonomischer Sicht, ZInsO 2003, 1 (zitiert als: Bisus/Eger, Marktkonformität bei Unternehmensinsolvenzen)

Bittmann, Insolvenzstrafrecht – Handbuch für die Praxis, Berlin, 2004 (zitiert als: Bittmann-*Bearbeiter,* Insolvenzstrafrecht)

Bley/Mohrbutter, Vergleichsordnung, Bd. 1, 4. Auflage, München, 1979 (zitiert als: Bley/Mohrbutter, VglO)

Bork, Einführung in das neue Insolvenzrecht, 4. Auflage, Tübingen, 2005 (zitiert als: Bork, Einführung)

Braun, Insolvenzordnung, München, 2002 (zitiert als: Braun-*Bearbeiter,* InsO)

Braun, Rechtskraft und Rechtskraftdurchbrechung bei Titeln aus sittenwidrigen Ratenkreditverträgen, 1986 (zitiert als: Braun, Rechtskraft)

Breuer, Das Regelinsolvenzverfahren, DStR 1998, Heft 47, Beihefter, S. 1 ff (zitiert als: Breuer, Regelinsolvenzverfahren)

Breutigam/Blersch/Goetsch, Insolvenzrecht, Kommentierung der Insolvenzordnung mit Antragsmustern für die Praxis, Berlin, 1998 – 200X (Loseblattsammlung) (zitiert als: Breutigam/Blersch/Goetsch-*Bearbeiter,* InsO)

Bumiller, Winkler, Gesetz über die Angelegenheiten der freiwilligen Gerichtsbarkeit, 7. Auflage, München, 1999 (zitiert als: Bumiller/Winkler, FGG)

Bundesministerium der Justiz, Diskussionsentwurf, Gesetz zur Reform des Insolvenzrechts, Köln, 1988 (zitiert als: BMJ, Diskussionsentwurf)

Bundesministerium der Justiz, Erster Bericht der Kommission für Insolvenzrecht, Köln, 1985 (zitiert als: BMJ, Erster Bericht)

Bundesministerium der Justiz, Referentenentwurf, Gesetz zur Reform des Insolvenzrechts, Köln, 1989 (zitiert als: BMJ, Referentenentwurf)

Literaturverzeichnis

Bundesministerium der Justiz, Zweiter Bericht der Kommission für Insolvenzrecht, Köln, 1986 (zitiert als: BMJ, Zweiter Bericht)

Burger/Schellberg, Die Auslösetatbestände im neuen Insolvenzrecht, BB 1995, 261 f (zitiert als: Burger/Schellberg, Auslösetatbestände)

Burger/Schellberg, Zur Vorverlagerung der Insolvenzauslösung durch das neue Insolvenzrecht, KTS 1995, 563 f (zitiert als: Burger/Schellberg, Vorverlagerung)

Depré, Die anwaltliche Praxis in Insolvenzsachen, Eine Einführung in die Anwaltstätigkeit, Stuttgart, 1996 (zitiert als: Depré, Anwaltliche Praxis)

Drukarczyk/Schüler, Zahlungsunfähigkeit, drohende Zahlungsunfähigkeit und Überschuldung als Insolvenzauslöser, in Kölner Schrift zur Insolvenzordnung, Das neue Insolvenzrecht in der Praxis, S. 95 ff, 2. Auflage, Berlin, 2000 (zitiert als Drukarczyk/Schüler, Zahlungsunfähigkeit)

Ehlers, Der Eröffnungsgrund der drohenden Zahlungsunfähigkeit – auch ein Haftungsproblem, ZInsO 2005, 169 (zitiert als Ehlers, Haftungsproblem)

Eickmann/Flessner/Irschlinger/Kirchhof/Kraft/Landfermann/Marotzke, Heidelberger Kommentar zur Insolvenzordnung, 2. Auflage, Heidelberg, 2001 (zitiert als: HK-*Bearbeiter,* InsO)

Eidenmüller, Unternehmenssanierung zwischen Markt und Gesetz: Mechanismen der Unternehmensreorganisation und Kooperationspflichten im Reorganisationsrecht, Köln, 1999 (zitiert als: Eidenmüller, Mechanismen)

Fehl, Die Gesellschaft bürgerlichen Rechts in der Insolvenz, Smid/Fehl „... ob das alles so stimmt ...", Festschrift für Prof. Hans-Martin Pawlowski zum 65. Geburtstag, Recht und Pluralismus, Heidelberg, 1997 (zitiert als: Fehl, GbR)

Fischer, Verbraucherinsolvenz – was passiert mit dem Girokonto?, ZInsO 2003, 101 (zitiert als: Fischer, Verbraucherinsolvenz)

Flöther/Smid/Wehdeking, Die Eigenverwaltung in der Insolvenz, Ein Praxisleitfaden mit erläuterten Musterschriftsätzen, München, 2005 (zitiert als: Flöther/Smid/Wehdeking, Eigenverwaltung in der Insolvenz)

Foerster, Insolvenzrecht für Insolvenzgläubiger?, ZInsO 2003, 917 f (zitiert als: Foerster, Insolvenzrecht)

Gottwald, Insolvenzrechtshandbuch, München, 1990 (zitiert als: Gottwald-*Bearbeiter,* Insolvenzrechtshandbuch)

Gottwald, Insolvenzrechtshandbuch, 2. Auflage, München, 2001 (zitiert als: Gottwald-*Bearbeiter,* Insolvenzrechtshandbuch 2. Auflage)

Grote, Die Änderung des Insolvenzrechts durch das Insolvenzrechtsänderungsgesetz, NJW 2001, 3665 ff (zitiert als: Grote, Änderungsgesetz)

Grub, Überjustizialisierung und Eigenverwaltung des Pleitiers, WM 1994, 880 (zitiert als: Grub, Eigenverwaltung des Pleitiers)

Haarmeyer/Wutzke/Förster, Gesamtvollstreckungsordnung, 4. Auflage, Köln, 1998, (zitiert als: Haarmeyer/Wutzke/Förster, GesO)

Haarmeyer/Wutzke/Förster, Handbuch zur Insolvenzordnung, InsO/EGInsO, 3. Auflage, München, 2001 (zitiert als: Haarmeyer/Wutzke/Förster, Handbuch)

Hachenburg, Gesetz betreffend die Gesellschaften mit beschränkter Haftung (GmbHG), 8. Auflage, Berlin, 1997 (zitiert als: Hachenburg-*Bearbeiter,* GmbHG)

Häsemeyer, Insolvenzrecht, 3. Auflage, Köln, 2003 (zitiert als: Häsemeyer, Insolvenzrecht)

Hahn, Die gesammten Materialien zu den Reichs-Justiz-Gesetzen, Bd. 4, Die gesammten Materialien zur Konkursordnung, Berlin, 1881 (zitiert als: Hahn, Materialien)

Hamelbeck, Zur Krise des Insolvenzrechts, NJW 1975, 1497 (zitiert als: Hamelbeck, Krise des Insolvenzrechts)

Hartung, Probleme bei der Feststellung der Zahlungsunfähigkeit, – Kritische Bemerkungen eines Wirtschaftsstaatsanwalts –, wistra 1997, S. 1 ff (zitiert als: Hartung, Feststellung)

Harz, Kriterien der Zahlungsunfähigkeit und der Überschuldung unter Berücksichtigung der Änderungen nach dem neuen Insolvenzrecht, ZInsO 2001, 193 (zitiert als: Harz, Kriterien der Zahlungsunfähigkeit)

Heim, Finanzplanung in kleinen und mittelständischen Unternehmen im Rahmen der neuen Insolvenzordnung und des KonTraG, DStR 1999, 387 ff (zitiert als: Heim, Finanzplanung)

Hess, Gesamtvollstreckungsordnung: Kommentar zum Konkursrecht für die Länder Brandenburg, Mecklenburg-Vorpommern, Sachsen, Sachsen-Anhalt und Thüringen, 4. Auflage, Neuwied, Berlin, 1998 (zitiert als: Hess, GesO)

Hess/Weis/Wienberg, Kommentar zur Insolvenzordnung mit EGInsO, Bd. I, Insolvenzordnung, 2. Auflage, Heidelberg, 2002 (zitiert als: Hess-*Bearbeiter,* InsO)

Hess, Kommentar zur Konkursordnung, 6. Auflage, Köln, 1998 (zitiert als: Hess, KO)

Hess/Goetsch, Die Sanierung der Konkursordnung durch die Insolvenzrechtsreform?, Köln, 1993 (zitiert als: Hess/Goetsch, Die Sanierung)

Hess/Kranemann/Pink, InsO '99 – Das neue Insolvenzrecht, Köln, 1998 (zitiert als: Hess/Kranemann/Pink, InsO '99)

Hess/Pape, InsO und EGInsO, Grundzüge des neuen Insolvenzrechts, Köln, 1995 (zitiert als: Hess/Pape, InsO)

Hess/Weis, Die Insolvenzmasse nach der Konkursordnung, InVo 1998, 273 (zitiert als: Hess/Weis, Die Insolvenzmasse)

Hess/Weis, Liquidation und Sanierung nach der Insolvenzordnung: ein Handbuch für die Praxis in systematischer Darstellung, Herne, 1999 (noch nicht zitiert)

Hintzen, Insolvenzantrag und Antrag auf Eigenverwaltung, ZInsO 1998, 15 (zitiert als: Hintzen, Insolvenzantrag)

Hüffer, Aktiengesetz, 5. Auflage, München, 2002 (zitiert als: Hüffer, AktG)

Huhn, Die Eigenverwaltung im Insolvenzverfahren, Köln, 2003 (zitiert als: Huhn, Eigenverwaltung)

IDW, Aus der Facharbeit des IDW, IDW Prüfungsstandard: Empfehlungen zur Prüfung eingetretener oder drohender Zahlungsunfähigkeit bei Unternehmen (IDW Prüfungsstandards PS 800; Stand: 22.01.1999), Wpg 1999, 250 ff (zitiert als: IDW, Empfehlungen zur Prüfung)

Jaeger, Die Konkursordnung auf der Grundlage des neuen Reichsrecht, Berlin, 1902 (zitiert als: Jaeger, KO_1902)

Jaeger, Die Zahlungsunfähigkeit nach geltendem und nach geplanten Insolvenzrecht, DB 1986, 1441 (zitiert als: Jaeger, Zahlungsunfähigkeit)

Jaeger Insolvenzordnung, 1. Auflage, Berlin, 2004 (zitiert als: Jaeger-*Bearbeiter,* Insolvenzordnung)

Jaeger, Konkursordnung, II. Band, 6./7. Auflage, 1936 (zitiert als: Jaeger, KO_1936)

Jaeger, Konkursordnung, II. Band, 1. Halbband, 8. Auflage, 1973 (zitiert als: Jaeger-*Bearbeiter,* KO)

Jaeger, Lehrbuch des Deutschen Konkursrechts, 8. Auflage, 1932 (zitiert als: Jaeger, Lehrbuch des Konkursrechts)

Jaenke, Leipziger Kommentar zum Strafgesetzbuch, 11. Auflage, 2003 ff, Berlin (zitiert als: LK-*Bearbeiter,* StGB)

Jauernig, Zivilprozessrecht, 28. Auflage, München, 2003 (zitiert als: Jauernig, Zivilprozessrecht)

Kilger, Der Konkurs des Konkurses, KTS 1975, 142 (zitiert als: Kilger, Konkurs)

Kirchhof, Münchener Kommentar zur Insolvenzordnung, (Bd. I–III), München, 2001–2003 (zitiert als: MüKo-*Bearbeiter,* InsO)

Kirchhof, Zwei Jahre Insolvenzordnung – ein Rückblick, ZInsO 2001, 1 (zitiert als: Kirchhof, Zwei Jahre Insolvenzordnung)

Kluth, Das „Allerletzte" zur Analogie in der Eigenverwaltung, ZInsO 2002, 1170 (zitiert als: Kluth, Eigenverwaltung I)

Kluth, Eigenverwaltung in der Insolvenz oder ein „Fall mit Sturz", ZInsO 2002, 1001 ff (zitiert als: Kluth, Eigenverwaltung II)

Köchling, Fremdverwaltung im Kostüm der Eigenverwaltung?, ZInsO 2003, 53 ff (zitiert als: Köchling, Eigenverwaltung)

Kraemer, Die Restschuldbefreiung im Spannungsfeld zwischen Steuerrecht und Insolvenzordnung (InsO), DStZ 1995, 399 ff (zitiert als Kraemer, Restschuldbefreiung)

Kranzusch, Marktaustritte, Insolvenzen und Sanierungslösungen bei illiquiden Einzelunternehmen, ZInsO 2003, 294 (zitiert als: Kranzusch, Marktaustritte, Insolvenzen)

Kroppen, Überschuldung als Konkursgrund für die GmbH & Co. KG, DB 1977, 663 (zitiert als: Kroppen, Konkursgrund)

Kübler, Neuordnung des Insolvenzrechts, Köln, 1989 Kübler, Das neue Insolvenzrecht: InsO und EGInsO, 2. Auflage, Köln, 2000 (letzteres ist Neuauflage des RegE. Wirklich neues dürfte daher nicht drinstehen. Wenn in der Arbeit auf die BT oder BR Drucksachen verwiesen wird, wird dieses Werk entbehrlich.

Kübler/Prütting, Das neue Insolvenzrecht, Bd. I, Köln, 1994 (zitiert als: Kübler/Prütting, Insolvenzrecht)

Kübler/Prütting, Kommentar zur Insolvenzordnung, Bd. I, Köln, 1998, Stand (Loseblatt): 22. Lieferung 02/2005 (zitiert als: Kübler/Prütting-*Bearbeiter,* Komm. zur InsO)

Künne, Außergerichtliche Vergleichsordnung: (AVerglO), Richtlinien zur Durchführung außergerichtlicher Sanierungen mit Musterformularen und einem Gesetzesanhang, 7. Auflage, München, 1968 (zitiert als: Künne, außergerichtliche Vergleichsordnung)

Kuhn/Uhlenbruck, Konkursordnung, 11. Auflage, München, 1994 (zitiert als: Kuhn/Uhlenbruck, KO)

Kupsch, Zur Problematik der Überschuldensmessung, BB 1984, 159 f, (zitiert als: Kupsch, Überschuldensmessung)

Lackner/Kühl, Kommentar zum Strafgesetzbuch, 25. Auflage, München, 2004 (zitiert als: Lackner/Kühl, StGB)

Loritz, Anmerkung zum Urteil des BGH vom 15.02.1990, JZ 1990, 865, 866 (zitiert als Loritz, Anmerkung)

Lüke/Wax, Münchener Kommentar zur Zivilprozessordnung, 2. Auflage, 2000 (zitiert als MüKo-*Bearbeiter,* ZPO)

Lutter/Hommelhof, GmbHG, 15. Auflage, Köln, 2000 (zitiert als Lutter/Hommelhof, GmbHG)

Maser/Sommer, Persönliche Haftung des GmbH-Geschäftsführers in der Insolvenz der Gesellschaft, BB 1996, 65 f (zitiert als Maser/Sommer, Persönliche Haftung)

Matzen, Der Begriff der drohenden und der eingetretenen Zahlungsunfähigkeit im Konkursstrafrecht, Kiel, 1993 (zitiert als: Matzen, Begriff)

Meyer-Cording, Die Bedeutung der Eröffnungstatbestände für die Funktion des Konkurses, ZIP 1989, 485 f (zitiert als: Meyer-Cording, Eröffnungstatbestände)

Meyer-Cording, Mehr Klarheit für die Insolvenztatbestände!, BB 1985, 1925 ff (zitiert als: Meyer-Cording, Mehr Klarheit)

Möhlmann, Die Überschuldensprüfung nach der neuen Insolvenzordnung, DStR 1998, 1843 (zitiert als: Möhlmann, Überschuldensprüfung)

Mohrbutter, Anmerkung zum Beschluß des OLG Hamburg vom 27.12.1972, KTS 1973, 189, 190 (zitiert als: Mohrbutter, Anmerkung)

Mohrbutter/Ernestus, Handbuch der Insolvenzverwaltung, 7. Auflage, Köln u.a., 1997 (zitiert als: Mohrbutter, Insolvenzverwaltung)

Müller-Guggenberger/Bieneck, Wirtschaftsstrafrecht, Handbuch des Wirtschaftsstrafrechts und Ordnungswidrigkeitenrechts, 3. Auflage, Stuttgart, 2000 (zitiert als: Müller-Guggenberger/Bieneck, Wirtschaftsstrafrecht)

Musielak, Kommentar zur Zivilprozessordnung, 4. Auflage, München, 2005 (zitiert als: Musielak-*Bearbeiter,* ZPO)

Nerlich/Römermann, Insolvenzordnung, Loseblatt, München, 1999, Stand: Okt. 2004 (8. Ergänzungslieferung) (zitiert als Nerlich/Römermann-*Bearbeiter*, InsO)
Neumann/Albrecht, Nomos-Kommentar zum Strafgesetzbuch, Loseblatt, Baden-Baden, 1995 (Stand: festgeschrieben 2004) (zitiert als NK-*Bearbeiter*, StGB)

Obermüller/Hess, InsO, Eine systematische Darstellung des neuen Insolvenzrechts, 3. Auflage, Heidelberg, 1999 (zitiert als: Obermüller/Hess, InsO)
Obermüller, Konkursanmeldung bei Zahlungsunfähigkeit und Überschuldung, DB 1973, 267 f (zitiert als: Obermüller, Konkursanmeldung)
Onciul, Ritter v., Die rechtzeitige Auslösung des Insolvenzverfahrens: Unternehmenskrise, Insolvenz und die Eröffnungsgründe der InsO, Berlin, 2000 (zitiert als: v. Onciul, Die rechtzeitige Auslösung)

Pabke, Zum Begriff der Zahlungsunfähigkeit, DB 1969, 735 f (zitiert als: Pabke, Begriff der Zahlungsunfähigkeit)
Pape, Schadenersatzpflicht wegen fahrlässig gestellten Konkursantrages?, ZIP 1995, 623 ff (zitiert als: Pape, Schadenersatzpflicht)
Pape/Uhlenbruck, Insolvenzrecht, München, 2002 (zitiert als Pape/Uhlenbruck, Insolvenzrecht)
Pawlowski, Methodenlehre für Juristen, 3. Auflage, Heidelberg, 1999 (zitiert als: Pawlowski, Methodenlehre)
Petersen, Nutzen und Grenzen steuerrechtlicher Argumente im Zivilrecht, in Kontinuität im Wandel der Rechtsordnung, Festschrift für Canaris, München, 2002 (zitiert als: Petersen, steuerrechtliche Argumente)
Pfeiffer, Karlsruher Kommentar zur Strafprozeßordnung und zum Gerichtsverfassungsgesetz mit Einführungsgesetz, 5. Auflage, München, 2003 (zitiert als: Karlsruher Kommentar, StPO)
Pick, Die (neue) Insolvenzordnung – ein Überblick, NJW 1995, 992 (zitiert als: Pick, Insolvenzordnung)
Plate, Die Eignung von Zahlungsunfähigkeit und Überschuldung als Indikatoren für die Insolvenzreife einer Unternehmung, DB 1980, 217 (zitiert als Plate, Insolvenzreife)
Pribilla, Die Überschuldensbilanz I und II, in KTS 1958, 1 ff, 17 ff (zitiert als Pribilla, Überschuldensbilanz I bzw. II)
Prütting, Allgemeine Verfahrensgrundsätze der Insolvenzordnung, in Kölner Schrift zur Insolvenzordnung, S. 221 ff, 2. Auflage, 2000 (zitiert als: Prütting, Verfahrensgrundsätze)

Rattunde, Sanierung von Großunternehmen durch Insolvenzpläne – der Fall Herlitz, ZIP 2003, 596 (zitiert als: Rattunde, Herlitz)
Rattunde, Sanierung durch Insolvenz, Strukturen, Möglichkeiten und Erfahrungen der Sanierung mit dem Insolvenzverfahren oder während des Insolvenzverfahrens, ZIP 2003, 2103 (zitiert als: Rattunde, Sanierung)
Reck, Auswirkungen der Insolvenzordnung auf die GmbH aus strafrechtlicher Sicht, GmbHR 1999, 267 ff (zitiert als Reck, strafrechtliche Auswirkungen)
Reck, Auswirkungen der Insolvenzordnung auf die Insolvenzverschleppung, Bankrottstraftaten, Betrug und Untreue, ZInsO 1999, 195 (zitiert als: Reck, Insolvenzverschleppung)
Rowedder u.a., GmbHG, 4. Auflage, München, 2002 (zitiert als: Rowedder-*Bearbeiter*, GmbHG)

Schaub, Die GmbH in der Krise – Kriterien für die Feststellung von Zahlungsunfähigkeit, Überschuldung und Kreditunwürdigkeit, DStR 1993, 1483 (zitiert als: Schaub, Kriterien)
Sarvey, Die Konkursordnung für das Deutsche Reich, Berlin, 1879 (zitiert als: Sarvey, KO)
Schellhammer, Zivilprozess, Gesetz-Praxis-Fälle, 11. Auflage, Heidelberg, 2004 (zitiert als: Schellhammer, Zivilprozess)
Scholz, Kommentar zum GmbH-Gesetz, 8. Auflage, Köln, 1995 (zitiert als: Scholz-*Bearbeiter*, GmbHG)

Schmalz, Methodenlehre für das juristische Studium, 4. Auflage, Baden-Baden, 1998 (zitiert als: Schmalz, Methodenlehre)

Schmerzbach, Bundeseinheitlicher Vordruck zum Verbraucherinsolvenzverfahren, NZI 2002, 196 (zitiert als: Schmerzbach, Vordruck)

Schmidt, Insolvenzgesetze, KO/VglO/GesO, 17. Auflage, München 1997 (zitiert als: Schmidt, Insolvenzgesetze)

Schmidt, Insolvenzordnung und Unternehmensrecht – Was bringt die Reform?, in Kölner Schrift zur Insolvenzordnung, S. 1199 ff, 2. Auflage, 2000 (zitiert als: Schmidt, Was bringt die Reform?)

Schmidt, Sinnwandel und Funktion des Überschuldenstatbestandes, JZ 1982, 165 f (zitiert als Schmidt, Sinnwandel)

Schmidt, Vom Konkursrecht der Gesellschaften zum Insolvenzrecht der Unternehmen, ZIP 1980, 233 f (zitiert als: Schmidt, Konkursrecht)

Schmidt, Wege zum Insolvenzrecht der Unternehmen, Köln, 1990 (zitiert als: Schmidt, Insolvenzrecht)

Schmidt-Räntsch, InsO mit EGInsO, Erläuternde Darstellung des neuen Rechts anhand der Materialien, 1. Auflage, Köln, 1995 (zitiert als: Schmidt-Räntsch, Materialien)

Schönke/Schröder Strafgesetzbuch, 26. Auflage, München, 2001 (zitiert als: Schönke/Schröder-*Bearbeiter*)

Schwarze, Commentar zum Strafgesetzbuche für das Deutsche Reich, 4. Auflage, Leipzig, 1879 (zitiert als: Schwarze, Commentar zum Strafgesetzbuche). Noch unklar: Scholz/Schmidt, GmbHG, 9. Auflage, Köln, 2000, 2002 (zitiert als Scholz/Schmidt, GmbHG)

Seagon/Wiester, Erste praktische Erfahrungen mit der Insolvenzordnung aus Verwaltersicht, ZInsO 1999, 627 (zitiert als: Seagon/Wiester, praktische Erfahrungen)

Smid, Das neue Insolvenzrecht – Probleme, Widersprüche, Chancen, Im Blickpunkt: Haftung und Sanierung, BB 1999, 1 ff (zitiert als: Smid, Haftung und Sanierung)

Smid, Insolvenzordnung (InsO) mit Insolvenzrechtlicher Vergütungsverordnung (InsVV), 2. Auflage, Stuttgart, 2001 (zitiert als: Smid-*Bearbeiter*, InsO)

Smid, Richterliche Rechtserkenntnis: zum Zusammenhang von Recht, richtigem Urteil und Urteilsfolgen im pluralistischen Staat, Berlin, 1989 (zitiert als: Smid, Richterliche Rechtserkenntnis)

Smid, Zu einigen Fragen der Eigenverwaltung, DZWIR 2002, 493 ff (zitiert als: Smid, Eigenverwaltung)

Smid/Frenzel, Die Elemente des Eröffnungsbeschlusses im neuen Insolvenzrecht, DZWIR 1998, 442 f (zitiert als: Smid/Frenzel, Elemente des Eröffnungsbeschlusses)

Smid/Rattunde, Der Insolvenzplan, 2. Auflage, Stuttgart, 2005 (zitiert als: Smid/Rattunde, Insolvenzplan)

Smid/Zeuner, Gesamtvollstreckungsordnung, 3. Auflage, Baden-Baden, 1996/1997 (zitiert als: Smid/Zeuner, GesO)

Stahlschmidt, Zahlungsunfähigkeit, drohende Zahlungsunfähigkeit und Überschuldung und die Methoden ihrer Feststellung, JZ 2002, 89 ff (zitiert als Stahlschmidt, Methoden)

Thiemann, Die vorläufige Masseverwaltung im Insolvenzeröffnungsverfahren, Halle, 2000 (zitiert als: Thiemann, Masseverwaltung)

Tiedemann, Grundfragen bei der Anwendung des neuen Konkursstrafrechts, NJW 1977, 777 ff (zitiert als: Tiedemann, Konkursstrafrecht)

Tröndle/Fischer, Kommentar zum Strafgesetzbuch, 52. Auflage, München, 2004 (zitiert als: Tröndle/Fischer, StGB)

Uhlenbruck, Das neue Insolvenzrecht, Berlin, 1994 (zitiert als: Uhlenbruck, Insolvenzrecht)

Uhlenbruck, Der Insolvenzgrund im Verbraucherinsolvenzverfahren, NZI 2000, 15 (zitiert als: Uhlenbruck, Der Insolvenzgrund im Verbraucherinsolvenzverfahren)

Uhlenbruck, Die anwaltliche Beratung bei Konkurs- oder Vergleichs- und Gesamtvollstreckungsantrag, 2. Auflage, Bonn, 1996 (zitiert als: Uhlenbruck, anwaltliche Beratung)

Uhlenbruck, Die Bedeutung des Insolvenzrechts für GmbH-Geschäftsführer (I), GmbHR 1999, 313 (zitiert als: Uhlenbruck, Bedeutung des Insolvenzrechts (I))

Uhlenbruck, Die GmbH & Co. KG in Krise, Konkurs und Vergleich, 2. Auflage, Köln, 1988 (zitiert als: Uhlenbruck, GmbH & Co. KG)

Uhlenbruck, Gefährdet die Eigenverwaltung insolventer Unternehmen die richterliche Unabhängigkeit, NJW 2002, 3219 (zitiert als: Uhlenbruck, Eigenverwaltung)

Uhlenbruck, Gesetzliche Konkursantragspflichten und Sanierungsbemühungen, ZIP 1980, 73 (zitiert als: Uhlenbruck, Konkursantragspflichten)

Uhlenbruck, Insolvenzordnung, 12. Auflage, München, 2003 (zitiert als: Uhlenbruck-*Bearbeiter*, Insolvenzordnung

Uhlenbruck, Pflichten des Geschäftsführers einer GmbH oder GmbH & Co. KG in der Krise des Unternehmens, BB 1985, 1277 f (zitiert als: Uhlenbruck, Pflichten des Geschäftsführers)

Uhlenbruck, Plangesteuerte Insolvenzverfahren als Eigenverwaltung, in Festschrift für Friedrich Wilhelm Metzeler, 2003 (zitiert als: Uhlenbruck, Plangesteuerte Insolvenzverfahren)

Uhlenbruck, Probleme des Eröffnungsverfahrens nach dem Insolvenzrechts-Reformgesetz, in KTS 1994, 169 (zitiert als: Uhlenbruck, Probleme des Eröffnungsverfahrens)

Uhlenbruck, Rechte und Pflichten des GmbH-Geschäftsführers in der Unternehmenskrise unter besonderer Berücksichtigung der Insolvenzrechtsreform – Teil I, WiB 1996, 409 f (zitiert als: Uhlenbruck, Rechte und Pflichten)

Uhlenbruck, Zahlungsunfähigkeit und Überschuldung nach den Vorstellungen der Kommission für Insolvenzrecht, KTS 1986, 27 f (zitiert als: Uhlenbruck, Zahlungsunfähigkeit)

Uhlenbruck, Zum Regierungsentwurf einer Insolvenzordnung und dem Entwurf eines Nebengesetzes, KTS 1992, 499 f (zitiert als: Uhlenbruck, Regierungsentwurf)

Uhlenbruck, Zur Krise des Insolvenzrechts, NJW 1975, 897 (zitiert als: Uhlenbruck, Zur Krise)

Vallender, Die Auskunftspflicht der Organe juristischer Personen im Konkurseröffnungsverfahren, ZIP 1996, 529 (zitiert als: Vallender, Auskunftspflicht)

Veit, Die Definition der Zahlungsunfähigkeit als Konkursgrund, ZIP 1982, 273 f (zitiert als: Veit, Definition der Zahlungsunfähigkeit)

Wehdeking, Masseverwaltung durch den insolventen Schuldner, Berlin, 2005 (zitiert als: Wehdeking, Masseverwaltung)

Weyand, Insolvenzdelikte: Unternehmenszusammenbruch und Strafrecht, 4. Auflage, Bielefeld, 1998 (zitiert als: Weyand, Insolvenzdelikte)

Wimmer, Erste Erfahrungen mit der Insolvenzordnung, ZInsO 1999, 556 (zitiert als: Wimmer, Erste Erfahrungen)

Wimmer, Frankfurter Kommentar zur Insolvenzordnung, 3. Auflage, Neuwied, 2002 (zitiert als: Wimmer-*Bearbeiter*, InsO)

Wittig, Kreditfinanzierung der Unternehmensfortführung im Insolvenzverfahren, DB 1999, 197 (zitiert als: Wittig, Kreditfinanzierung)

Zippelius, Juristische Methodenlehre, 7. Auflage, München, 1999 (zitiert als: Zippelius. Methodenlehre)

Zöller, Zivilprozessordnung mit Gerichtsverfassungsgesetz und den Einführungsgesetzen, mit Internationalem Zivilprozessrecht, Kostenanmerkungen, 25. Auflage, Köln, 2005 (zitiert als: Zöller-*Bearbeiter*, ZPO)

Sachregister

(Die Zahlen neben den Stichwörtern verweisen auf die Seitenzahlen)

Kolibri 360 GmbH
Ferdinand-Jühlke-Straße 7
99095 Erfurt, Deutschland
produktsicherheit@kolibri360.de